《甬城系列文史合集》编委会

主　任　毕东华
副主任　吴军良　袁建树　国　宇
　　　　刘良飞　郁利祥　池　逊
编　委　戴亚珍　陈绍旗　梁德明
　　　　金昌卿　俞　琼

甬城老字号

Time-honored Brands of Ningbo

宁波市海曙区政协文史委 编

宁波出版社
NINGBO PUBLISHING HOUSE

《甬城老字号》编撰委员会

主　任　　王黎明

副主任　　贾亚炜

编　委　　曾垂华　殷　明　陈建东　孙志杰　徐文芳　沈宏伟　李若中　王殿旗
　　　　　裘燕萍　俞国玉　唐路安　释可祥　许孟光　盛欣夫　杨　光　鲍展斌
　　　　　楼世宇　张志平　戴　骅　唐佐助　李全平　应芳舟　李文国　王国宝

主　编　　贾亚炜

副主编　　孙焕青

执行主编　　王国宝

政协第三届宁波市海曙区文史委员会

主　任　　孙焕青

副主任　　陈建东　王国宝

委　员　　王殿旗　张志平　孙志杰　徐文芳　沈宏伟　张大健　裘燕萍

专家型特邀委员　　许孟光　盛欣夫

特约文史研究员　　张志平　唐佐助　李全平　应芳舟　李文国

政协第四届宁波市海曙区文史委员会

主　任　　殷　明

副主任　　王国宝

委　员　　王殿旗　包凌雁　孙焕青　陈　俭　沈宏伟　李若中　俞国玉　徐文芳
　　　　　裘燕萍

专家型特邀委员　　许孟光　盛欣夫　楼世宇　鲍展斌

特约文史研究员　　张志平　唐佐助　李全平　应芳舟　李文国

前 言
王黎明

前些日子,文史委同志送来《甬城老字号》书稿,嘱我写上几句话。说起"老字号",不禁联想起"一言堂百货多,良心堂药材多,三法卿钞票多,四明药房西药多……"这首古老的童谣,它所传唱的正是宁波的风土人情,其中包括一些或延续至今或消失踪影的大名鼎鼎的老字号,生动形象地反映出它们在宁波老百姓心目中的地位和曾经的辉煌。

"字号"一词,最早出现于北宋后期魏泰所著之《东轩笔录》卷八:"京师置杂物务,买内所须之物。而内东门复有字号,径下诸行市物,以供禁中。"而"老字号",顾名思义,是指那些历史悠久的商标品牌或商店品牌,因其添加了一个"老"字,便具有了更多的含金量。随着时代变迁,"老字号"已经成为人们对具有一定历史的老商号的俗称,成为知名品牌的象征。

在过去,"老字号"这块金字招牌,主要依赖的是口口相传,而现在,"老字号"的认证是一道不低的门槛,按商务部最早的认定要求,所谓的"中华老字号"(China Time-honored Brand),是指在长期(截止到1956年创办)的生产经营活动中,沿袭和继承了中华民族优秀的文化传统,具有鲜明的地域文化特征和历史痕迹,具有独特的工艺和经营特色的产品、技艺或服务,取得了社会广泛认同,赢得了良好商业信誉的企业名称、产品品牌。

俗话说,"无宁不成市",作为著名的商埠与历史文化名城,宁波

的商业文明向来有着十分深厚而悠久的传统底蕴,"敢为天下先"的宁波商帮文化更是名扬天下。在这片"书藏古今,港通天下"的热土之上,也深深地积淀着一批具有上百年历史的"老字号",其中大部分都集中于宁波中心城区海曙区境内。它们是这座城市的宝贵记忆、文化珍藏和古老遗产。一个"老字号",就是一段璀璨的文化,就是一部浓缩的历史。

但是,我们在调研中发现,近年来,由于体制不灵活、经营少特色、品牌维护不到位等原因,与全国许多城市一样,宁波的一些"老字号"企业也面临困境,加上旧城改造,不少"老字号"企业被拆迁。被拆的"老字号"有的另觅新址,有的却销声匿迹,令人扼腕心痛。

由此我们萌发了编纂这部《甬城老字号》的想法,遴选出数十家独具特色的"老字号",邀请本埠政协委员、作家、专家、学者和记者等进行联合采访、撰稿。这些"老字号",皆为宁波地区(以老城区为主)久负盛名的"老字号"品牌,基本涵盖了人民群众物质生活的方方面面,主要涉及百货、副食品、医药、餐饮、服务等行业。需要特别指出的是,书中所列的"老字号",大都按照国家商务部颁布的《"中华老字号"认定规范(试行)》标准进行过权威认证,有的企业或品牌还获得过以商务部等名义授予的牌匾与证书。

人民政协的文史工作，其实也是一个"老字号"。它是1959年在周恩来总理的倡导下开展起来的，1982年全国政协五届五次会议把这项工作写进了《中国人民政治协商会议章程》。从此，各级政协纷纷设立了专委会，文史工作也成为政协工作的一个重要组成部分。如今，在各级政协领导的重视下，经过各界人士和文史工作者的辛勤努力，文史工作已发展成为一项有益当代、惠及后世、具有一定规模和统一战线特色的社会主义文化事业，正充分发挥着文史资料"存史、资政、团结、育人"的社会功能作用。长期以来，政协文史委的同志集思广益、披沙拣金、克勤克俭，发挥了桥梁与纽带的作用，为文史资料的出版做出了贡献。

众所周知，"老字号"是过去年代的一帧商贸景观，是一种历史传统文化现象。它弥漫着岁月的味道，保存着故乡的记忆，见证着时代的变迁。感谢《甬城老字号》的每一位作者，他们遵循"志属信史、求真存实"的原则，雕篇镂章，耙古钩沉，推陈出新。他们立足港城宁波，历时近两年时间，推出这部图文并茂、资料翔实的文史著作。在这部书里，各种"老字号"琳琅满目，不仅以其悠久历史、精良品质、独特风味、货真价实、信誉卓越令人情有独钟，更是以文学与史学合璧的形式，在书中呈现出它们的前世今生，娓娓动听地向我们讲述着宁波的财富故事。因此，我认为它具有较强

的史料性、文学性及可读性，字里行间浸透着编著者拳拳的赤子之心，以及浓烈而珍贵的家园情怀。

最后，我想说的是，本书中涉猎的许多"老字号"，蕴含着珍贵的非物质文化遗产资源，与非物质文化遗产血脉相连、息息相关，为非物质文化遗产的传承和发展提供了有效的生存空间和传承平台。所以，我想借《甬城老字号》一书的付梓印刷，呼吁社会各界都来为"老字号"的明天撑起一把继往开来、与时俱进的"保护伞"！

Preface

Wang Liming

A few days ago, people from the Culture & History Committee sent me a draft script of *Ningbo Time-honored Brands*, requesting me to write something for the book. Speaking of the Time-honored Brand, lyric of a children's folk song well illustrates it by saying "head to YiYanTang Shop for groceries, LiangXinTang Shop for Chinese herbs, SanFaQing Street for loans and SiMing Pharmacy for western medicines". All the names mentioned in the lyric suggest local customs and ways of life in ancient Ningbo, including some well-known and Time-honored Brands, bankrupted or still running, which appear in good memories among Ningbo folks.

Zihao (the Chinese equivalence of *brand*), originates from Volume 8 of Wei Tai's *The East Hall Note* in late North Song Dynasty. It reads "I was procuring home necessities in the capital city. There were *Zihaos* in the east inner gate area, providing various goods for the imperial residence". And *Lao Zihao* (a.k.a *Time-honored Brand*), as the name suggests, refers to historic brand of a trademark or a shop, with the Chinese word *Lao* implying tradition and long-term value. As time passes by, the Time-honored Brand symbolizes people's acceptance and trust of the trademark or the shop related.

In the past, spread of a Time-honored Brand relied on mouth-to-mouth advertising. At present, the awarding of a Time-honored Brand requires high entry standards, supervised by Chinese Ministry of Commerce. This title will only be awarded to an entity or a product which debuted no later than 1956, embodied with traditional Chinese culture, regional characteristics and historic trails, while the skills, goods or services are unique, and well accepted by the general public with prestige of business.

As the Chinese saying "There is no market that goes without Ningbo element", Ningbo, a famous business portal and historic city, enjoys deep and well-established traditional business culture, like "to be the first ever in the world" of Ningbo Bang spirit. Many Time-honored Brands, over 100-year-old, live in this city of tradition and breadth. Most of them gather in Haishu of Ningbo, which keep as the cherished memories, cultural assets and legacies of this city. A Time-honored Brand embodies a deeply-rooted culture and a condensed history.

However, according to our research, some Time-honored Brands are either in great difficulties or closed, due to inflexible organizational structure, diminishing characteristics, poor brand image maintenance or urban reconstruction, just like most other Chinese cities. Some of the removed brands find new homes, some never reappear, which is regretful.

This is why the book is born. Dozens of special local Time-honored Brands are included. Many local CPPCC members, writers, experts, scholars and reporters are gathering to investigate and write papers. The included Time-honored Brands cover almost every aspect of people's necessities in urban Ningbo, like groceries, foods, medicines, restaurants and service industries. Also notably, most brands listed in this book are certified by *China Time-honored Brand Code of Identification (Trial Version)*. Some even hold the plaques and certificates from Chinese Ministry of Commerce.

In fact, CPPCC's devotion to cultural and historic research work is also time-honored. Proposed by former Prime Minister Zhou Enlai in 1959, this compulsory work was finally coded to *The Statute of CPPCC* in the Fifth Round of CPPCC in 1982. Since then, special committees are established in local CPPCC of all levels. Cultural and historic research work becomes an important integration of CPPCC routine works. Nowadays, with support from CPPCC leaders and diligence from people of all walks and culture & history workers, the research work has developed into a beneficial task to both now and the future. It is also a significant socialism work with intention of unity, functioning as history-keeping, minister mentor, uniting and cultivating devices of cultural materials. Members in the Culture & History Committee of CPPCC have long been gathering valuable ideas, filtering unfavorable elements, frugal and working as bridges and bonds. This is considered great devotion to the publishing of cultural and historical materials.

As known to all, Time-honored Brands were business scenes, and historical and cultural phenomenons. They kept smells of old times, memories from hometown and transformation of ages. Many thanks to authors of *Ningbo Time-honored Brands*, for their loyalty to history and truth, commitment to writing, and extraction work upon time-buried old treasures. Past and present of these Time-honored Brands are illustrated in a mixed way of literature and historical materials. Their long-history, famed reputations, unique characteristics, reasonable prices with good qualities, along with prestige, demonstrate fascination, and tell a mass of fortune stories in Ningbo. I believe this book is combined with historical materials and literature, while no loss of readability. The patriotism and sincere homeland sentiment of authors can be felt in their words.

I would like to conclude that many Time-honored Brands included in this book are rich in intangible cultural heritage resources, closely related to them and provide space for survive and continuity of these heritages. Hence, with the publishing of *Ningbo Time-honored Brands*, I hope people of all walks would stand out and work for the developing and bright future of the Time-honored Brands.

CONTENTS
目录

1　　前言（王黎明）

2　　百年酱香楼茂记（楼世宇）

14　　百年名糕点　赵大有食品（谢良宏）

24　　"恒其德，大有年"
　　　　——百年老字号"冯恒大"的前世今生（裘燕萍）

34　　"中华老字号"状元楼（胡鼎阳）

50　　陈炳发创办"同仁泰"（戴骅）

60　　创业百年的宁波老三进鞋帽商店（金昌卿）

70　　存济之心，赠仁于众
　　　　——冯存仁堂中药店兴盛之谜（林之寅）

78　　带给你准点与光明
　　　　——记宁波钟表眼镜公司（赵琼）

88　　东福园与其当家名肴（朱惠民）

98　　缸鸭狗
　　　　——中华老字号的百年沉浮（楼晓娴）

106　　关于王文正书局的历史记忆（俞国玉）

114　　黄古林草席（唐路安）

济世益寿百草全	126
——记寿全斋国药号（张瑜）	
兰江剧院（孙世基）	144
老慎记史话（戴骅）	152
冷藏的记忆	162
——记宁波冷藏公司（李全平）	
历久弥新话天胜	174
——记百年老字号天胜照相馆（忻黎黎）	
绿宝照相馆	
——影像记录时代的沧桑变迁（李臻 陈也喆）	186
梅龙镇酒店的前世今生（李文国）	194
民光影城（周东旭）	210
宁波翰墨林印社（李奇）	216
宁波最早创设的书坊	228
——汲绠斋书局（胡鼎阳）	
"怡泰祥"南货店始末（李文国 释可祥）	234
"升阳泰"南货店（周东旭）	240

目录

246　享誉世博的如生罐头食品厂（俞国玉）

254　天然糕团店（张颖　陈速）

260　天然舞台（孙世基）

270　"同福昌"帽扇店（陈联飞）

276　王升大

　　　　——甬上米商的百年传奇（王重光）

294　味华酱园的前世今生（沈清）

304　小巷有名行

　　　　——甬上著名药行恒茂（周达章）

318　新宝华绸布店（戴骅）

326　药行街上的元利药行（周达章）

330　一百多年前的宁波一言堂书庄（周少南）

336　一言堂的"五更鸡"（张大健）

342　饮誉浙东的"四明大药房"（应芳舟）

358　甬城银楼名店"方聚元"（林永国）

368　甬上名药号

　　　　——赵翰香居（周达章）

374　源康布店

　　　　——妇孺皆知的金字招牌（张落雁　陈也喆）

384　后记（编者）

CONTENTS

1	Preface *(Wang Liming)*
2	LouMaoJi——Hundreds Years' Flavor of Sauces *(Lou Shiyu)*
14	ZhaoDaYou——Famed Pastry of Hundreds Years History *(Xie Lianghong)*
24	"Ethics in Heart" ——Past & Present of Time-honored FengHengda *(Qiu Yanping)*
34	ZhuangYuan Pavilion——A China Time-honored Brand *(Hu Dingyang)*
50	Chen Bingfa's Establishment of TongRenTai *(Dai Hua)*
60	Ningbo LaoSanJin Shoes & Hats Store—— A History of 100 Years *(Jin Changqing)*
70	Life-Saving with Mercy——Flourishing of FengCunRen's Medicine Shop *(Lin Zhiyin)*
78	Precision and Vision for You——Ningbo Company of Clock,Watch & Glasses *(Zhao Qiong)*
88	DongFu Garden and the Famous Dishes *(Zhu Huimin)*
98	GangYaGou——The Hundreds Years' Rise and Fall of a China Time-honored Brand *(Lou Xiaoxian)*
106	Historical Memory of WangWenZheng Bookstore *(Yu Guoyu)*
114	HuangGuLin Straw Mat *(Tang Lu'an)*
126	Heal the World and Achieve Long-living with Chinese Medicines —— ShouQuanZhai Pharmacy *(Zhang Yu)*
144	Lanjiang Theater *(Sun Shiji)*
152	The History of LaoShenJi *(Dai Hua)*
162	Memory of Iced Food——Ningbo Iced Food Company *(Li Quanping)*
174	The Historical TianSheng——TianSheng Photo Studio *(Xin Lili)*
186	LuBao Photo Studio——Transformation of Times Recording *(Li Zhen & Chen Yezhe)*

CONTENTS

194   Past & Present of MeiLongZhen Restaurant   *(Li Wenguo)*

210   MinGuang Cinema   *(Zhou Dongxu)*

216   Ningbo HanMoLin Engravers' Society   *(Li Qi)*

228   JiGengZhai Bookstore——Ningbo's Oldest Bookstore   *(Hu Dingyang)*

234   The Starting and Closing of YiTaiXiang Southern Chinese FoodStore *(Li Wenguo & Shi Kexiang)*

240   ShengYangTai Southern Chinese FoodStore   *(Zhou Dongxu)*

246   Rusheng Canned Food Factory——Famed in Shanghai Expo *(Yu Guoyu)*

254   TianRan Pastry Store   *(Zhang Ying & Chen Su)*

260   TianRan Dancing Stage   *(Sun Shiji)*

270   TongFuChang Hats & Fans Store   *(Chen Lianfei)*

276   WangShengDa: A 100-Year-Old Ningbo Rice Merchant *(Wang Chongguang)*

294   Past & Present of Weihua Sauce Factory   *(Shen Qing)*

304   Famed Store in the Lane——HengMao Pharmacy of Ningbo *(Zhou Dazhang)*

318   New BaoHua Silk & Cloth Store   *(Dai Hua)*

326   YuanLi Pharmacy on Yaohang Road   *(Zhou Dazhang)*

330   Ningbo YiYanTang Bookstore——Before One Hundred Years *(Zhou Shaonan)*

336   "WuGeng Chicken" in Yi YanTang   *(Zhang Dajian)*

342   SiMing Pharmacy Famed in East Zhejiang   *(Ying Fangzhou)*

358   FangJuYuan: Ningbo's Famed Jewelry   *(Lin Yongguo)*

368   Ningbo's Famed Pharmacy——ZhaoHanXiang Residence *(Zhou Dazhang)*

374   YuanKang ClothStore—— A Gold Brand Known by All *(Zhang Luoyan & Chen Yezhe)*

384   Postscript   *(The Compiler)*

"老字号"是过去年代的一帧商贸景观，是一种历史传统文化现象。它弥漫着岁月的味道，保存着故乡的记忆，见证着时代的变迁。

百年酱香楼茂记

● 楼世宇

俗话说,"开门七件事,柴米油盐酱醋茶"。这七件,看似小事,实则件件事关民生。按苏东坡的说法,是"不可一日无此君"。在宁波的酱醋业界,楼茂记、金钟、佐餐王三足鼎立,垄断着甬城的调味品市场。目前三家同属于宁波绿顺集团,也就是原来的江东蔬菜食品有限公司。而三家之中,名头最响、与宁波市民渊源最深的,毫无疑问是楼茂记。不仅因为它的产值,更因为它有着三百多年历史老字号的丰富文化内涵。

楼茂记在清乾隆八年(1743)成立时的全称是"楼恒盛茂记酱园"。老底子宁波人中间,曾经流传过这么一句话——"勿吃楼茂记香干,生活做煞呒相干"。有着三百

楼茂记旧址

余年历史的楼茂记香干,已成为宁波人的一个回忆。即便如此,"楼茂记"仍是宁波人心头一个挥之不去的情结。

其实,楼茂记的支柱产品并不是曾经闻名遐迩的香干,而是调味品。这从店铺的名号"楼恒盛茂记酱园"中就能看出来。它生产的酱油、米醋、黄油、麻油、大酱、老酒,都是宁波同类行业里的老品牌。如今,楼茂记的调味品控制着宁波市场60%以上的份额。销售区域更是从宁波走向全国,乃至世界。其中,特制酱油、米醋出口到非洲，酱类、复合调料、腐乳等出口到欧美和东南亚。

楼茂记，自然和姓楼的人家有关。那么这个名号是怎么来的呢？这里还有一个悠远而生动的传说。

话说清朝康熙年间，奉化有一对楼氏小夫妻来到宁波谋生。进了城，他们边走边看，试图寻找一个落脚点。三天后，在奉化江对岸的百丈路口，夫妻俩选了一处地方住了下来。卸下行李，小两口就商量做什么营生。"万事开头难"，他俩最后决定从小生意做起。妻子想了想说："摆豆芽摊！我会孵豆芽，城里也好卖。做小本生意，实在不行了调头也快。"于是，不出数日，在百丈路上灰街一个拐弯处（今国税大厦位置），出现了一个简陋的豆芽摊。由于楼氏夫妻待人和善，出售的豆芽质优价廉，又从不短斤缺两，生意自然也就红火起来。不久，夫妻俩在豆芽生意的基础上，又开了一间豆腐水作工场，兼营豆腐、油豆腐、素鸡、香干、烤麸、千层等豆制品。几年后，收益化作积累，积累又化作投资，作坊的生意越做越大。到了乾隆七年（1742），通过一个在京城做巡抚的亲戚，夫妻俩领到了准卖官盐的烙牌，购盐造酱，业务更加发达，资金积累也雄厚起来。第二年（1743年），"楼恒盛茂记酱园"也就隆重开张了。这就是楼茂记最早的由来。

就在那年寒冬的一天，楼氏夫妻打烊后正在吃晚饭，忽然店门"吱"的一声开了。打开门一看，原来是门外街沿上一个露宿的老人不小心把门撞开了。楼氏夫妇见老人

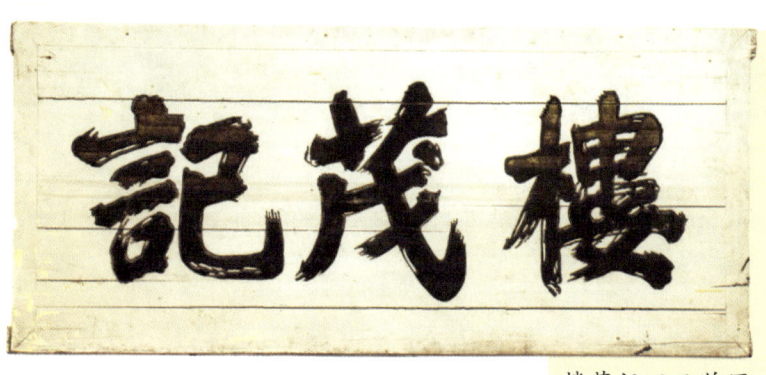

楼茂记旧日牌匾

衣着单薄,面有饥色,就把他请进屋里,在饭桌上添了副碗筷。饭后,热心肠的楼氏夫妇还给老人搭了个床铺,让他留宿在自己家中。

一番嘘寒问暖之后,老人向夫妻俩道出了实情。原来老人家在温州海岙,家中唯一一个三十来岁的儿子被官府强征入伍,老妻又卧病在床,只得流落四处寻找儿子。听人说儿子在宁波镇海,老人就赶了过来。可是找了半年都没有找到,眼见盘缠已经花光,老人只得以乞讨为生。

在楼家住了几日,老人要回乡照顾老妻,楼氏夫妻拿出两块银圆给他做盘缠,又包了些年糕、香干等干粮给他在路上解饥。把老人送出店门时,楼老板对老人说:"来年如果在家里没事情做,您就来店里给我做帮工好了。"

冬去春来,第二年,老人果然又来到楼茂记。原来他一直没有找到儿子,老妻也离开了人世,因为楼老板去年留下的一句话,无处可去的他只得又找上门来。善良的楼氏夫妇再次留下了这位素昧平生的老人。几年后,老人患病卧床,楼氏夫妇悉心照料,使老人十分感动。临终前,老人颤抖着双手,从贴身衣袋里摸出一个泛黄的硬纸包对楼氏夫妇说:"这几年多亏你们照顾,我无以为报,这里有个祖传的制香干秘方,给你们。虽然祖宗有训不得外传,但我只能以此表示一点心意了……"

根据秘方,很快楼氏夫妇果然做出了色香味俱全的香干,深受顾客喜爱。从此,"楼茂记香干"闻名遐迩。

楼茂记香干精工细作,在选料上,从黄豆的采购开始就严格把关。主料用的是花句豆,料大且干净,浸水前,由专人精选细拣。清水浸豆的时间,冬夏季节酌情加减。除去豆渣是用开水泡浆的方法,打浆时适量加入咸卤。盐则每隔一年使用,使其咸苦味沥出。最后是成型、过压,之后就可以烤制了。成型和过压都是力气活,但楼茂记的伙计们从不偷工。烤制时将白坯香干煮沸后焖在锅里。第二天再烧沸一次。出锅后拌刷麻油,这才是最后的成品了。

在旧时的宁波,香干是人们办婚丧大事时置办酒席的必备品,热炒、凉拌或油炸都可上桌。宁波的本地方言谐音是"相干",含相互有所依靠的意思。楼茂记看中了香

旧时的楼茂记（模型）

干这一特殊的文化含义，这也体现了宁波生意人的一种商业敏感。

　　随着楼茂记香干的大获成功，楼老板还扩大了经营范围，首先就是带动了酱菜的制作，由楼茂记腌制的黄瓜、大头菜、萝卜等也都很畅销。同时，楼茂记还开始生产调味品，酱油、米醋等也都深得人心。逢年过节，宁波人提着篮子，端着坛坛罐罐，又打酱油又买米醋。而且，楼茂记的分号越开越多。到清道光年间，楼氏后人在奉化大桥开了"楼恒昌"酱园，造酱酿酒，颇具规模，并在祖基楼隘设一分店，从此有了联系机构，相互协作支持，业务也更加充裕。

那个时候，楼茂记酱园业的生意主要有"总行"和"门庄"两类，相当于现在的"批发"和"零售"。其中"总行"的价格比较优惠，折扣大，货款分端午、中秋、年关三节结算。后来由于资金短缺，周转困难，楼茂记只做"门庄"，以此再慢慢扩大门道。

坐落在奉化江码头边这一得天独厚的地理优势，是楼茂记兴盛的又一个原因。清乾隆年间，灵桥还是座系着十六条船的浮桥，对于还未开发的江东来说，最热闹的就数百丈路一带。那时，从奉化、余姚、鄞南来的船大都停靠在灵桥下的奉化江边。从鄞东瞻岐、莫枝等地来的船，经后塘河大都停在百丈路旁的杨柳道头或新河头。于是，这里经年舟来车往，货物丰沛，商贾云集，人头攒动，一派繁忙景象。离开的时候，人们很自然的都会从附近的楼茂记买一些香干、酱醋和腌制品家用，也捎给四邻八眷。楼茂记的生意很自然地也就日渐红火起来。

来城里进货办事的买主往往时间较紧，但进楼茂记的货，只要把一张特制的牌子交给伙计就可以了。楼茂记的伙计会按牌子上指定的品种、数量，直接往买主指定的航船装货，牌子就是结账的凭据。为宣传自己的产品，楼茂记以优惠的价格将香干批发给小贩，这些香干精工考究，不以营利为目的，让小贩们到各个码头去叫卖。小贩们走街串巷叫卖"楼茂记香干"，很快，楼茂记就家喻户晓了。这个宣传方式后来被方怡和、大有、董生阳等仿效和采用。

当年用来压豆腐的工具

这样的经营模式一直持续到新中国成立之初。

诚信为本、贫贱同视、老少无欺也是楼茂记成功的重要因素。起初楼氏夫妻俩白手起家，吃过苦受过累，深知生意能够兴隆，靠的是周边父老乡亲的厚爱，因此他们经常做一些接济穷人、捐钱捐物的善事，且代代相传。在他们之后，逐渐做大做强的楼茂记不仅仅将目光停留在赢利上，而且也十分关心地方公益。作为楼家的"子孙店"，楼茂记对楼氏族内有困难者，都给以上学、治病、生活等方面的帮助，对江东地区和平小学、四眼碶小学、大步小学、新河小学等四所学校予以赞助，对地方上的修路等公益事业及救火会等公益机构，也竭力支援。1947年2月，楼茂记酱园老板楼耀卿和项泽耕还合作创办鄞县私立大中中学，校址位于离楼茂记不远的贺丞庙。大中中学是当时江东第一所正规的中学，是如今宁波市第七中学的前身。

新中国成立之初，楼茂记实行的是"前店后场"的制售模式。所谓前店，就是其门面位于百丈路23号，主做销售；所谓后场，则是后门位于大步街2号，主营生产和加工。1956年公私合营以后，这一模式被打破，企业名称由"楼恒盛茂记酱园"改为"国营楼茂记酱品商店"，李贤鸿出任公方经理，楼氏族人楼耀卿任私方经理，他也是公私合营前楼茂记的最后一任总经理。此时楼氏族人已逐渐淡出"楼茂记"的经营管理，也不再拥有楼茂记的股份，香干的传统工艺和配方也传给了工厂里的几个工人。由于

香干

种种原因，楼家族人多数离开宁波到外地发展。新成立的国营楼茂记酱品商店主要经营各档酱油、酱菜、香醋、豆制品、调味品，兼营土特产食品。1998年，楼茂记酱品商店从市属企业划归江东区蔬菜食品有限公司，企业改制，名称更改为宁波市楼茂记食品有限公司，在经营上有了更大的突破，效益连续上升，建立了良好的商业信誉。1992年2月，楼茂记系列产品——袋装和瓶装酱油、香醋、盒装豆瓣酱、甜面酱、真空包装五香豆腐干在全市各大批发市场、商场、超市隆重推出，受到广大消费者的好评。公司更是极其珍视"楼茂记"这块金字招牌，视质量为生命，产品在省市两级抽检和常规检查中从未出现不合格情况。2007年，在接受《甬商》杂志采访时，宁波楼茂记食品有限公司总经理钟尧飞透露，当年公司在生产香干时，"也尝试过把它改良为现代化的产品，用机器来生产，但是改成机器化大规模的生产以后，这个产品的口碑马上就下来了，消费者不认可，所以我们还是用传统的技艺做香干，每天都供不应求。楼茂记的独特传统我们一定要尽力继承的。"

  1999年3月至2002年，楼茂记酱油、香醋被列为宁波市产品质量监督检验所质量跟踪产品；1999年5月至2003年，楼茂记系列产品被评定为宁波市消费者协会推荐产品；1999年8月，楼茂记食品有限公司被宁波市旅游局确定为旅游商品定点生产企业，楼茂记五香豆腐干被评定为旅游推荐商品，同年公司被浙江省旅游局确定为旅游商品定点生产企业。2000年至2003年，公司被评为宁波市、江东区（今撤并入鄞州区）二级消费者信得过单位。

现在，楼茂记下辖楼茂记食品有限公司、奉化分公司、酿造有限公司及酱品商店、十几家加盟店。

如今的楼茂记是宁波的名牌产品、宁波市知名商标。在商务部2006年公布的首批中华老字号名单上，宁波老字号只有"楼茂记""升阳泰"两家入选（浙江省总共有38家）。2006年12月19日，"楼茂记"作为33家"全国老字号"代表受到商务部领导的授牌，与浙江省内的"胡庆余堂""张小泉""利群"同享殊荣。

毋庸讳言，由于历史包袱沉重，经营理念落后，人员结构老化，加上经过公私合营、"文化大革命"、旧城改造等波折，很多老字号纷纷退出历史舞台，剩下的也大多难以支撑，这早已是个不争的事实。但楼茂记却仍然坚挺地延续着，而且在新形势下重新焕发生机，对此，钟尧飞得出的经验是：既要倚老卖老，又不能单纯倚老卖老。1998年，重出江湖的楼茂记彻底变革旧有经营模式，采用统一配送、发展加盟店、进入大卖场、网络直销等多种销售手段，使产品很快打开了销路。同时，公司还引进先进的工艺设备，使产品扩大到豆制品、酱醋、酱菜、黄酒、麻油五大系列七十多个品种。楼茂记还成为了首家获得

"宁波市名牌产品"的老字号。2003年，绿顺集团（原江东蔬菜食品股份有限公司）控股了宁波佐餐王调味食品有限公司，又于2006年收购了宁波另一个地产酱油品牌——宁波金钟调味品有限公司81%的股权。至此，集团旗下已拥有楼茂记、佐餐王、金钟三大酱油酿造品牌，形成了名副其实的地产酱油联盟。楼茂记主动出击、先发制人的做法，其达成的结果就是强强联合，增强了宁波地产酿造品牌的力量，有利于消除内耗、实现资源共享。

如今，由三家品牌组成的宁波调味品行业联合舰队协同作战，细分市场，对付外来品牌，成为宁波酿造业的龙头企业。

（宁波楼茂记食品有限公司总经理钟尧飞、鄞州文联成风先生为本文提供资料，谨致谢意。）

百年名糕点
赵大有食品

● 谢良宏

从年糕做起的赵大有

"大有"出自《周易》。《象》曰：大有，柔得尊位，大中而上下应之，曰大有。其德刚健而文明，应乎天而时行，是以元亨。

清同治年间（1862—1875），上虞人赵姓即赵大有的创始人（赵菊娥的先祖），以做糕点谋生。那时紧邻宁波余姚的上虞经济非常萧条，民不聊生。当时做出来糕点少有人问津。先祖为了谋生及弥补家计，邀同族人一道装运一船梁湖米前往明州府城，即如今的宁波市，在江东后塘街杨柳道口，租下一间店面制作年糕，取店名为"赵大

南塘老街上的赵大有门店

有"。那年从农历十一月开业,做到年底回家过年,想不到短短两个月的制作,"赵大有"年糕就以细、滑、韧的特色,在当时甬城市民中享有较高的声誉了。两个月的试销经营不仅使族人尝到了甜头,也让他们看到了这块市场的潜在商机。次年他们又准时前来经营,又深受宁波百姓欢迎。随后赵氏家族群起仿效,每年到宁波增开年糕店,成为赵氏家族中唯一的副业。后由于缺乏固定店基,赵氏先祖们决定,轮流上宁波经营,但不管谁经营,均以"赵大有"做统一招牌。自此,"赵大有"产品渐渐地发展成为宁波的传统糕点食品之一,畅销甬城,并享誉沪浙一带。

宁波当地有一习俗,每逢农历大年三十夜,家家户户都要吃汁水年糕汤,所谓"年糕年糕年年高,一年更比一年好",图个吉利。自赵大有年糕在甬城崭露头角后,市区经营糕团的一些作坊都先后被排挤出去。其主要原因在于梁湖的早粳米远远比宁姚帮的晚粳米来得糯,来得韧。再加以梁湖帮师傅凭借选择优良石磨、精细的操作工艺,制作出的年糕细、滑、糯、韧。这样制作出来的年糕用天落水浸在缸里,可以存放到春耕大忙季节,到时作为农忙的点心。"赵大有"年糕深得宁波市民喜爱,享有较好的口碑,生意出奇的兴隆。"赵大有"便在制作年糕的基础上,慢慢地在甬城这块土地上站稳了脚跟……

传统糕点的奠基者赵大有

梁湖年糕在宁波打开市场销路后,销量逐年递增,而从事这一生意的赵氏族人也愈来愈多,但直至民国以前,在这数十年间始终没有固定店面。

赵大有的先祖先在宁波江北岸一家饮食店当学徒,不久,他们举家从上虞迁居于宁波江东米行街孙家门,租屋制作印花糖糕,每天半夜起来磨粉、蒸糕,一早往街巷、茶馆兜售,长年累月如此。数年后,积有余资,就在后塘街找了店面。后来赵氏先祖在茶馆中结识了宁帮糕团名师苏瑞财、陈高仁，又赢得了他们的支持。当时宁波糕团店林立，宁波江东百丈街友葛家桥口的梁新全和黄栀花弄口街头的王万兴两家老店近在咫尺。米行桥口两旁另有"汤家雪团""厦家鬼"等几家。赵氏先祖创业伊始，自知欲求发展，须经奋斗。有一天赵氏先祖求签天童寺，得"双龙抢珠"，归后告知家母："佛说双龙抢珠，我赵大有是颗明珠，晒熬高地有低地，余去低地有高地"。意思是，即使做宁式糕团被挤垮，也可退守梁湖年糕经营阵地。由此鼓舞了大家与同行进行竞争的勇气。自那年农历七月廿一开业，至八月十六近一个月时间内，赵氏人通宵生产糕点。但梁、王两家自不会退让，三家糕团店彻夜高悬汽油灯，照得百丈街如同白昼一般。而甬城百姓货比三家，一致公认赵大有质量要胜过梁、王、汤、厦各店。"赵大

"赵大有"糕团印版

有"初显锋芒,生意兴隆。不到三五年间,汤、厦两家先后关门歇业,梁新全、王万兴店也相继倒闭停业。百丈街上唯有"赵大有"糕点一枝独秀,生生经营。

终于,民国初在宁波江东百丈街的大戴家弄口,正式创设了第一家"赵大有"店,从此使赵氏人开始了从短帮经营转为长年经营宁式花色糕点。

风雨兼程中的赵大有

在宁波开出第一家赵大有宁式糕团点心店后,赵氏族辈们竞相盘店经营,以灵桥门缸鬶弄口为先声,接踵而起散布在宁波的江北、江东。不过,那时的赵大有经营生产已突破年糕的季节性,改变了来时用红纸书写"赵大有年糕"招牌,贴于屋柱,走时一撕了事的形式,乡亲们半年在家务农,半年上城经商,省却了临时觅屋的麻烦。随着梁湖年糕声誉鹊起,却引发了赵氏宗房的纠纷。创牌伊始"赵大有"得到了很多人的袭用,宁波城里出现了赵大德、赵大利、赵大茂等赵氏旁系族人开设的年糕店。而上虞的一些外姓也染指年糕行业的兴盛,不约而同地开起了老大有、新大有、同大有、同大生、顾大有等店面。至此,宁波城里的年糕业渐渐陷入了"梁湖帮"的混乱之中。

在宁波药行街灵桥门口,开的是第一家常年经营的赵大有。后在鼓楼门前又开设了一家赵大有。从此,先祖开创的基业便从宁波江东扩展到了城区，城里的老百姓都能就近买到赵大有食品。

"赵大有金团，黑洋酥麻团，董生阳高包，方怡和香干！"抗日战争前，宁波城内的大街小巷都可听到食品摊贩的叫卖声，且长期流传在坊间，男女老少无人不知，耳熟能详。显然赵大有的产品已声名鹊起，家喻户晓了。

赵大有金团的扬名，随南货业的喜饼业务也蓬勃发展。当时婚礼上，除送金团、油包外，还有喜饼（或叫吉饼、麻饼，上印大红喜字）。自赵大有龙凤金团开发后，甬城百姓相继用以代替喜饼。由于赵大有龙凤金团其色黄如金，大小可任选，也可"五仁同堂"（五种大小），一些人家亲邻不睦，也用送金团充当和事佬，誉甜蜜、团圆之意。龙凤金团成了宁波百姓的喜爱，旅居在外的乡亲回籍省亲离开时，必带的土特产中，同样也少不了赵大有龙凤金团。每逢清明、中秋、新春佳节更少不了搡一些金团，馈赠亲朋好友。此习俗百年来沿袭至今，金团还在制作食用，经久不衰。

民间做的金团外皮脆粘，内馅甜滑不到位，上口缺乏滋味。为了弥补这种缺陷，赵大有龙凤金团将原用生水拌和外皮粉，改用熟水，并减少用水量，又把原单一用的豆沙馅，加撒白糖馅（内掺入红绿丝、蜜饯、瓜仁等），使外皮既韧又糯，内馅香甜润滑。这样赵大有的水磨粉比别家燥粉来得韧、糯，豆沙馅加撒白糖比别家内馅来得流、滑。配料、制作决定品质，由此奠定了发展宁式糕团的基础。为方便顾客，赵大有实行送货上门。对进城购买糕团的农民送礼品，把货护送到航船埠头（指内河船停靠的地方，宁波话叫航船埠头），后来又出招，凡订货的人不必亲自来城，只要写张便条，把价款和盛器交给航船老大，由航船老大捎带；而家住城区的顾客需要下乡送礼的，同样也可以按指定地址代交航船老大转送达。早在几十年前赵大有就开始做代办托运这一业务了；后又实行"三保"，不仅保证质量，而且服务周到，这样一来"赵大有"的糕点在宁波城乡名气更大，"赵大有"糕点从此名扬四方。

1941年宁波沦陷，百业皆废，糕团业也不例外，但"赵大有"苦练内功。延聘糕点技师，另辟馒头水作，拓展油包、寿桃、面食等，把这些品种从南货业中引申出来。凭借赵大有坚实的基础，竞争不像以前费力。当时南货业四大家已不复存在，加上赵大有的金团与油包双管齐下，一道供应，实行送货上门以方便顾客。经过努力，赵大有招牌上标榜的"龙凤金团，馒头水作，梁湖年糕，四时点心"这十六个广告大字，成就了一个完整的糕团产业。1942年"赵大有"又在开明街（民光电影院对面）设店，1946年抗战胜利后又迁往西门板桥口经营，那时"赵大有"的店面星罗棋布。当时旅外同乡频频来宁波省亲，农村祭祖、祝寿、婚嫁等喜庆活动频繁，赵大有业务鼎盛。尽管日夜制作，有时往往还是供不应求。

值得一提的是，旅外同乡喜爱赵大有糕点。蒋介石每

"赵大有"水晶油包

次返乡路过宁波都要叫部下必买"赵大有糕点"。他不仅自己特别爱吃"赵大有龙凤金团",而且还要带给在奉化老家的母亲吃。抗战胜利后,赵大有糕点运销上海等地,各赵大有店虽日夜开足马力生产,且有时还免不了脱销。如今时隔六十余年,前来探亲访友的港澳同胞、旅居海外的侨胞,为购买百年老字号赵大有的龙凤金团、水晶油包而慕名前来的不乏其人。

为树立品牌口碑,赵大有食品牢记祖先的遗训,制定了"三不出售"与"三个不卖":即金团粉酸、漏馅不出售,花纹印不明晰的不出售,松花脱皮的不出售;盛器不适宜的不卖,盛器小的不卖,小孩子说不清的不卖。一些顾客起先也有不解的,"金团甜又香,可惜三不卖",但经过一个时期的苦心经营,赵大有食品逐渐赢得了信誉。

其中有这样一段故事耐人寻味：有一天，来了一位手提菜篮的小男孩，要买四十八只金团，说是乡下姐姐的儿子满月要送金团。师傅叫他去把大人叫来拿宾朋篮来盛。不一会儿，来了一位五十左右的老妇人，一边拎着宾朋篮，一边说着抱怨之言。师傅婉转相告："菜篮盛放金团会漏馅，走样，既不好吃，又不中看，这样会影响金团质量。你送出去要面子，赵大有也得顾牌子。"老妇人买了金团，让小孩拿着，送往河埠头搭航船，小孩一不小心打翻在地。糕点师傅看到后，第一时间换了金团派人送到河埠头，老妇人感动地说："想不到赵大有金团好，生意也做得介周到。"

风雨沧桑几十年，经过岁月的磨炼，宁波一带百姓都一致称赞："赵大有金团三不卖，赵大有招牌硬。"

20世纪90年代，成立"宁波市赵大有食品有限公司"，继承了原赵大有的产品配方和文化理念，并进行科学的工艺改良。目前，赵大有食品公司已形成以糯米制品为代表的软糕及酥饼、汤团馅、豆沙馅、黄金糕、赵大有红双喜礼饼、水晶油包等多种产品，产品还销往上海。在浙江省内的宁波三江、加贝、新江厦、沃尔玛、家乐福、欧尚、乐购、世纪联华等各大卖场销售。2007年，公司投入大量资金扩大生产基地，增加现代化生产设备，进行机械化和信息化的改造。目前已拥有生产基地5600平方米，企业并通过了国家工业产品许可认证（QS），年销售额近1000万。

　　2004年"赵大有"商标（30类）成功注册，2008年被评为浙江"老字号"企业，赵大有品牌的社会认可度、知名度和美誉度正在不断提高。2011年12月还去澳门参加了"'中华老字号'兼浙澳名优商品展销会"，产品在展销会澳门浙江名品直销中心进行展卖，赢得澳门人的热烈追捧和购买，产品一销而光。

"恒其德，大有年"
——百年老字号"冯恒大"的前世今生

● 裘燕萍

慈城，一座千年古镇，一座江南小城。位于浙东平原，出宁波市区，沿江北大道行十余公里即到今江北区慈城镇。该地秦时称句章，别名慈水。自唐开元二十六年（738）至公元1954年曾是慈溪县府所在地。慈城是座儒、商皆盛的历史名镇。从大儒到显宦到巨贾，慈城才俊辈出。

穿过镇中心，沿民生路往西，旧称下横街的中段有家百年老字号——"冯恒大"。

冯恒大的百年招牌顾名思义是冯姓人创办的"恒"字头商号。说起"冯"姓，那是与慈城历史相当的千年"大姓望族"。城内原来流传着一句"冯家屋，俞家谷，钱家

恒大号官酱园印鉴

吃"的谚语,辉煌可见一斑。无论读书经商,冯家在当地都独占鳌头,占去半壁江山。据《慈溪县志》记载,冯姓始祖冯叔和吴越时自婺州迁至金川乡(今慈城),冯氏家族初盛于元代,繁茂于明代,分有大宗祠、统宗祠、惠宗祠、观德祠、启承祠各分支。按城内冯姓居住地分有前后新屋冯家、布政房冯家、林家桥头冯家、灯塔下冯家、冯岳彩绘台门等等。冯家秉承"以读书求功名"为传家之道,据记载冯家历朝历代共有七十六位功名在册。到了明末清初,奉行读"圣贤书"的冯家就渐渐开始经商。慈城的商业始于国药业,最早出名的算是北京同仁堂的从慈城周游到北京的乐良才。本地具有巨贾身份的当是出生于清康熙年间慈城五马桥的冯映斋，在宁波创办了"冯存仁"药房。道光时，乐善好施的冯家第四代孙冯云濠将"冯存仁"发展壮大。他成为冯家最有影响力的商人。也是冯家从官场走向商场的里程碑式人物。自此以后，冯家子弟纷纷从慈城走向全国各地，在天津、北京、汉口、苏州、杭州、上海等地经商开店。其中冯家在上海创立的"恒"字号商铺较为有名，有"恒兴""恒利""恒和""恒源"等钱庄号。宁波、慈城城里也有"恒茂""恒大"等商铺出现。

一个千年望族，在慈城的粉墙黛瓦、重檐马头墙中诉说着辉煌的历史。"冯家屋"透出的是古镇慈城的荣耀。古时的慈城，店铺林立的街巷中，还有"万茂""蒋万兴""蒋万丰""蒋万顺"等南货号以及"益和""盛裕懋""政和""盛滋"等酱园。其中最为慈城百姓津津乐道的当数清同治年间创办的"冯恒大"官酱园了。算起来也是冯家做得比较好的"恒"字号。此外，还有"裕昌祥"百货，"荣华祥""春华祥"绸布局等等；慈城古镇老街的繁盛可以想象。

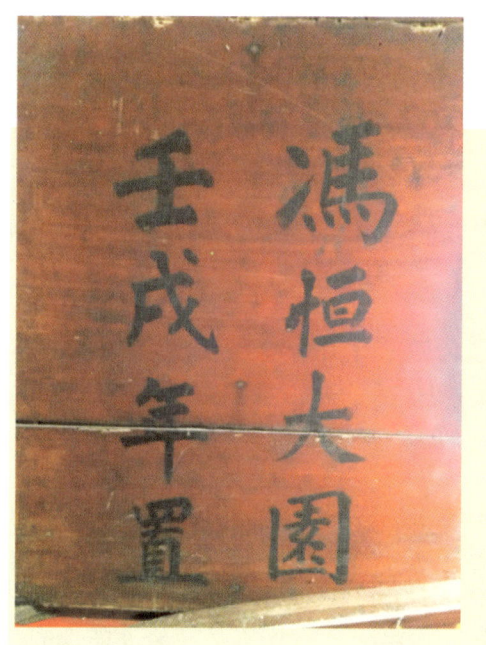

冯恒大的扛箱

冯恒大的创办具体年份不详，根据"恒"字号的推算，应当是清道光年间，由冯云濠族人经营。据说，追根溯源至明代，现代著名作家冯骥才也与他们是同出一脉的。冯恒大老板基本在上海做药业、钱庄业生意，弄出点资金在老家慈城，雇用代理人"阿大"来管理经营酱园。冯恒大官酱园开设在老慈城下横街的中段，门面不大，进深却深。门为石库门样式，门外就是河埠头，连着风雨廊，把稻米、大豆运进来，让老酒、酱油运出去。屋中间有个大庭院，供农民、贩夫小憩。据传有慈城文人书家梅调鼎手书的"官酱园"铭写在沿街的白色高墙上，门前抱对铭刻着书法家钱罕先生书写的"恒其德，大有年"商家经商之德。冯恒大当年经营的除了酱油还有香干、酒、醋。一些慈城的老人都会对当年的冯恒大生产、出售的这些家家必需的老酒、米醋、酱油、香干记忆犹新,津津乐道。其中以"冯恒大香干""金龙牌秋油"和"竹叶青黄酒"最为有名。据说"冯恒大"非常讲究原料的选配、工艺的严谨。做香干用的黄豆必选上乘的上虞产的"曹娥青",酿酒的水用船从大隐溪运来溪水,稻米则取自奉化的糯米。

冯恒大创建初期主要经营酱油,门前风火墙上有"官酱园"三个字。一个"官"就可见其牌子的靠硬。一般做酱油的需要加些盐,而盐不是一般人能得的,是由官方直接控制的,冯恒大能拥有大量的官盐,其资本及实力可见雄厚。冯恒大做酱,一般需要将上好的"曹娥青"黄豆烧好后再加上蚕豆再烧。凉透后放在盐水缸中浸泡,需赶在梅雨季节前将酱缸用毡帽盖好,放在道场中排开,在太阳下暴晒200天,待秋后就可以出酱油成品了。所以,冯恒大的酱油也称"秋油"。一般酱油为散装销售,后来曾经注册过"金龙"牌商标。"金龙牌秋油"通过酱园门前的河经慈江、姚江销往慈溪、余姚、宁波各地,冯恒大酱油名声远播。

而冯恒大香干一般不常做,只是在节头节尾,尤其是在春节前,自磨些豆腐,用龙糠烧以及自酿的秋油烤制一夜后而成,再用夏叶箬壳包成一包包香干,封上冯恒大红招贴,再拎上十斤秋油,由冯恒大阿大送到一个个上海冯

姓股东老板那儿拜客，余下的香干才卖给慈城老百姓。冯恒大香干最大的特点是又薄又韧，细腻滑润，用手将香干弯折，都不会折断。卖香干的师傅一般不用称来卖，而是一抓一个准，从不缺分量。香干做剩的原料，一般还能做些霉豆腐，也能销售。卖三分钱一块的香干十分鲜美，老百姓一般都把它作为喝老酒的小菜，或者直接当零食吃。由于生活艰苦，也只能在过年过节时才可以享用。所以，冯恒大会常年大量地生产供应香干。有一年，慈城的乡贤名人应昌期先生来慈城，酒席间便问作陪的乡人："冯恒大的香干还做勿做呀？来几块。"当年香干的香味估计应先生一直回味无穷吧。

　　冯恒大也做老酒，一般是请绍兴东关的师傅来酿的。而且都是子承父业，一批批的绍兴人由此留在了慈城专门做老酒，使一些传统技艺很好得以传承下来，冯恒大的口碑也越来越好。当然，除了产品过硬，还有他的经营有道。秉承"恒其德，大有年"

冯恒大酱缸

「恒其德，大有年」

如今的冯恒大食品有限公司

的理念，童叟无欺，斤两无缺。虽说是小作坊，做的却是大生意。生意做来的钱，冯恒大抽取一些利润作为冯家祠堂的供养费用，这也是其不忘祖上恩德的善举。慈城流传着这样的说法：旧时城里有三种人不会被抽壮丁，邮差、医生、提着冯恒大灯笼的男子，多体面的事呀。冯恒大发展百年进程中，慈城老百姓受惠了。冯恒大最后一任"阿大"名叫孙鼎初，新中国成立初，官酱园在他手里只剩下两缸半酱油了，为了维持经营，他又拎了香干到上海老板那里去募集资金。而此时老板们已经将资金转移国外，买地皮逃生去了，孙鼎初此去无功而返。新中国成立后，冯恒大公私合营，军代表接管酱园，遣散了一部分原来的技工，改名为"慈城冯恒大食品厂"，开始生产食品。据1964年由宁波市轻工业局下派工作组到"冯恒大食品厂"的谢大本老先生回忆，冯恒大官酱园时期，一般雇佣30到40位技工，师傅都来自上虞地区，一家三代都会在冯恒大做活。公私合营后，开始用机器来生产食品，工人也扩大到140人之多。宁波人经常吃的马头饼干就产自冯恒大。

新中国成立后，冯恒大的经营方式虽然一直在变，但是地址一直与冯恒大官酱园相关联，这块牌子也算是延续下来了。1953年，慈城划归余姚县，易名为余姚德生油脂厂，1959年，慈城划归宁波市江北区后被改名为地方国营冯恒大食品厂，1975年，更名为地方国营慈城酿造厂，1980年，更名为地方国营慈湖酒厂。最后一任厂长名叫尹忠孝，其一家三代都在冯恒大工作。直至2002年6月企业改制，重新成立宁波江北慈城冯恒大食品有限公司，开始主要经营慈城水磨年糕。慈城年糕是慈城的传统特色食品，名扬海内外。冯恒大发展到如今，依托年糕来保全和发展百年老字号，是个良策。这块金字招牌为年糕的品质镀了金，播了名。

现在冯恒大食品有限公司的经营者为文化人季平。自接手冯恒大这块牌子起，他一直在思索"如何让这块牌子继续流传、辉煌下去？"几次变革，冯恒大的传统产品已渐渐消失，产品已趋单一，且技术慢慢遭淘汰。慈城历来有做年糕的传统，而且口味极佳。慈城年糕原产地应在慈城的"陈杨村"。慈城年糕原来作为商品出售的概率不多，因为一般是农家人过年过节，或者新米上市时，打年糕给自己家人吃的，余下的会到城里，卖给城里人。但是，随着农户农耕，手工作坊的式微，年糕慢慢变成可以不分季节，可以用机器生产的产品，靠着慈城水磨年糕的好口碑，市场需求量较大。冯恒大用慈城年糕来嫁接、发展，也是季平先生的一番苦心吧。他说："接手冯恒大首先是感到传承的意义深远，边传承边发展，也就融入了心血和感情；更觉传承是一种守望，是一种文化积累。"

现在，冯恒大已从单一的传统水磨年糕向品种多样、功能丰富迈出了实质性步伐。不仅有多口味的花式年糕，还有保健年糕、儿童年糕、工艺年糕这些系列产品。以其品质优良、口味多样、食用方便、包装精美在全国15个大中城市销售，深受欢迎。因其丰富的文化内涵，人们对慈

慈城冯恒大食品有限公司已经成为江北区中小学生的社会实践基地

城年糕有了更深的印象。为了发展年糕产业,冯恒大完成了慈城年糕原产地标志申报,制定了慈城年糕地方标准;为了推广年糕,创新了最大年糕的世界吉尼斯纪录,并成功成为浙江省中华老字号,入选省级非物质文化遗产名录。每年同日本北海道地区的年糕制作技师交流切磋年糕工艺。

如今位于民生路上的冯恒大食品有限公司,依然秉承着"恒其德,大有年"传统经营理念,传承其文化内涵。公司专门辟出陈列场地来展示慈城年糕制作的民风民俗,其中还保留有原冯恒大早期使用的酱缸、厢桶等。每逢周末与节日,有大批的城里孩子来此参观体验。

"中华老字号"状元楼

● 胡鼎阳

"状元楼",是宁波最知名的老字号餐饮业。1995年,国家内贸部授予状元楼"中华老字号"金匾。已有两三百年历史的状元楼凝聚了宁波市民和宁波帮的美好回忆,沉淀着一代又一代宁波人艰苦卓绝地创造出来的状元楼餐饮文化。

一

约清雍正四年(1726),几个鄞县人合伙在宁波三江口开了一个三江酒楼,以宁波水产作菜肴,经营本地菜为特色。相传乾隆五十年(1785)的某一天,有两位举人赴

20世纪50年代的状元楼

京赶考,路经甬城,到这家酒楼临窗对江小酌。酒酣耳热之际,跑堂送上一盘"冰糖甲鱼"。两人看盘中青黄相映,油汁紧裹鱼块,入口绵糯可口,香、甜、酸、咸各味俱全,禁不住绝口称:"妙!"便问跑堂:"此系何菜也?"跑堂看他俩一身读书人打扮,一副赶考的行头,随机应变,就暗送吉利话,跷起大拇指回答:"此乃'独占鳌头'也!"两举人讨得了一个好彩头,非常欢喜。谁知道事也凑巧,待到秋季揭榜,这两举人金榜题名,其中一人还蟾宫折桂,做了天子门生,中了状元,应了三江酒楼上的吉兆。他们春风得意衣锦还乡时,结伴重游三江酒楼,并指名要吃那道"独占鳌头"。掌柜便又精心烹制一道"冰糖甲鱼",让大家品尝,并捧上文房四宝,展开宣纸,起手磨墨,恭请状元公为酒楼题名。状元公正在兴头上,也不推辞,拿起笔来,写了"状元楼"三个大字。从此,酒楼改名,挂出了状元公亲书的新匾,酒楼名声随之大振,楼以菜扬名,菜为楼增色,生意更加兴隆,而"冰糖甲鱼"也名扬海内外。

几百年来,状元楼的饮食文化一直传承绵延,成为旧时宁波饮食业"六帮三馆"之首。经过几代人的努力,"状元楼"这块金字招牌一直屹立于宁波三江口,家喻户晓,妇孺皆知,名声远扬。海内外不少宁波风味菜馆均以"状元楼"命名,并以"冰糖甲鱼"为招牌菜。仅上海就有"甬江状元楼""四明状元楼",菜肴以海鲜河鲜见长,其中"冰糖甲鱼""脱骨锅烧河鳗",名列宁波十大名菜之中。甬籍著名作家冯骥才曾津津乐道地写了一个真实的故事:宁波人冯五爷,把"甬江状元楼"开到天津港。宁波人会赚钱,开爿好名饭店,民以食为天,就为食花钱。天津宁波人多,商人多,往来大半在饭桌上。天津人宁波人,海味迭出,口味相近。又有宁波大厨掌勺,宁波人跑堂,肩上搭一条白毛巾,站立在门口笑脸相迎,招待上座,一声宁波乡音"阿拉宁波人"倍感亲切。

因为状元楼是几个鄞南人合伙开起来的酒家,几经轮换,所以没有专人记录它的历史。不过近一百年来,状元楼出了一对"父子兵",他们就是老家在首南街道三桥村

状元楼牌匾

的黄鼎兴父子。黄鼎兴先生（1902—1989），清宣统末年（1911）在状元楼当学徒，是状元楼小面板点心的创始人，专职点心师。一生执掌状元楼小面板点心，具有状元楼酒楼特色，美味可口，更增添了就餐品味。他是状元楼股东，更是三代元老人物。儿子黄祖荫（黄家栋）（1937— ）也当过状元楼的学徒，是状元楼名菜的传承人，后来当了状元楼的经理和党委书记。

20世纪初，李纪良先生是店里最早的负责人，他是鄞南李家横村人。20世纪30年代初，孙统尧先生是状元楼鼎盛时期的掌门人，鄞县南乡人，担任阿大兼买办，被称为"买办阿大"。孙先生烟酒不进，精通业务，兢兢业业，

黄祖荫珍藏的状元楼工作照片

起早摸黑,一心扑在店务上,经他一番整顿,状元楼振兴起来了。状元楼那时调整股金,银圆250元一股,共有20多股。因入股的多为职工,由于职工经济状况不同,有两人并一股的,也有只占三分之一、四分之一的,多来自鄞南农村。全店有职工二十八名,他们是状元楼的职工,又是老板。期间,孙统尧担任宁波酒菜业同业公会首席理事,表明状元楼在同业中的地位。《鄞县志》(1996版)记载:"20世纪30年代初,县城宁式菜馆有状元楼、新华春、同兴馆、鸿运楼等,'状元楼'排在第一位。"

其时，状元楼开设于日新街16号，电话号码是"1822"。可以电话预约，也可电话订菜外送。店堂为五开间门面，有前后两幢，楼梯朝门直达三楼大厅，二楼雅座，楼上三面环窗，夏天极其凉爽，一楼店堂和厨房。悬挂式的金字招牌略显陈旧斑驳。

状元楼的最佳掌勺师父是应阿品。他是鄞县石碶人，烹制宁式名菜"冰糖甲鱼"很出名。他曾在日本大阪"大来轩"饭店当大厨，由此，宁波菜"冰糖甲鱼"声望名扬异国。

后来掌勺的吴常友师傅（李纪良外甥），烧"冰糖甲鱼"也很拿手。这道菜，所用甲鱼必要活杀，顾客要品尝这道名菜，得耐心等待一个小时。为了享受口福，都毫无怨言。甲鱼选半斤以上，一斤半以下，有八开、六开、四开之分，以一斤重的六开为最理想。烧这味菜，主要要求是达到一个"糯"字，看起来形状完整，吃起来不生不腥，这就要掌勺师傅能很好地掌握火候。一盆"冰糖甲鱼"端上来，又香又热，长时不冷。就是在冬天，若外送，步行三里路程也能保持不冷。

此外的宁式名菜还有"锅烧河鳗""网油鹅肝""腐皮包黄鱼""苔菜小方烤""黄鱼海参""宁式鳝丝""火踵全鸡""雪菜大汤黄鱼"等名菜,烹调都有特色。状元楼店铺门面装饰及其设备在当时来说,堪称一流。当时的状元楼,门庭若市,车水马龙,宾客满座,生意兴隆。两部电话忙碌不停,一派繁荣昌盛景象。

二

1949年7月12日,宁波遭国民党残余部队大轰炸,状元楼也没有逃过此劫。店铺被敌机燃烧弹击中,葬身火海,百年基业毁于一旦,所幸的是全店人员安全撤离(当时抢救出餐桌布一块,还有火烧痕迹)。在十字井巷的状元楼栈房(仓库),尚有部分库存物资,立即转移到安全地带,其中一部分物资用船转移到现在的首南街道三桥村黄鼎兴家。最后无奈宣布关闭,将所剩的菜肴原材料分发给员工,算作解散安置费。这让所有状元楼人及家属痛彻心

在1949年7月12日大轰炸中留下来的唯一实物——印有"宁波状元酒楼"和两个电话号码的餐桌布。

扉，刻骨铭心，终生难忘。

1950年冬，状元楼部分失业员工选择生产自救道路。由黄鼎兴（首南街道三桥）、吴常友（鄞南蔡郎桥）、张荣甫（首南街道桃江）、王荣德（鄞州集士港）、黄武舟（首南街道三桥）、俞炳谟（鄞南俞家埭）、张爱生（首南街道桃江）、范小毛（海曙段塘）、陈项胜（鄞州南乡）、俞兆裕（鄞南俞家埭）共十人，组成生产自救班子，自力更生，举债投资，拼拼凑凑，筹集资金500万老币（折新人民币500元）。人均出资50万老币，推举俞炳谟先生为阿大，租赁日新街口三层楼小店面，利用存放在十字井巷栈房的老金字招牌和旧桌椅等，因陋就简，开张营业。

不久，店内需要帮手，就招收十四岁的黄祖荫当学徒，拜吴常友师傅为师。他就是一生执掌状元楼的黄鼎兴先生的儿子，状元楼历史上第一例父子兵由此而出。黄祖荫6岁开始就经常出入状元楼，颇受叔伯辈厚爱，亲昵地叫他小家栋，所以对状元楼的情况及其人际关系比同龄人熟识。从当学徒，拜吴常友师傅为师起到退休为老志愿者，服务餐饮业五十多年。

状元楼的"冰糖甲鱼"，在同行竞争中脱颖而出，成为闻名遐迩的招牌菜。讲究选料，研究创新，名厨辈出，技高一筹，这些都是打造品牌的基本条件。应阿品师傅烹制的"冰糖甲鱼"，被业界公认是拿手好菜。他是鄞县人，20世纪初状元楼掌勺大厨，他首创"冰糖甲鱼"烹制新技法获得成功，被简称"应派技法"，被状元楼立为"冰糖甲鱼"正宗烧法，为树自立品牌，曾取菜名"红烧元菜"，意为红红火火状元楼招牌菜。

1956年，在老城隍庙，举办了宁波市第一届饮食业展销会，状元楼独家展销"冰糖甲鱼"，以甲鱼实名制向市场展示风采。先声夺人，"冰糖甲鱼"展销由吴常友师傅领衔操作，现烧现吃，半小盆起售，深受欢迎，食客排队等候。两口大锅轮番出菜，供不应求，观摩者众多，场面热烈火爆，市民为之喝彩，直呼状元楼"冰糖甲鱼"顶呱呱。人们饱尝口福，无不感受，堪称"欲罢不能，流连忘返"状元楼展位是展销会最亮丽的场面。吴常友师傅声名鹊起，由业内传至行外。吴常友是孙阿大外甥，13岁进状元楼当学徒，为使招牌菜发扬光大,由娘舅做主,拜"应派技法"创始人应阿品为师。名师应阿品师傅受孙阿大之托,精心授技,吴常友刻苦勤勉,传承师傅技艺。经过"三年徒弟,四年半壮"生涯磨炼,吴常友显露头角,继承了"应派技法"。从20世纪40年代起,他担当状元楼掌勺重任。"冰糖甲鱼"品牌效应,在吴常友时代攀登巅峰。

三

1952年,14岁的黄祖荫在状元楼拜"应派技法"继承人吴常友为师。一到烧菜时间,黄祖荫就得蹲在厨房拉几个小时的风箱。"这活很累人,每次拉完,手是又酸又痛。"根据师傅烧菜对火候的要求,黄祖荫慢慢地琢磨出了些技巧,"拉风箱要有快有慢,拉推节奏合拍,这样人可以提神,火势又好。"黄祖荫是状元楼的第十一位员工,是唯一没有股份的员工,也是现在唯一还健在的员工。1955年,又有一个首南街道的桃江人张兆范顶替进来当学徒。首南街道来的员工占状元楼员工的50%。

当时的状元楼位于日新街口,也算是很好的市口了。在黄祖荫的印象里,当时状元楼的菜价走的是平民路线,"一个雪菜黄鱼也才两角八分钱,三四个人点6个菜也不过1元多。客观地说,当年下馆子其实并不是一件稀罕事,对于普通老百姓来说,只要你精打细算、量入为出,偶尔几次还是消费得起的。"黄祖荫回忆说,当时如果是带着外地

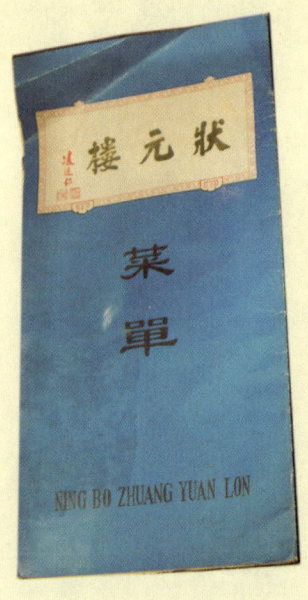

1984-2000年,位于东门口的状元楼酒店曾使用过的菜单。

亲戚朋友上状元楼吃饭的,一般都会点上一碗"冰糖甲鱼"。有一次,上海旅客品尝了"冰糖甲鱼",觉得味道很好。但不过瘾,又增添一盆,先后一致,顾客满意地说:"状元楼的'冰糖甲鱼'名不虚传。"宁波素称鱼米之乡,盛产甲鱼,且品种优良,营养丰富,当地民间皆知其有滋阴补肾功效,自捕、自食成俗,列为食补佳品,加入冰糖烹而食之,称"冰糖甲鱼",此为原始烧法。后为市场移植与改良,成为地方风味佳肴。这一菜品的成功更是佐证了这么一个事实:状元楼发扬老传统,贵在本土化,功在创品牌,振兴本邦菜。

黄祖荫说,以现在的眼光来看,那时候状元楼的菜品还是比较单一,生意却是红火得没法形容,"一到吃饭时间,店里人山人海,我每次去收空碗,都要把碗叠得一尺多高,摇摇晃晃地穿过人群,回到厨房"。更夸张的是,有一次,因为楼上客人实在太多,竟然把木地板给踩塌了,楼上的人摔了下来,压在楼下正吃饭的客人身上。

状元楼学徒出身传承人黄祖荫,三度执

掌将帅之印，任状元楼的经理、书记。1959年，在状元楼被评为"红、勤、巧"劳动能手，受到共青团宁波市委的嘉奖；1961年，23岁，筹建"素食馆"任经理，成为行业中最年轻的经理；1971年，任饮食公司城北片的联合支部书记，下辖状元楼、东福园、老祥兴。因扩建新江桥，状元楼停业，黄祖荫带领状元楼全套班子到东福园任经理。

黄祖荫记得，20世纪60年代，国家经济困难，饭馆的原材料也要凭计划供应。宁波饮食服务公司就从宁波食品厂收购些做罐头用剩的猪肉"下脚料"，分配到各个饭馆，用作炒菜的食料。因为原材料供应有限，当时状元楼还流行一句话："大切切小，生煮煮熟。""那时做菜都不讲究了，菜里稍带一星半点肉末就算荤菜了。"饭店做菜不讲究，顾客吃菜也不挑剔，"有得吃就已经不错了。"让黄祖荫记忆犹新的是，那时候有个顾客，数月不沾荤，实在忍不住了，就把身上的一件毛线衫，卖了1元多点钱，然后花了4角钱，在状元楼吃了碗带肉星的汤面。"吃完，还把碗里的汤汁也舔得干干净净。""那时来状元楼吃饭的顾客最看重的还是实惠两字。"在黄祖荫的印象里，那时卖得最多的还属面条，而顾客走到窗口还不忘叮嘱一句："多放点猪油啊！"状元楼于是推出以咸代鲜、以素代荤、以杂代粮的供应方针，来增加花色品种。1960年年底，状元楼推出以杂代粮为主题的"番薯和点"展销，以番薯为主料，粗料细作，运用多种烹调方法，制成花色番薯菜点，配套供应。此举史无前例，颇受欢迎。

宁波状元楼酒店
ZHUANG YUAN LOU RESTAURANT

黄祖荫回忆说，"改革开放以后，宁波几家饭店的生意又火了起来，那时很多农民上城里买东西，中饭就在饭店里解决。地段好一些的饭店，每天被挤得满满当当。厨师们忙完早饭就得准备午饭了，他们通常把一些常点的菜提前准备就绪，菜上桌就快了。宁波城里还一度出现了素食馆、野味馆。"在黄祖荫的记忆里，20世纪80年代以前，宁波人办喜事，一般都只是在家里办几桌。也有讲究一点的，会请几个厨师去做菜。而进入80年代，上饭馆办婚宴的人就逐渐多了起来。有人问，状元楼的"冰糖甲鱼"是否有秘方？"有！"黄祖荫斩钉截铁地回答："秘方，它在状元楼人的心中，状元楼人知音、用心烧菜，才能烧出好风味有特色的菜肴。"

四

1984年，因扩建新江桥而歇业13年的状元楼，筹备重新开业，当时的状元楼是宁波市第一家与港商合资的饭店。黄祖荫任筹备处董事会董事、副总经理、餐饮业务部主管，他还特地到上海请师傅吴常友、师叔李定浩和蔡行芳下山来状元楼做助威团。1985年10月1日正式开业，当天还是王宽诚先生剪的彩，新开业的状元楼，"有新建宫廷式门楼，还有中央空调，当时是非常气派的。"黄祖荫烹制的"冰糖甲鱼"，有如师之风。状元楼中外合资，开业典礼大型宴席由他亲自掌勺烹烧招牌菜，被戏称老状元楼

末代皇帝。最让黄祖荫遗憾的是包玉刚先生曾想来状元楼品尝家乡风味菜肴,未能实现心愿。

　　2009年7月8日,餐饮业巨头——宁波石浦大酒店接收"状元楼"这块沉睡多年的金字招牌,重建并隆重开业。站在这"状元府第"大厅的原状元楼酒店书记、经理黄祖荫老先生欣慰万分,终于又见到了那块伴随他几十年的"状元楼"金字招牌!老先生百感交集手抚金字招牌,两眼含泪,连声说道:"状元楼终于又有重建开张的日子了!好!好!太好了!"黄祖荫老先生还被聘为"特邀顾问",精神矍铄的他说:"状元楼是我家,因为我们父子俩与状元楼有整整一百年的情结。状元楼的重建开业,是实现了我们父子俩的心愿,我们愿意为状元楼效劳一辈子。"他还把自己珍藏六十多年,在1949年7月12日轰炸后唯一留下来的实物——印有"宁波状元酒楼"字样和两个电话号码的餐桌布(留有燃烧炸弹的燃烧痕迹)以及多年研发积累的"状元楼菜谱"与"状元楼历史上店址显示图"三件珍贵物品赠予新开张的宁波状元楼酒店。后来,这些物品被陈列在装饰豪华的二楼大厅——状元厅,非常引人瞩目,再现了状元楼的历史风采。

陈炳发创办"同仁泰"

● 戴 骅

1929年8月,正是浙东地区烈日炎炎的夏季,在宁波市东渡路与咸塘街交叉口左侧,一个挂着"同仁泰百货店"招牌的小店悄然开业了。小店老板叫陈炳发,祖籍鄞县石碶镇,1907年8月出生于宁波市江东百丈街黄栀花弄一个平民家庭,这年刚好23岁。

陈炳发有兄弟4人,姐妹4人,他居第三。童年时就一边读书,一边参加家里开设的锡箔坊劳动,尤其是到重阳节以后,随家人经常劳动到深夜十一二点才睡觉,深知挣钱之艰辛。15岁时,陈炳发进入宁波又新街同永泰百货店做学徒。因工作勤奋,有一定的业务能力,逐渐被提升为账房、进货等职位。当时由于同永泰百货店经营不善,常年亏本，员工虽努力工作，而得到的报酬却很低。为此，陈炳发多次向店主提出改善经营的建议，都未被采纳。1929年春，他因与店主有意见，被辞退回家。在旧社会，失业后再找一份合适工作，是件很困难的事。于是，陈炳发一气之下，凭着多年来熟悉经营套路的底子，决心自己开店做老板，走出一条自谋职业的新路子。开店首先需要资金，陈炳发通过向亲朋好友求情，好不容易筹集了五千元钱，终于开设起同仁泰百货店。刚开张时，在店铺林立的宁波城里，同仁泰的商路到底能走多远，陈炳发的心里也没有谱。然而，陈炳发却凭着一股闯劲和吃苦精神，将这个白手起家的同仁泰，在短短不到10年的时间里，由一家不显眼的小店一跃而跻身于宁波百货业中大店行列，累计资金比开店时多达数十倍，令同业刮目相待，成为市民心中的一个知名商店。

陈炳发的座右铭

陈炳发出身贫苦，只读过几年书，在人才济济的商界来讲算不上是个很有文化的人，但他处世谨慎，尤其重视修身养性，培养自己坚忍不拔的性格，以适应充满风险的商场。他平时最喜欢明朝朱柏庐著的《朱子家训》，把《朱子家训》背得滚瓜烂熟，以其内容作为持家和创业的座右铭，身体力行。

在陈炳发的卧室里，挂有写着警言的立轴一幅：

天下有二难，登天难，求人更难。有二苦，黄连苦，贫穷更苦。有二薄，春冰薄，人情更薄。有二险，江湖险，人心更险。知其难，守其苦，耐其薄，测其险，则可以处世矣。

这些警句，不知是陈炳发自己创作的，还是抄录别人的，陈炳发始终将其作为座右铭，不但自己会背诵，也要求子女熟读背诵，牢记不忘。当年在宁波，像陈炳发这样的私营老板有数千人之多，但如陈炳发这样用座右铭时时勉励自己奋进、创新的人可能不多见，这应是陈炳发获得成功的精神动力。

陈炳发不仅将座右铭挂在墙上，更是在实际行动中努力践行，不断进行艰苦创业。同仁泰开业后，借来的五千元资金，除掉店面租金、装潢费和购置柜台橱窗等，剩下的流动资金就不多了，如果再向钱庄借贷，一无底子，二无信誉，三无殷实担保，也很困难。在这种情况下，陈炳

发只好咬紧牙关，靠自身苦干来节省成本，夜以继日地勤奋工作。往往每做一件事，不做好便不吃饭，不成功就不回家。由于疲劳过度，他多次吐血，身体十分虚弱，但仍以顽强的毅力，边吃药边忘我工作。同时注意吸收总结百货经营的各方面经验，取他人之长补自己之短，终于度过开店初期的危险期，逐渐地站稳了脚跟，并打下一定的经济基础。在1929年至1934年间，宁波市场普遍不景气，又恰逢江厦街银钱业遭受较大冲击，许多经营多年的大小名牌商店都因支撑不住而倒闭，而同仁泰不但受影响较小，相反还能利用时机逆浪前行。开店时，陈炳发自己的股本只有十分之一（即五百块），到1937年，他已还清别人的股本，独资经营同仁泰，店内货物攒存竟达18万元。

进货问三家

陈炳发在同永泰百货店做伙计时，搞过进货，积累了不少经验，他知道：做生意，第一关就是进货，而"进货问三家"则是进货之本。于是，他亲自抓同仁泰的进货工作。

陈炳发在进货前，重视熟悉各类产品的产地、规格、质量优劣、销路好坏以及使用保管方法，所以进货时胸有成竹，极少失误。他尤其对鉴别毛巾、袜子、内衣等针棉织品的经验特别丰富，见货后竟能达到三知：知成本，知质量，知工厂利润。所以和他打过交道的工厂，都极佩服，说给陈先生算过，没有话说。因此，厂商一般不敢拿成本高、质量差的产品来忽悠同仁泰。

陈炳发进货实行厂店挂钩，减少中转环节，所以进价便宜而又利润丰厚。同仁泰经销的上海百货行"黑人牙膏"、中国化学工业社"三星牙膏""三星蚊虫香""剪刀肥皂"，广生行"双妹牌花露水""痱子粉"，上海久益袜厂"三桃牌袜业""雄鸡牌毛巾"等都是与厂方直接联系。有些东西，如宁波美球厂的针棉织品，进价比上海合算，他就在宁波进货了。

陈炳发进货注意把住质量关。当时许多商品多是由中小工厂用半机械或手工操作，产品质量也不大稳定。同一牌子，有的装底盖面，例如龙灯毛巾、三桃袜子，由于各种原因，同一批商品，甚至在同一包内，长短厚薄质量相差悬殊；有些商品，因囤积时间过长，保管不善，有发脆变质现象。陈炳发进货时，就比较注意这方面问题，尽可能选拣质量比较稳定可靠的货色。

陈炳发进货时非常重视掌握市场信息。那时百货商品一般都是问上海进货的，大的工厂有门市部、发行部，小工厂多数通过批发商或者跑街、掮客等等。商品价格，是各厂各定，营业淡旺季不同，生意做得大小不同（行大欺客，客大欺行），有人要，无人要不同。由于市场行情不一，价格贵贱无底，所以要"进货问三家"，摸清市场行情才能赚到钱。陈炳发不但对工厂和"跑街"要摸底，还要知道其他商店的进货情况，以此决定竞争策略。

同仁泰的经营宗旨

陈炳发在经营中十分重视商业信誉，他在创业之初就为同仁泰定下了这样的经营宗旨："货真价实，薄利多销；选货精良，讲求实用；童叟无欺，诚实可靠。"以后在同仁泰的招牌上、招纸上都写有这些宗旨，并在经营过程中恪守这一宗旨，赢得了广大客户的信任，为公司树立了良好的形象。

同仁泰的东西质量有保证。有道是"不怕货比货，只怕不识货"，当时，同样牌子的一条毛巾，同样价格的一双袜子，在同仁泰店里买去的，就是耐穿耐用。有的顾客开始还不大相信，就亲自去试一试，后来就相信了，同仁泰卖出的确实比别家厚实板扎。

同仁泰的商品定价便宜。同仁泰的定价原则是：名牌货、日用畅销商品，一般仅取微利（如火油、火柴、肥皂、牙膏、木纱团，名牌雪花膏等"硬王货"），有的甚至不惜少量亏本或尽义务（因同业竞争关系）。一般性畅销商品，以薄利多销为原则，如袜子、毛巾、汗衫背心等等。这种商品大众需要，可比性强，精明买主会多处评比，拣"贱"的买。同仁泰因厂商直接挂钩，价格便宜，质量又好，有竞争力。很多同业，特别是小商店，就"买不住，赚勿来"。花色商品或质量好价格"贱"的非名牌商品，利润适当提高。还有特别商品，则利润较高，如囤户货、关店货等。顾客到同仁泰去买东西，遇到了便宜货,就会互相口传,一传十,十传百,顾客做了义务广告员,即便远路的人也会来买。这些人不仅买小商品,也连带着购买其他商品,于是就扩大了营业范围。

同仁泰经营时注重摸清消费者的心理和风俗习惯。如鄞县、慈城、镇海与奉化、象山、定海,要货各异,而天台、黄岩、温州等地,要货又不同。根据不同情况,投其所好,不仅能扩大营业,也能使冷门货变为热门货,滞销商品变畅销,变死资金为活资金。夏天时,其他商店多卖汗衫,同仁泰却反其道地卖卫生衫。为什么要这样经营呢?原来同仁泰发现早稻收割时,天台、黄岩等地的许多割稻客纷纷来宁波,他们割完稻回去时,身边有钱,就在宁波市上选购东西,特别喜欢买冬季卫生衫。东渡路是这些割稻客必经之地。有些商店店员,看不起这些割稻客,态度不好。同仁泰则不一样,对他们客客气气,向他们耐心介绍商品。一个或一群割稻客买了东西回去后就告诉同乡,于是又一批割稻客寻上门来,结果生意非常好。久而久之成为习惯,以致每年夏季,同仁泰的卫生衫成了畅销品。

同仁泰做生意讲究服务态度。旧社会做生意,怎样才能把顾客请进来,也有很多学问。俗话说:"天下三主,顶大买主"、"和气生财,生意会来"。在这方面,同仁泰也立下了规矩,如店员要衣冠齐整,对顾客讲究礼貌,笑脸相迎,热情接待;根据不同对象,推荐不同商品,替顾客出主意;买与不买,同样招待;买错可调,嫌价钱贵

可退货。顾客买好东西,代为包扎,牢固美观,便于携带。顾客离去,打招呼说再见。还根据不同情况,端凳请坐,送茶递烟,或送货上门拿货款等等。总之,使顾客称心如意离去,争取下回生意。

不可动摇的店规

同仁泰初开店时,人员只有5人,除大股东放一个账房外,陈炳发自己带2个学徒,加上他父亲帮忙照顾,因陋就简地应付生意。后来逐年增加学徒一两个。1933年扩建后,人员增加较多,到1937年抗日战争发生时,人员多达六七十人。

"开店容易守店难。"店大人多了,内部管理是商店的一件大事，也是最容易让人头疼的事情。陈炳发在办店之初，就比较重视内部管理，立下了这么一条店规：凡是在店里做事的，不准在店里喝酒、吸烟、赌博，如不遵守，就要解雇。为什么陈炳发要将酒、烟、赌管牢呢？因为他看到：喝酒要误事，吸烟不慎会酿成火灾，赌博则会因为输了钱而引起手脚不净等事。这三件事情如不禁止，就会给商店经营带来严重影响。

店规公布后，他首先带头遵守。他本来也会喝点酒，办店后除了家里来客人需要应酬外，在店里是滴酒不进。但在抓落实时，却也碰到过两个难题。一个是店里一个由大股老板推荐来的账房，他自恃有后台，生活不正规，有时还不顾店规放纵起来。对此，陈炳发有点犯难：留他吧，店里的规矩从此作废，解雇吧，他是大股东推荐的人，惹恼了大股东，可不好办。考虑再三，陈炳发还是在多次婉言规劝无效的情况下，果断地将这个有来头的账房解雇了。果然，此事引起大股东老板十分不满，要拆股分货。陈炳发咬紧牙关，让他把股份拆出去（五股），把店分开。

另一个是陈炳发的一个亲戚，也是同仁泰的股东，凭着这个关系进店工作后，长期不能胜任工作，陈炳发只好将他解雇了。

陈炳发为维护自己亲手订下的店规，得罪了个别好友亲朋，也带来部分经济损失，但却使商店整体利益得到维护，遵守店规的作风得以形成，从此，员工们对店规都不敢怠慢，店里的学徒进来后都很快地熟悉业务，大家兢兢业业工作，积极为扩大经营做贡献。

1949年是同仁泰在劫难逃的一年。1949年5月25日宁波获得解放，不久，国民党残部派飞机对宁波城乡进行狂轰滥炸，在9月的一次轰炸中，同仁泰被付诸一炬，这个由陈炳发苦心经营20年、正蓬勃发展的商店自此消失了。

创业百年的
宁波老三进鞋帽商店

● 金昌卿

一

清光绪年间（1875—1908），徐麟生等10位股东共同创建了老三进鞋店，这是宁波最早经营鞋子的专业鞋店。店名"三进"源于秦末黄石公命张良纳履的故事。据《史记·留侯世家》记载：一天，张良在下邳（古地名，在今江苏省）一座桥上遇到一位身穿褐衣的老者，那人将脚上的一只鞋子甩落到桥下，命令张良去拾鞋子并替他穿上，张良本有怒气，但考虑是位老人就恭恭敬敬地照办了。老者遂约张良五天后黎明时在桥上相见。谁知到了第五天黎明，张良跑到桥边，那老者已经先到了。他很生气，指责

张良进履（艺术品）

张良下次早点来。第二次，鸡刚打鸣，张良就赶去了，可还是迟到了。第三次，张良半夜时分就去了，终于赶在老者的前头。老者高兴地授张良一本《太公兵法》。张良熟读此书，深谙韬略，屡出奇谋，辅佐刘邦打下了汉朝天下。民间遂将此历史故事传称为"三进履"。鞋店老板借此取店名为"老三进"，寓意大概有这样几层意思：第一，像张良为老者进履那样，谦恭有礼，尊重顾客，千方百计满足顾客的需要（用现在的话来说，就是"顾客是上帝"）；第二，凡事要有耐心、有毅力，不怕困难、不怕挫折，最终会成功；第三，"老"字则取其悠久、靠硬、坚持之意。

50年代的"老三进"

　　创业之初,前店后场,只产销绣花缎面的布鞋,以后品种逐渐增多,生产销售布鞋、皮鞋、胶鞋、童鞋等各式鞋子,包括缠足妇女穿的"三寸金莲"。因其选料考究、做工精细、价格公道,因此生意兴隆,声誉鹊起,名闻甬城。怪不得当时宁波人有一句话:"买鞋要到老三进。" 20世纪初,老三进开始重点转向生产皮鞋。老三进沿袭了以前的优良风格,对技艺严格要求,不论是在制鞋师傅的选择上还是在学徒的培养上,都是严格把关。产品出柜前都经过层层把关,确保到客户手里的鞋是"满意鞋""放心鞋"。老三进皮鞋成为当时宁波附近居民购鞋的首选,男女婚嫁都要事先预定,生怕到时买不到老三进鞋子留下遗憾。到了抗战胜利，老三进迎来了一个发展高峰期，上海、杭州等附近地区许多人赶来购买老三进皮鞋，在华东地区很有影响力。

二

中山东路，历来是宁波最繁华的一条街，特别是一些宁波的老字号，原来几乎大部分都是汇集在中山东路上。1956年，老三进等商店实行了公私合营。1958年，同福昌帽扇店并入"老三进"，改名为"老三进鞋帽商店"，坐落在宁波中山东路30号。同福昌帽扇店开业于民国十五年（1926）。店主周芳兴，鄞县姜山任家堰人，出身贫寒，自幼父母双亡，由叔父抚养成人。10岁时到宁波开明街一家很小的帽子店学徒，十分勤俭，得店主喜爱。久之，成为帽业的行家里手。后去上海洋行做门房，收入略高，但

1993年成立的"老三进鞋帽公司"

不久洋行倒闭，失业居家，生计艰难。幸得朋友扶持，凑了100块银元，在开明街开了一家帽扇店，随后迁至东门口，逐步成为宁波帽扇业名店。周芳兴的经营之道有三：一是守信用。经营中欠人货款，从不失约，甚至提前归还，使同福昌信誉日隆，生意兴旺。二是管理严。帽扇购、销、存都亲自检点，商品质量绝不马虎，要求店员学徒敬业懂行、心无旁骛。三是讲节俭。信奉"大富靠天，小富靠俭"的格言，居家粗茶淡饭，勤俭经营。

两店合并后规模扩大，四间店面，营业场地240多平方米，店内分设男皮鞋、女皮鞋、胶鞋、布鞋、童鞋、帽子6个专柜，经营鞋帽1500余种，并且尺码齐全，明码标价，保证品质，服务优良。为满足特殊人群的需要店内还专设"定鞋部"，即根据特大特小号脚、残疾人等畸形脚和单只脚等情况，进行各类特种鞋的制作，并可邮购，代办托运，送货上门，四季供货，是宁波经营鞋帽的专业商店。

改革开放以来，老三进鞋帽商店得到了较快发展。1989年成立配套的老三进皮鞋厂。1990年商店有职工78人，销售额760余万元，利润40余万元。1993年成立老三进鞋帽公司，特别是1996年起店址迁到开明街368号，规模进一步扩大，商店有营业场地2400平方米。老三进鞋帽商店为适应市场经济形势，装饰门面，并继承和发扬老字号名店的优良传统，形成老三进自身特色的管理服务模式：一是实行制度化管理。对物价政策、便民措施、服务态度、柜台纪律、店容店貌、商品质量、售后服务七项内容都设

位于中山东路的早期老三进门店

有具体执行标准。二是严把商品质量关。组建了一支由精通皮鞋制作的人员组成的业务班子，掌管进货，杜绝假货、劣品进店。三是严格执行价格政策。未经审价的商品不准上柜；同规格、同品种、同产地的商品，价格高于其他商店的，立即降价。四是坚持售后诚信服务。该店出售的鞋帽如出现质量问题一律实行"三包"：包退、包换、包修。商店还接收来料加工帽子和定制特大、特小帽子及旧帽翻新业务，受到消费者好评。商店先后获得的荣誉称号有"浙江省消费者信得过单位""浙江省依法治店先进单位""宁波市文明单位""物价计量信得过单位"等。

然而，好景不长，由于疯狂的打折降价竞争，老三进鞋帽商店大伤元气。如1996年7月宁波市区开明街口的南苑鞋城，所有鞋类商品5.8折酬宾。相距仅200米的老三进鞋帽商店，被迫在还未拆除脚手架时，就提前推出鞋类产品5.5折酬宾活动，两家商场门口排起了长龙，降价战打到了高潮。南苑鞋城四整天的营业额虽然达900万元，但实际却亏损近200万元；而老三进这次酬宾一共有200多万元的销售额，因其品种以凉鞋为主，实际亏损约有30万元。终因负担过重，陷入困境。后因城市改造等原因，"老三进"这家获"中华老字号"称号的百年名店，从市民的眼中消失了。

三

老三进在人们眼中消失之时，曾早期在老三进手工制作皮鞋的张月祥毅然挑起重担，凭他精湛的手工技艺，使老三进工艺得到传承。张月祥1932年2月出生于景色秀丽的东钱湖畔，1948年他从先师那里学得手工制作皮鞋技艺，后招收学徒，传承手艺。老三进师徒们手工制作皮鞋工艺主要有11项：

1. 鞋样设计。根据客户要求和市场需求，事先设计好图样、剪出模板。

2. 皮料选取。皮料选取是制鞋的关键，它关系到鞋的完美度、舒适度和耐穿度。

张月祥师傅用老三进手工制鞋工具制鞋

3. 皮料加工。天然牛皮多次加工，利用"贴、摺、敲"等一整套成熟工艺，使牛皮成为优质的鞋面材料。

4. 裁切整型。这是正式做鞋的第一步，主要包括：裁断、整型、片刨、沙磨、压型。就是对鞋帮、鞋面各部件的裁剪、加工、整理的过程。

5. 皮革缝制。"一针一线，实实在在"，用极大的耐心和细心来处理这道工序。每一处针脚，每一处转弯，尽显老三进皮鞋的精致。

6. 手工成型。主要是压平、拉帮（每一双鞋要经过80—100次的拉帮处理）、锭内底、合帮定位、绷前帮、绷腰窝、绷后帮等，就是把牛皮帮面套入鞋楦中进行定型。

7. 大底贴条或贴跟。这是鞋底的成型过程，主要在两个方面：贴条——增加鞋底厚度；贴跟——增加鞋底后半部分的高度。

8. 沿墙强化。目的是增加鞋底的坚固度及美观度。这道工序主要运用纯手工制作，现代工艺一般都是一次性注塑成型。

9. 帮面与鞋跟贴合。主要包括砂磨起绒、烘干、活化、粘底、压合、出楦。这是一道关键工序。操作失当易造成脱胶现象。

10. 手工缝线。为了确保鞋底与鞋帮面的贴合，沿鞋底边缘缝线。

11. 成鞋装饰。主要包括三个方面：修整——处理掉不必要的边边角角，如多余的线头、溢出的胶水等。抛光——利用细密的羊毛不断打磨鞋面，使鞋面润泽。打蜡——增加鞋面光泽，隔绝灰尘与雨水侵蚀。

2000年，张月祥老师傅之子张成忠先生将"老三进"注册为品牌，成立"宁波市海曙橡塑鞋业公司"，大规模机械化生产各种皮鞋，将老三进发扬光大。张成忠与其子张华钦致力于继承优秀的传统工艺，并结合科技不断开发出新产品。目前，公司拥有远红外线烘箱、联邦灌注、前帮机、后帮机等一整套先进鞋类生产流水线。主要产品有：电绝缘皮鞋、保护足趾安全鞋、耐油皮鞋、耐高温皮鞋、耐酸碱皮鞋、防静电皮鞋、宾馆工作鞋、军警皮鞋等。该公司是国家特种劳动保护鞋定点生产企业，且在2010年被评为"浙江省老字号生产单位"。

四

老字号既是商业品牌，更是一种文化，它蕴含着宁波商业文化的精髓，是一种无形的财富，丢弃了，确实让人遗憾。据了解，宁波31家老字号中尚在经营的只有16家，老三进鞋帽商店等一批老字号已经成为记忆了。分析老字号衰亡的原因，主要归咎于体制束缚和缺乏创新，但也不容否认城市建设引发的店址拆迁，仿佛雪上加霜。当今，保护和复活老字号已迫在眉睫，在旧城改造和历史文化街区建设中，不仅保护老字号资源，同时加大对老字号的品牌宣传，注重必要的政策引导和扶持，从而使老字号增添发展后劲。比如老三进皮鞋店，在孝闻街或南塘河等历史文化街区打造中要有它一席之地，扶持和加大手工精制皮鞋的生产，使老字号手工皮鞋重新走进人们的生活，并作为特色旅游产品远销国内外，焕发新时代老字号品牌的生命力。

存济之心，赠仁于众
——冯存仁堂中药店兴盛之谜

● 林之寅

一

在熙熙攘攘、车水马龙的江厦街上：有一间店面阔三间，进深十米的店铺。门楣上用黄铜制成的招牌字在高楼林立、商贾遍布的三江口显得并不显眼。然而，上年纪的人看到它，恭敬之心便会油然而生。这家能让人产生恭敬之心的店铺不是别的，就是甬上著名老字号——冯存仁堂中药店。

冯存仁中药店在甬上乃至上海、港台可谓是历史悠长。原址开设在灵桥边的又新街。相对于商业繁华的日新街、东大街（今中山路）、药行街来说，其位置略显冷僻。但由于冯存仁堂自开业以来，进货药物必求道地，用料上品，严遵规范，所以虽历经劫难岁月变迁，但时至今日，仍一如既往地经营着。不能不说这是一个奇迹。

二

冯存仁堂创始于清康熙初年（1662），迄今已有近350年历史。慈溪冯氏后人所藏的于1934年重版的《冯存仁堂丸散膏丹全集》一册，其序言中便有这样一段叙述："本堂于逊清康熙初年（即1662年）始创甬店于宁波又新街……"

和其他老店一样，冯存仁堂也是以宗族传承作为原始的经营手段。冯家为慈溪望族，相传其奉东汉冯异（大树将军）为其始祖。到了清朝，有一名叫冯映斋的人以采药材为生，长年累月远涉安徽陕西一带，不辞辛苦，将采得的药材巡江东下，行销于沪甬等地。经过苦心经营，待略有积蓄后就在宁波药行街附近又新街里开设了冯存仁堂。而后，冯映斋第四代孙冯蔓生（小名冯阿荣）继承祖业。冯蔓生沿用了上代采购经验，继续在南方等地采药。由于采掘得法，到清咸

存济之心，赠仁于众

丰末年（1861），冯存仁堂已成为一个资金雄厚规模较大的药店。

从此，冯存仁堂开始了家族式的经营扩张。同治元年（1862）冯蔓生侄子冯吾楼开设分店于上海虹口路昼锦里，后又于1933年在上海浙江路南京路口设立上海冯存仁第一分店。几年后又迁至上海路口。当时两店共有职工一百五十余人，被誉为上海四大药店之一（四大药店为杭州胡庆余堂、宁波庄桥童涵春堂、宁波慈城冯存仁堂、宁波蔡同德堂）。此时冯存仁堂进入了销售业绩鼎盛时期。这期间虽然经清廷、民国政府、汉奸兵痞等的重重掠夺、敲诈勒索，但凭着冯存仁堂员工全体上下的共同努力，奇迹般地运作到新中国成立。据当时公私合营知情人说，

如今的冯存仁堂

1956年公私合营时经清产核资,核定资金为16万元,成为当时宁波商业中拥有资本最大的一家。

三

纵观冯存仁堂傲立商潮三百余载而不倒,究其原因不外乎"诚信"二字。冯存仁堂自开业以来,一直采用地道药材且配制认真,严控进贸渠道,从而保证了饮片丸散膏丹的全部质量。

熟悉中医的人知道,同一药材如果产地不同,培植和处理不同,特别是土质和气候不同,它的药效就不完全相同。所谓"橘生淮南则为橘,生于淮北就为枳",就说明了产地对于植物的重要性。如果产地达不到要求,无论如何精工炮制,是起不到最佳疗效的。冯存仁堂对生产的饮片成药,严格按照该店祖传的《丸散全集》合制,从不代用顶替,偷工减料。冯存仁堂所生产的中药、膏丸在新中国成立前就远销国外,除了对成品药精工炮制一丝不苟外,还与其独特的经营措施和企业体制是分不开的。这些在现在看来是习以为常的,在当时却是非要有超前意识才能达到的。如上门代熬、书写仿单(药品说明书)等都为病人提供了方便,特别是在宁波商界率先实行了店堂经理负责制和熟练员工加薪制,更使冯存仁堂在当时纷繁复杂的环境下而能独善其身。所谓经理负责制就是业务经理受资方委托,统揽企业全面,经理接受委托后自身有了自觉的责任感。因此用人唯能，杜绝外行，适度放权，成了冯存仁堂长盛不衰的法宝。

笔者年轻时曾亲耳听冯存仁堂里一位老大妈（慈城人氏，曾住原太丰面粉厂旁）说过，她抓药不用小秤，按照药方上的药物多寡，直接用手抓，而且是一抓一准。这就很好说明了冯存仁堂职工对业务的熟悉程度。也许这就是冯存仁堂长盛不衰的秘密所在。

该店对成品精工炮制，一丝不苟。无论生产的饮片或成药，除了原料优质之外，对片型厚薄、大小都做了严格的规定，例如天麻腊光片，有的应切成瓜子片、柳叶片、顶头片，分成多种片性等等，不嫌精工化力，务求片型悦目，洁净无屑，色泽鲜明。对配制成药方面，按照该店《丸散全集》合制，从不代用顶替，减工减料。同时，对不同的丸药剂型，又分成粒子大小加以区别，芥子大的是绿如六神丸，芝麻大的是蟾酥丸，赤豆大的是正气丸，豌豆大的是六味地黄丸，梧桐子大的是小金丹，弹丸大的是牛黄丸等。这些分成大小丸子，在医疗上都具有特定作用。生药经过加工炮制后，的确能破坏其中某些成分而变更其药性。如阿胶、穿山甲，用砂石混炒，使之质松，是解其胶体，去其腥臭。蛤粉炒阿胶是人工加入钙质于胶质之中的操作。如橘皮、半夏、枳实等新货有较强的刺激性，故需存相当时期，等气味缓和时应用。这些炮制方法，该店能够持之以恒，从不忽视。下面简单介绍一下中药炮制的几种方法，聊作借鉴，目的是让这国粹不至于失传。

制：有两个方面：一是搓、切、研、摩等，如制剂、

丸剂、散剂等；二是修治泡制，如醋制、酒制、蜜水制、盐水制、醋制、蜜柑制等，属这类制药很多。

炙：将已切成的片和块，加以蜂蜜或酒、姜汁等，置炭上火炙之，如炙甘草、炙黄氏等。

煨：将整个或大块药物，裹以面粉或厚纸濡湿，埋于热炭中，煨制黄焦为度；如煨木香、煨肉果等。

炮：将药放置炭火中，如炮附子、炮姜等。

炒：将已切成药片，放置铁锅内，炒至色黄、气香。如动物之角质类，炒至色黄而松脆为度。如炒白术、炒山甲、炒鸡内金等。

焙：用铁丝筛置火上，隔纸烘焙；如虫类药九香虫等。

煅：对坚硬性药物或矿物、金属类药物进行煅，如煅

冯存仁堂店内一瞥

牡蛎、煅石膏、煅自然铜等。

漂：有些药物原药系盐汁保存的，如海藻、海带、咸附子、咸苁蓉等，须用清水漂清咸味。

飞：矿质研成极细粉，其最细之尘粉，每易飞扬而失散，必用研盂加水研磨，名叫水飞；如飞滑石、飞朱砂、珍珠粉等。

这些都是很合理的修治和炮制方法，促使每一药物，发挥应有的作用。该店习用固有操作办事，从不马虎，因而获得群众赞许。可是过去药物炮制中，也有损害药物有效成分的。比如半夏、芍药、槟榔等切制成亮光片和薄片，系经过多次汤泡水煮而切制成片，形式上是漂亮了。可是它的有效成分，早经汤泡水煮而损害。如鸡肫为了洗去鸡屎，常常水浸半天，这些内脏药物，含有内分泌素，经过久浸，功效显著降低，这是普通常识。为什么要这样做，这是在旧社会同业竞争中，各自逞技炫能，重外观而不重实质而促成的。

冯存仁堂有几只药品，曾远销国外。这些祖制传统产品，精工配制，在侨胞心目中，颇有声望。例如：人参再造丸、人参大活络丹，畅销新加坡、中国香港等地。香港委托广东敬修堂药店经销，历史颇久。冯存仁堂出品的人参再造丸，由50种药物组成，其中主要成分有野山人参、犀牛角、梅冰片、西牛黄、虎精骨、麝香、白花蛇、全蝎、天麻等。主治：遍地筋骨疼痛，口眼歪斜，半身不遂，手足麻木；主要功效：养血祛风，通经活络。每服一丸，功效显著。

人参大活络丹，也是由50种药物组成，主要是白花蛇、乌梢蛇、人参，犀牛角、西牛黄、麝香、天麻、南星草、乌姜草、梅冰片等。主治：一切中风，瘫痪萎痹，痰厥拘挛，痈疽流注，跌扑损伤等。功效：祛风活络。其中有的药物非常名贵。

过去运往台湾销售的有四种传统产品，下面介绍两种：

驴皮胶：功效：补血，活血，止血，妇女服之尤宜。

太乙紫金锭：主治疔毒疮疾，四时疫病，霍乱吐泻，兼治小儿惊风等症。

冯存仁堂不管药品畅销与否，药物品种应有尽有。据当时不完全统计，备有丸散357种，胶膏32种，以及参茸桂燕、花露药酒等，从稀有珍贵之品直到普通草药，常年备置，凡是买的药品，该店基本上都有供应。

四

正如当年冯映斋为冯存仁堂取店规那样，"存济之心，赠仁于众"，作为冯存仁堂中药店几辈人口传心授的信条，贯穿于漫长的历史长河，使药堂至今巍然不倒，并一如既往地经营着，最终成为甬上老字号中的一个奇迹。

带给你准点与光明
——记宁波钟表眼镜公司

● 赵 琼

20世纪60年代的"宁钟"热潮

宁波钟表眼镜公司，原称宁波钟表眼镜商店，是开设在宁波最繁华地段中山东路的一家"中华老字号"。其前身为协和钟表店与桑记眼镜店，分别创业于1908年和1928年。1956年公私合营时合并，并改名为"钟表眼镜商店"。

在老一辈宁波人眼中，"宁钟"延续着一代人羡慕向往的情结，多少人曾透过橱窗暗下决心"有钱了一定要买一块手表戴戴"；而对现在的年轻人而言，它不再"高不可攀"，而是信誉、品质的象征。

20世纪六七十年代,手表还算个稀罕物件,它的地位是百姓聘礼或嫁妆大件"三转一响"中的其中"一转"。有了"上海"牌手表、"蜜蜂"或"飞人"牌缝纫机、"飞鸽"或"永久"牌自行车,再加上"红灯"牌收音机,婚礼才够体面,上档次。作为体积最小的"一转"——手表,因为能随身携带,实用又显派头而格外受宠。戴了手表的人往往把表擦得锃亮,喜欢卷起袖子,习惯性地将手腕抬得老高,"看看现在几点了"。

据现在的一些老宁波讲述,六七十年代,宁波钟表眼镜店里卖的大多是国产机械表,有天津产的"海鸥"牌,上海产的"宝石花"牌、"海达"牌。那时候工资没多少,一块贵一点的手表要100块,便宜的也得50块,而全家人一个月花费才30块。

每次钟表店有座钟到货,消息灵通人士都会在亲朋圈里口耳相传:"明天有座钟可以买,你可不要和别人说哦。"一夜之间仿佛全城皆知。第二天开门营业前,门口早已排起几十人的长

队。座钟根本供不应求,这架势丝毫不亚于如今商场打折时的抢购。

物资最紧俏的时候,座钟还不是光用钱就能买到的——得凭购物券,托熟人、找关系才能买到。那时在钟表店上班的员工自然成了亲戚朋友开后门的"红人"。

很多人请宁钟员工帮着想想办法,买个"三五"牌座钟,即使花掉五六张购物券也愿意。但有时,货量实在不足,员工也无能为力。

八九十年代的迅猛发展

到20世纪80年代,人们腰间的荷包渐渐鼓了起来,宁波钟表行业也在时代变迁中发生着变化。原本从手表厂发货至百货公司,再由百货公司批发给钟表眼镜店的模式,已不能满足宁波钟表眼镜店的日常经营。为了争取更多货源,他们决定打破原有的进货链,直接向手表厂进货。

在手表仍为贵重物的年代,宁波钟表眼镜店一下子向厂方进货1000块手表绝对算得上是"大手笔"。"宁钟"的老员工回忆起曾经与同事一起南下广州进货的经历,如同古代镖局押镖一般充满传奇色彩。

在这一过程中,"宁钟"不仅仅保持与继承了原协和、桑记的优良经营作风和精巧技术,而且培养了一大批专业技术队伍,引进了先进仪器设备,建立和健全了售前、售中、售后服务制度。尤其"宁钟"成为贸易局下属

位于天一广场内的宁波钟表眼镜公司

老字号企业中第一家进行改制的企业。通过股份制的改革，近百位职工人人持股，职工股比例占到近30%。伴随着股份制改革的是分配制度的改革。改制充分调动了员工的积极性、增强了员工的凝聚力。跳槽在"宁钟"是非常罕见的现象，多数员工已在公司工作了二三十年。

　　1993年3月，商店因市区中山东路拓宽被拆。为便于顾客购买，在市区增设3家连锁店，成立"宁波钟表眼镜公司"。1995年，公司的品种之全，规模之大，为甬上独有，年销售额2000万元，其中眼镜零售量约占市区总销量的70%，钟表销售量约占市区销量的40%。

1996年，"宁钟"原址复位，百年老店以全新的形象在中农信国际商厦重新开业。至90年代末，宁波钟表眼镜公司的经营面积已达850平方米，员工118人，其中三级以上技工18人，经营中外名牌钟表眼镜1200个品种。供应的商品货真价实，在售后服务上，公司设有专门钟表维修中心，并且设立了瑞士梅花表、英纳格表及日本东方表等特约经销维修站。

1998年，钟表眼镜商店已配备了当时很先进的日本产全套电脑查片仪、磨边机、验光机以及法国产"依视路"加工设备，还配置了"一度针"测片仪，使精确度达到误差仅一度。公司还与中华医学会宁波分会眼科学会联手建立配镜咨询点，帮助顾客区分真假性近视和购买隐形眼镜进行指导，引导顾客正确配镜选片。

全公司坚持优质服务，文明经商，连续被评为市"物价计量信得过单位"、国内贸易部授予的"打假先进单位"、"验光配镜质量合格单位"、省和市"消费者信得过单位"、省"文明经营先进单位"、市"先进企业、市"先进纳税单位"等荣誉称号。

作为宁波唯一的一家国营钟表眼镜专业公司，宁波钟表眼镜公司在90年代末的世纪之交，进一步健全了内外连锁网络，完善了布局，向着现代化规范管理模式大步迈进。

冲破"老字号"的传统困境

"其实我们并不愿顾客总当我们是老字号,特别是现在的许多年轻消费者根本不买老字号的账,认为老字号因循守旧。我们宁愿大家淡忘'宁钟'老字号的身份。"虽然2008年的时候,迎来了宁波钟表眼镜有限公司的百岁生日,但总经理潘炳利并不愿把"宁钟"一直以"老字号"为经营招牌。

其实,老潘并不想舍弃老字号的招牌,只是不愿为老字号所累。作为全市少数几家持续上百年经营的百年老店之一,"宁钟"是最有资格与老字号挂上钩的企业之一。

尽管身为最老资格的眼镜钟表商店,"宁钟"并未倚老卖老,而是在不断创新中前行。20世纪80年代初,"宁钟"成为全市最早开展工效挂钩试点的企业之一,收入分配激励机制初步建立。1989年,"宁钟"成为全市商贸系统首家转制企业,从国有企业变成员工持股的股份合作制企业,企业经营活力进一步激发。1990年,"宁钟"拿出整整一个季度的利润从日本进口了一台尼德克820查片仪,成为全国同行中少数几家验光能力精确到1度的眼镜商店之一。多年来,"宁钟"通过参加各种国际知名展会引进世界先进的电脑验光仪,紧跟眼镜验配的新技术、新标准。如今,在天一商圈拥有三家门店的"宁钟",依然是甬城销售额最高的眼镜商店。

但创新的压力仍时时困扰着"宁钟"。现在普通手表的市场需求在萎缩，而钟表店、眼镜店却越开越多，市场竞争越来越激烈。"宁钟"虽然有验光技术方面的优势，眼镜市场份额也仍居首位，但不敢有丝毫的懈怠。对于老字号的发展困境，潘炳利并不讳言："'宁钟'的职工大多数是在公司工作多年的老员工，劳动用工成本明显高出同行，而经营活力方面却有所不足，如灵活促销、热情服务上就比不过其他一些眼镜商店，这降低了对顾客的吸引力。这两年，'宁钟'的增长步伐放缓了。"

"宁钟"创新之路该往何处去？业内有关人士分析认为，眼镜、钟表并非夕阳行业，随着实用功能向时尚装饰功能的转换，眼镜、钟表行业不断创造出许多新的消费需求。如果能在坚持技术优势的基础上，紧紧抓住时尚消费的潮流不断推陈出新，"宁钟"仍然可以永葆青春，创造出新的更大的发展空间。

新时代的钟表眼镜标杆

从宁波最早的钟表眼镜商店，到公私合营创造佳绩，从甬城独占鳌头的市场地位，到面临"老字号"适应新环境的困境，"宁钟"一路风雨探索，终于在如今，再次开创了历史性的局面。

如今，宁波钟表眼镜公司已经与世界著名镜片品牌直接挂钩，第一时间引进世界名品。只要三到十天时间，世界最新上市的品牌镜片就能在"宁钟"买到。日本尼康、

"宁钟"店内一瞥

德国蔡司、法国依视路……"宁钟"成了世界名牌新品荟萃的窗口。

"宁钟"采取以老带新、请进来、走出去等办法培养技术骨干，眼镜从业人员已全部取得国家专业证书，成为专家型员工。目前，紧跟世界镜片潮流的"宁钟"已成为国家光学标准委员会成员单位，参与国家标准的修改和制定。

目前,公司下设的连锁店有:宁钟公司天一广场总店、宁钟公司新华联分店、宁波钟表眼镜公司新华店,合计营业面积千余平方米。经营的钟表、眼镜品种达2000多种,商店地处繁华的市区商贸中心。

宁钟公司是一个不断开拓、创新进取的企业,率先引入先进的技术、经营管理、专业优势等能力居全省同行之首。

公司恪守老字号诚实守信、顾客至上的宗旨。坚持质量第一是宁钟老字号经久不衰的经营秘诀,为确保商品质量,公司对商品售前、售中、售后各个环节层层把关,建立和健全了商品质量管理制度,严把进货关,杜绝不合格产品的流入。公司拥有一批技术精湛、业务精通的专业技术人才是老字号的绝对优势,是宁波市同行中,集中拥有中高级技术人员的公司。

公司在规范经营管理方面全面实行统一进货、统一价格、统一服装等规范连锁,从环境、商品、质量、服务、经营、管理等方面都形成了一整套具有行业特色的经营管理模式。长期以来,"宁钟"以诚实守信、顾客至上、真情服务于广大消费者的行为,在市民中享有较高的知名度,百年老字号的企业文化底蕴沉淀越来越厚。

长期来随着专业实力的积淀为公司的发展奠定了坚实的基础,"宁钟"将继续发扬沉稳而不失创新的精神,不断开拓奋进,为广大消费者提供更多、更好的优质商品和优质服务,使顾客真正质量放心,价格放心,服务放心。"钟表眼镜不是一般商品,宁钟为您信誉保证"。"宁钟"这句朴实的话语,道出了百年老字号的金字招牌之所以至今闪闪发光、代代相传的真谛。

带给你准点与光明

东福园与其当家名肴

● 朱惠民

宁波既是一座历史文化名城,又是一座商贸发达的商城,自古至今,各路商贸咸集于此,商帮的筵席发展,促进了餐饮业的繁荣。据民国《鄞县通志》中有关饮食的篇章记载,仅三江口一带就有上规模的酒楼饭店40多家,形成了"六帮三馆"的格局。"六帮"中有甬帮状元楼、中央楼、王永兴等,徽帮有聚福园、东福园等,川扬帮有梅龙镇等,天津帮有味一家,还有绍兴帮等。"三馆"指的是野味馆如李荣昌、素食馆如功德林、同仁馆等,还有清真馆。知名的宁波小吃有缸鸭狗汤团店、大丰仁羊肉粥店、陈万兴点心店等。

这些餐饮老字号,是伴随中华饮食文化的发展而诞生

始创于民国二十二年（1933）东福园在老东门口的街影照片。当时东福园饭店为双间门面，三层楼房，取福如东海的吉祥之意，定店名为"东福园"。

的，具有浓厚的传统商业文化的底蕴，也是宁波商业的"脸面"。它们历经沧桑，有的已被人们所遗忘，有的则还活在人们的记忆之中，成为宁波人钟爱的商号。特别是老字号的当家名肴，时时会唤起宁波市民有滋有味的回想。这些名肴，就菜系、菜帮而言，也就是饭馆里的手艺，它跟一般市民的家常"下饭"是两码事。如甬帮的冰糖甲鱼、网油包鹅肝、锅烧河鳗等，一般家庭主妇难以上手。所谓"菜帮"，大抵由过去宦官商贾的筵席发展而来，是脱离了民间食事的专业烹饪。譬如，淮扬菜起于盐商家宴，鲁菜和豫菜是明清河厅（负责治理黄河的衙门）常年吃喝的经验积累。由于河厅垄断巨资，尽所能雇用最好的大厨,暴殄天下美味。清人欧阳兆熊《水窗春呓》"河厅奢侈"条云:"其肴馔则容至自辰至夜半不罢不止,小碗可至百数十者。厨中煤炉数十具,一人专司一肴,目不旁及。"如此操练历久,乃自成菜系。八大菜系中,大概只有川菜属平民菜。浙菜中的杭菜,有人认为是从南宋宫廷官府肴馔沿袭而来。而甬菜中的精品也是官邸饮膳历练而

20世纪70年代东福园在东门口原址翻建后的照片。新楼在1963年建成营业。

成,如宁波人值得骄傲的南齐虞 的《食珍录》,作为宁波历史上第一本饮馔著作的作者,是一位有名可考的四明籍美食家兼烹饪师。《南齐书》称"㸌善为滋味,和齐(烹饪调味)皆有方法"。此人敢于与宫廷一争高下,他能快速地烹制出数十舆杂肴,供皇上享用,其味令太官鼎味逊色许多。当然,甬帮菜的发展,又基于"鱼米之乡,文化之帮"的得天独厚,以及历代厨师传承前贤烹饪技艺与其矢志不渝的努力结果。其几道能支撑起甬菜门面的名馔,体现着很高的烹饪艺术,断不能在我们一代中失传。

甬江状元楼与中央楼主营甬帮菜,而赫赫有名的东福园主营的则是徽帮菜。东福园饭店是宁波唯一一家徽帮老字号菜馆,为徽州人吴子昭集6000元银圆,于1933年在三江口开设。最早是双间店面三层楼房,以"福如东海"之寓意取名号。笔者有印象的是,1961年在原址进行扩建的东福园,至1971年年末为四层楼房,营业面积扩至1700多平方米,这在当时是蛮有大酒楼气魄的。

徽帮菜,在其悠久的历史发展过程中,博采众长,兼收并蓄,逐渐形成了自己的特色。主要体现在以下三个方面：

一、以咸鲜为主，突出本味。徽帮菜对"味"历来就有很高的认识和追求，它十分注重烹饪原料的自然味性，讲究菜肴的隽美之味。在烹饪过程中，徽帮菜最大限度地保持和突出原料的本味，使有味的原料出"味"（如鸡、鸭等），无味的原料入"味"（如鱼翅、海参等）。这不仅使菜肴原汁原味，汁醇味浓，还使菜肴具有较好的营养价值和很强的滋补作用。如名菜"奶汁淮王鱼""清炖马蹄鳖"等，都是整形烹调，整形上桌，原汁不耗，原味不失。充分彰显菜肴的本味，是徽菜形成独特风味的一大特点。

二、讲究火功，巧控火候。徽帮菜的烹调方法很多，除擅长烧、炖、焖、蒸、熏等技艺外，还有爆、炸、炒、熘、烩、煮、烤、炝、卤、焐等技法。特别是对火候的运用，更是一绝。徽帮菜继承"熟物之法，最重火功"的传统，或旺火急烧，或小火煨炖，或微火浸卤，或用木炭小炉单炖、单烤，或几种不同的火候交替运用，同时烹调一种菜肴。不仅如此，徽厨们还在长期的烹饪实践中，精心研究和创造了多种巧控火候的技艺，例如"熏中淋水"、"烤中涂料"、"中途焖火"等。因为火功到家，既保持了菜肴的原汁原味，又使菜肴更加鲜美。如"金银蹄鸡"，因小火久炖，汤浓似奶，其火腿红如胭脂，蹄髈玉白，鸡色奶黄，味鲜醇芳香。徽式烧鱼方法更是独特，鲜活之鱼，不用油煎，仅以油滑锅，旺火急烧，5—6分钟即

2000年的东福园饭店 (陆锋 摄)

成。由于水分损失甚少,鱼肉味鲜质嫩,早为脍炙人口的佳肴。再如"符离集烧鸡",先由大火高温卤煮,后用小火回酥,肉烂脱骨而不失其形,味透入里而骨有余香。不同火候的运用,是徽帮菜形成独特风味的又一大特点。

三、讲究食补与养生。徽帮菜十分讲究食补与养生。徽帮菜重视烧、炖、焖、蒸,常以整鸡、整鸽、整鸭、整鳖煮汁熬汤,亦源于滋补养生之道。合肥地区夏季喜食白老鸭炖汤,沿江一带产妇多食白煨猪肚,淮北地区以猪肝补肾补虚等,都是中医"以形补体"理论的体现。徽帮菜各式滋补菜肴品种繁多,如"黄山炖鸽""凤炖牡丹""清炖马蹄鳖"等。均暗蕴养生之功。徽帮菜注重食补,讲究以食养生，但却不同于在菜肴中配以药材烹调的"药膳"，从而形成徽帮菜的另一大特点。

菜帮每每是依附商帮而发展的。早在唐宋以来，徽帮商人遍天下。上海开埠时，徽商已活跃在沪上。徽帮菜也因此进入上海，稍后自然也入驻宁波。徽帮菜擅长烧炖，油重芡厚，醇浓入味，且能保持原汁原味，如走油折炖、红烧鸡、煨海参等，不过尤擅煎炒，如清炒膳背、炒划水。笔者年轻时上过东福园，特别喜欢吃东福园的鱼。其烧鱼不用油煎鱼的两面，而将炒锅烧热滑油后留底油，投入鱼后即放入调味，再用旺火急烧五六分钟即成。如是烧制的鱼，水分与营养成分折损少，鱼肉鲜嫩无比。一次，有位朋友请笔者去吃名叫"象牙菁鱼"的佳馔，这菜名向所未闻，于是欣然前往。这种鱼头大身小，刺少肉嫩，努腮眼凸，一看便知是鱼中佳品。大厨将鱼皮剥掉，配好葱、蒜、姜、酒，下锅生炒，做成佳馔。只见鱼肉的颜色白中透黄，宛如象牙一般。还有一道"葡萄鱼"，把青鱼中断切制成葡萄状，加葡萄汁烹成，也颇脍炙人口。

徽菜馆经营上有一大特点，即多兼营面点。东福园的蝴蝶锅面、三鲜锅面、三丝宴面及徽式含口汤包，直到20世纪80年代初还能吃到。特别令人难忘的是，那年三九寒天，三五知己在东福园小酌之后，来了一客全份鸭馄饨，用锡暖锅上菜，暖烘烘的，饱暖舒畅，真不逊于当今吃涮火锅呢。

大上海原来的徽帮菜馆也很多，至抗战前夕，竟有五

位于鼓楼的东福园饭店

百家,后来渐渐地没落了。据悉,现在著名的只剩下大富贵酒楼,其名肴有金银蹄鸡,用金华火腿二肮(安徽人称猪脚上面的关节部分为二肮),与新鲜蹄髈及鸡并置砂锅中烹制,是地道的徽菜。此外,葡萄鱼与沙地鲫鱼,也做得上乘。沙田鲫鱼,此味先由徽州传到扬州,已见于童岳荐的《调鼎集》,曹雪芹之"老蚌怀珠"即缘此而来。曹之老蚌怀珠,其法"取白鱼,肉细琢,裹作串,炙之"。沙田鲫鱼,又名"鲫鱼怀胎",与"老蚌怀珠"近似。不过其制法却是不破腹，而从鱼背启刀，镶馅，烹煎而成。宁波东福园的酥鲫鱼、葡萄鱼以及徽州丸子等佳肴，直至80年代初尚面市。其中名菜酥鲫鱼，其烧法类似当今的干烧鱼头煲。那鲫鱼长短约三四寸，放在锅内一层鲫鱼一层葱，层层堆叠，最后搁上糖、醋、姜、八角等一起烧，烧到鱼骨酥软，鲜香四溢，吃起来酥香鲜美，无与伦比。

东福园最出名的是青鱼头尾、青鱼划水和青鱼卷菜。据说用的青鱼是专从长江下游采购的，烧法也与众不同。其最主要的秘诀是掌握火候。因此徽帮最高级的厨师是司炉。青鱼卷菜，其主要是青鱼的肚肠，这在一般馆子中是当作废物丢入垃圾桶的，但东福园却能烧成一道别具风味的名菜。

东福园有位名叫方炳义的大厨专做招牌菜。此人上灶，一不脱身上衣衫，二不围裙单，操毕，纺绸衫裤仍旧雪白，无半点油污。令同侪刮目相视，食客啧啧称奇。此人做冷盘，多以人物为图案，形态逼真。

东福园桌菜中有和菜、平菜、参菜、翅菜、燕菜五种规格。和菜有二炒一大菜的，有二冷二炒几大菜的，价格大概在二元到四元不等。平菜最适宜用在喜庆会上，菜单是二京二水四品六炒五大菜二点心，代价是八元八角。在旧时，一般人情送银圆一元，每桌坐十人，主人不过备些酒水饭米而已。参菜、翅菜、燕菜价格依次递增。燕菜的代价是银圆18元，菜单是四蜜饯、四大果、四品盆、八热炒、六大菜、四点心。六大菜中有冰糖玉燕、火踵排翅、百鸟朝凤、绉纱蹄髈、清炖鲥鱼、全生火锅等等。这种筵席只有达官显贵才有资格享受，一般商人只能领领市面。

1982年，东福园举办了"猪百味"菜肴展示会，以猪肉为主料推出了百余道风味菜肴，招徕了众多的食客。1985年举办"宁波市第二届名菜名点展评会"（第一届为1956年的城隍庙名菜名点展评会），东福园更是大出风头。那次烹饪盛会，有150名厨林高手（包括甬帮大厨）执刀掌勺，可谓盛况空前。

时下宁波，餐馆林立，菜帮也日渐完全。八大菜系如若都能吃到，岂不快哉。特别是甬上老字号餐馆中的甬帮菜（状元楼、中央楼）、徽菜（东福园）、川扬菜（梅龙镇）、津味（天津味一家），理应让吃客大快朵颐，因为像笔者这样的老吃客还有不少呢。

缸鸭狗
——中华老字号的百年沉浮

● 楼晓娴

"三更四更半夜头,要吃汤团'缸鸭狗'。一碗下肚勿肯走,二碗三碗发瘾头。一摸袋袋钱勿够,脱落布衫当押头。"这首相传已久的顺口溜,赞的就是宁波著名的百年老店缸鸭狗猪油汤团,"缸鸭狗"名气之大可见一斑。

曾经辉煌

说起"缸鸭狗"的历史,可以追溯至20世纪20年代。那时候,有个地地道道的宁波人江定法,小名阿狗,年轻时在外国货轮跑船,到过多个国家。二十几岁时,疲倦了常年在外漂泊的生活,攒下些钱回到了家乡宁波,并于

20世纪70年代的开明街缸鸭狗店

1926年在开明街摆了个汤团摊。经过一年的摆摊,阿狗汤团生意红火,坊间口口皆传。又过了些年,江定法准备扩大规模,在城隍庙看中一店铺。有店必要有名,可是江定法年少清贫,没读过什么书,不识半字,苦思不得其名。后灵机一动,便以自己小名"江阿狗"之谐音"缸鸭狗"(宁波话中"江""缸"同音,"阿""鸭"同音)绘于牌匾之上,至此,"一缸,一草鸭,一黄狗"的活字招牌应运而生。奇特新鲜的招牌,别出心裁的构思,饶有风趣的名号,通俗易懂,老少皆知。一时间,"缸鸭狗"声名鹊起,美誉远播,顾客盈门络绎不绝。

"缸鸭狗"至此开创,以擅长制作猪油汤团、八宝

饭、酒酿圆子等甜食点心而著称。1956年,开明街店面扩建,营业面积达200平方米,全年除供应各式甜点心外,早上还供应豆浆、粢饭、饺子、生煎、包子等点心,夏天供应各色冷饮,冬天供应宁波人民喜欢的汤团米粉和猪油馅,生意一直红火。

1988年,缸鸭狗汤团总店成立,经过多次装修、改建,使老店旧貌焕然一新,经营范围也逐渐扩大。二楼另售酒菜饭和西点。除做好店内供应外,还与厂方合作打出了缸鸭狗汤团粉以及猪油馅袋装业务,远销省内外,使宁波汤团和缸鸭狗闻名遐迩。

1993年,"缸鸭狗"被国内贸易部授予"中华老字号"企业,1997年12月,缸鸭狗汤团被中国烹饪协会评为"中华名小吃"。

数十年来,"缸鸭狗"把甬帮风味小吃做得日益兴旺,各式精致的点心甜食有口皆碑,而猪油汤团更是镇店之宝,当属一绝。"缸鸭狗"几乎成为宁波传统饮食文化不可或缺的代名词,但凡来甬者,无论五湖四海之游人,还是异国海外之宾客,都前往争相品尝。

一度沦陷

谁曾料到,到了20世纪80年代中期以后,城市彻底改造,使得老字号成了无源之水,几乎失去了生存的空间和氛围。

缸鸭狗店内招贴画

位于鄞州万达广场内的"缸鸭狗"门店

  缸鸭狗汤团店当然也难逃此劫。2007年5月，缸鸭狗汤圆店惜别坚守了10年的城隍庙美食街黄金旺铺，蜗居在开明街上一个不起眼的店铺内，原来1300多平方米的经营面积锐减至100多平方米。除了继续保留经营猪油汤团、百果圆子、蛋花圆子等传统的汤团品种外，几乎和普通的快餐店别无二样。缸鸭狗这块曾经金灿灿的金字招牌，黯然失色。

  这一次搬家后，很多老顾客都流失了。连一些对"宁波汤团"颇有感情的老宁波人都"摸索"不到这么不起眼的小店面，更不用说年轻白领等其他消费群体。一些慕名想吃"宁波汤团"的外地游客，更是不知道该去哪里寻觅"宁波汤团"。缸鸭狗一下子陷入了"老顾客在老地方找不到老字号，新顾客在新地方看到老字号又不认识"的困境。

有人问，为何不引进战略伙伴，扩大经营，重新擦亮品牌？然而，引进战略伙伴意味着大资金的注入以及人员的整合，老字号的人员老化，股权也比较分散，不少员工不喜欢折腾，维持现状就满足了。这或许恰恰折射的是一些老字号企业的普遍心态。

艰难复兴

就在人们感叹今后吃缸鸭狗汤团越来越难的时候，鄞州万达广场缸鸭狗店的开幕让人看到了老字号重振雄风的希望。但是这家百年老字号的身上究竟会发生怎样的变化？全新亮相的"缸鸭狗"和以前会有哪些不同？

负责运营缸鸭狗万达门店的是开远商业发展有限公司。它和缸鸭狗是合作关系，一方出品牌，另一方来运营管理。

开远商业发展有限公司是一家有十几年历史的企业，业务涉及房地产、商业广场等，但从未涉足餐饮行业。不过，从多年前开始，厨师出身的公司负责人就筹划着进军餐饮业。可是创立新品牌，需要的周期长，而"缸鸭狗"是宁波一块金字招牌，在市民中有相当的知名度，选择和老字号合作看中的正是其深厚的文化底蕴。

新开张的"缸鸭狗"，装饰风格传统与现代结合，店招牌还是采用老招牌的字体，但牌匾更大，一只缸、一只鸭和一只狗的logo放在醒目位置,下面还写着"1926",提醒人们这是一家近百年历史的老店。

寻求突围

如今的"缸鸭狗",定位是做市民买得起的精品小吃。翻开菜谱,缸鸭狗万达店有着70多种小点心,既有宁波传统点心,如猪油汤团、龙凤金团、水晶油包等宁波十大名点,还有春卷、烧卖等江南风味小吃,川式红油抄手、台湾红烧牛肉面等特色美食,以及抹茶卷等融和现代口味的新式小吃。

对于"缸鸭狗"的重新亮相,不少市民也充满了期待。可也有不少老宁波人表示,猪油汤团虽然仍有当年的味道,可感觉老字号已不是从前的老字号了:服务员通过触摸屏电脑进行操作,在服务上,"缸鸭狗"也向西式快

缸鸭狗天一店(殷明 摄)

餐学习,价位牌一目了然……

　　对于消费者的这些议论,"缸鸭狗"的有关人员显然有思想准备,"过去人们走进缸鸭狗大多是吃碗猪油汤团,一碗汤团量很足且比较油腻,吃完就很难吃下其他东西,这说明产品线有问题。我们在传承的基础上,加大创新力度,制作出不腻口的汤团,个头也小一些,同时推出更丰富的特色产品来供顾客挑选。餐饮行业是一个时尚度很高的行业,要吸引更多的人尤其是年轻人进店消费,老字号需要创新产品,否则就难有生命力。"

　　对此,市餐饮协会秘书长陈永祥表示,一些老字号之所以会遭到市场的淘汰,关键在于经营模式陈旧、产品单一、跟不上时代。"缸鸭狗"是宁波餐饮老字号的代表,"香甜鲜糯滑"的猪油汤圆是宁波美食的一张名片,老字号的重振雄风,必须在经营模式、产品开发、市场营销等方面进行全面创新,老店新开,既要原汁原味地呈现传统经典,又要迎合现代人的口味。产品能否得到市场的认可,还需要时间的检验,但创新肯定是一个大方向。

　　除了鄞州万达店,在江北万达广场,面积310平方米的缸鸭狗总店于2010年年底开业,计划还在其他地方开连锁店。另外,缸鸭狗食品工厂也正在选址过程中,今后将向主要生产以速冻汤圆为主的速冻食品和遍地开花的外地速冻汤圆品牌叫板。

关于王文正书局的历史记忆

● 俞国玉

一百多年以前,宁波的东门口一带聚集着很多书店,其中有一家当初即颇具影响,今天也不应该被遗忘的书店,它就是"开设在天后宫后街"兼卖"笔墨"的宁波王文正书局。

翻开1899年12月17日、18日、20日、22日、23日、24日、27日出版的《甬报》,我们可以看到宁波王文正书局连续在那张报上,登过如下内容的广告:"甬江王文正笔墨、书籍,格外公道:电报书二角;洋钱书二分;《算法统宗》六分;《大历日》一角;两本《字汇》一角六分;《绍光尺牍》一角六分;

《文选》二角；《泰西照相》一角；《柳庄相》八分；《麻衣相》一角；《铁关刀》一角；《大清相法》一角；《相法大全》四角；《待访录》二角；《西国律例》三角；《稀奇古怪》二角；《彭公案》三角；《施公案》三角；《春园外史》二角；《三侠传》二角；《双凤奇缘》二角；《双美缘》二角；《红梅阁》二角；《文武香球》三角；《长毛书》一角；《新鲜笑话》二角；《贪欢报》三角；《九美图》二角；《八美图》二角；《玉连环》三角。"这则广告，是王文正书局开店的历史悠久、售书品种力求推陈出新的一个确凿见证。

它虽是一家传统的老书店，却最爱推销新潮的时务书和实用书。广告中的电报书、洋钱书系打电报、兑货币用工作手册，《泰西照相》乃专拍西洋风土人情一类摄影集，《西国律例》乃汇编欧美民刑事法案之类判例选辑，《字汇》《绍光尺牍》当属新式的字典和写信范本，《文选》亦该不同老式的《昭明文选》。这些书，在当时举国上下"咸与维新"的风气影响下，全是都会阔老、洋场才子和摩登

刊登在1899年《甬报》上的广告

学生需要或爱看的时尚读物。兜售这些畅销书，折射出书局在宁波同行中超前一步的独特生意眼。

它亦热衷于面向一般的市民和妇女读者，推销新出版或新发行的章回说部书、笔记小说集和弹词曲本。广告中的《施公案》即《面断奇观》，现存清光绪十九年（1893）上海书局石印本，《彭公案》即《三侠剑彭公清烈传》，现存清光绪二十年（1894）民安堂刻本。《春园外史》即《驻春园小史》，现存清光绪二十二年（1896）古香阁石印本。《双凤奇缘》即《昭君传》以及《贪欢报》，现存清末石印本，都是当时很流行的几部著名章回说部书。广告中的《稀奇古怪》原名《醉茶志怪》，李庆辰著，全书346篇，其中《白衣妇》《棺怪》两篇写棺材板成精，"幻形不一，常出为祟"，《衣怪》写女子嫁衣作怪，"嫁衣置床……自起坐，如人狀"，《阴司》写鬼役索贿前后倨恭不一的多面神情，《爱哥》写伪男儿娶妻纳妾的变态心理，题材和写法多有创新，为前人同类笔记小说集所无。现存的清光绪二十二年（1896）上海理文轩铅印本即改称《稀奇古怪》，可谓名副其实，是当时很流行的一本优秀笔记小说集。广告中的《文武香球》现存清末上海广益书局石印本，《九美图》一名《嘉兴柳树春九美图》，《八美图》（一名《胡必松八美图》），连同《玉连环》，现存清末各地书坊的多家石印本，均是当时很流行的有名弹词曲本。兜售这些大路书，并及时发行，亦足见它比业内老法师们另有一功做生意门槛的精明。

即便向当初一班新老文人推销较为高雅而非通俗的书籍，它还是未能忘记，尤其在意这类书籍自身特定的时代性或地域性。对经史子集图书介绍中，广告只开列《待访录》一种。《待访录》就是黄宗羲的《明夷待访录》，两百年来一直罕见行世，梁启超《清代学术概论》谓，直到"梁启超、谭嗣同辈……将其书节钞印数万本，秘密传布"，方有流传。它单单举出《待访录》，实乃看中其在晚清改良、革命两派志士仁人中的深刻影响，此书可望十分好卖。

在医卜星相图书的推荐中，广告一连开列《柳庄相》《麻衣相》《铁关刀》《大清相法》《相法大全》五种，亦即袁珙《柳庄相法》、麻衣道者《麻衣相法》《神相铁关刀》、虚虚子《相理衡真》、陈抟和袁忠彻《神相全编》。《柳庄相法》等五种自清初至清末全国通行，特别是袁珙《柳庄相法》，在明清二代宁波特别风行。《明史》卷二百九十九《方伎传》中有其一

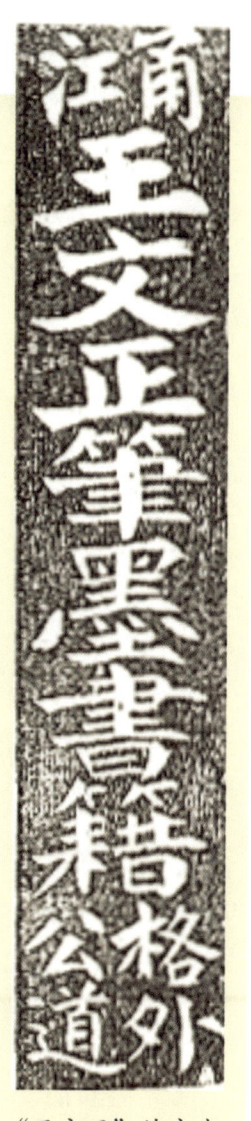

"王文正"的广告

小篇本传,叙述"袁珙字廷玉,鄞人","尝……遇异僧别古崖,授以相人术","其法……视人形状气色,而参以所生年月,百无一谬",曾相燕王朱棣"太平天子也,年四十须过脐,即登大宝"获验,所谓袁珙从此返甬"自号柳庄居士"的历史传说。明代说部《混元合五毒全传》即《张天师收妖传》,其中第二回《袁柳庄风鉴惊人》后有其一大段故事,交代"此人……当今第一个神相,曾在酒肆之中替天子相过,后来应验非常"。描写其以后替淮安府谢白春等三人看相,相谢白春、崔子英将来做"当今驸马""皇家栋梁",相陆宾即将于"今年六月十五日必损命"。随后陆宾果于六月十五因歹心害人吃"一碗脚鱼"中毒,"两个时辰就化血水白骨"横死,谢白春、崔子英果于不久因得淮安宗道台雪冤、"张天师书子"、夏太师举荐,一为皇姑驸马而另一为翰林学士,即所谓袁柳庄接连三相无不得奇验的神怪故事。它连连列举相书五种却以《柳庄相》居第一位,确实看好其在国内、特别是在宁波当时失意士子和无端术士中的广泛影响,有望一度畅销。王文正书局应时应地对各个阶层知识分子推出不同品位的"雅文化"书籍,不放弃任何机会,显示它作为清末甬上一家有着创新思维的老书店的运营之道。

王文正书局总是面对广大读者,不失时机地推荐各式高雅、通俗类文化图书,如实地反映了那时它对传播中国的传统文化和新文化产生过相当的积极影响,有助于推动当时的国民文化教育。

王文正书局对近代传统书业发展更新更大的改革，是它不仅发行图书而且出版图书。在清末宁波第一次且唯一一次出版一部本地版的长篇小说亦即章回说部《金台传》。张颖、陈速《〈狐狸缘〉和〈金台传〉》专文考据道："《金台传》至少是最先交由宁波地方书局即王文正书局印行的一部大型本地版说部"，"这部十二卷六十回二十五万零八百十八字的神怪武侠长篇，足以成为讲史语怪杰作《平妖传》的某种出色的改写本"。其"最起眼的艺术特色，是在同时代众多侠义小说中，首回演出贝州好汉拳打天下的个人英雄传，写活了小霸王金台这个'江湖浪荡'汉的英雄形象"。其"思想上的丰硕成果，意味它的创作更接近中国近现代写实小说的某种初胎和新芽"，"不失为首部写流浪汉成大英雄的义侠小说，自然更在清后期小说史上占有不可抹杀的特殊地位"。张颖、陈速该文考据王文正书局出版宁波第一部优秀长篇《金台传》的巨大文学史意义的研究成果，乐承耀《宁波古代史纲》、傅璇琮编《宁波通史》相关章节均有引用、摘录。

王文正书局在宁波出版史上第一次出版长篇小说《金台传》，确确凿凿是一家对宁波文化建设有过重大历史贡献的书业老字号，一家早在清末就有特殊的老资格和新面孔的著名书店。

毫无疑问，应当留住王文正书局的一切有关历史记忆。尽管，或许由于历史的误会与偏见，我们对它的历史知之甚少，迄今已不知道其创业和歇业的具体年代，其所发行、出版图书的全部书目和文本，更不知道开办者是否

就是王文正。上海社会科学院出版社2000年出版的《上海出版志》第219页，载有"明中叶上海大东门外有黄文正书店，不过规模较小，出书不多，1926年（民国15年）仍然存在"一说。这个"黄文正书店"与王文正书局又有何关系呢？《上海出版志》中关于"黄文正书店"的相关说法，明显依据《上海地方史资料》第四辑上平襟亚《上海出版界琐闻》一文。所载有"另上海大东门外，有一家'黄文正书店'，创自明代中叶，至民国十五年犹存在，但局面很小，并未见有出版物发行，其开设年代则早于扫叶山房"的原先说法。不过《上海出版志》已将《上海出版界琐闻》的黄文正书店"并未见有出版物发行"此一句，改正为该书店"出书不多"彼一句，显见其担心平襟亚文所叙或许记错。平襟亚文是文史资料类回忆文章，本来就可能有误。我们遍查明、清、民国的江苏、浙江乃至北京、天津、上海公私刻书、销书、藏书目录等文献资料，从未发现有"黄文正书店"而只有"王文正书局"，从未查实有"黄文正书店"所出书籍而只有"王文正书局"所出《金台传》,怀疑平襟亚文写的"黄文正书店"的"黄"字,恐怕便是"王文正书局"的"王"字的一时笔误,这里姑存此说。将来一旦有文献资料的新发现证实我们此说,那么宁波王文正书局更是一家不仅在宁波而且在上海由宁波本地人开设的最早的传统书业老字号。

黄古林草席

● 唐路安

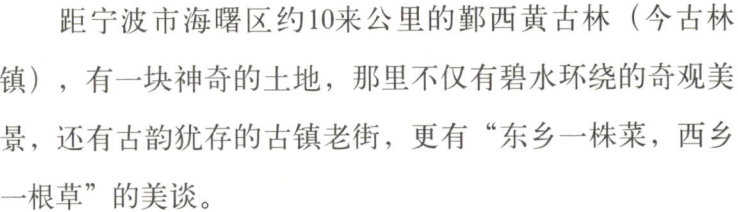

距宁波市海曙区约10来公里的鄞西黄古林（今古林镇），有一块神奇的土地，那里不仅有碧水环绕的奇观美景，还有古韵犹存的古镇老街，更有"东乡一株菜，西乡一根草"的美谈。

这里的"一株菜"，指的是邱隘的咸菜。"一根草"说的则是黄古林的席草。这根早先被用来御寒的草，曾被发现于与鄞州一水之隔的、距今7000年前的余姚河姆渡。河姆渡遗址不仅出土了大量的骨器、陶器、玉器、木器等各类质料的生产工具、生活用品、装饰工艺品以及人工栽培稻遗物、干栏式建筑构件、动植物遗骸等文物，还出土了上百件的芦苇席和灯芯草残片。1973年，古林镇芦家桥出土新石器遗址。在出土文物中又再次发现了炭化草席碎片，证实5000多年前先民们就利用席草编织草席了，黄古林席草之"古"可见一斑。

历史上，"一根草"还为抗击金兵入侵作出过重要贡献。据《宁波府志》等记载，宋建炎三年（1129），金兵南侵，赵构被迫放弃临安（今杭州）退驻明州（今宁波），万一兵败便可扬帆出海而去。建炎四年（1130）正月，金兵势如破竹，渡过钱塘，击破绍兴，占领余姚，直逼宁波。当时，留守明州一带的御营前营统制张俊见民间多织席，于是灵机一动，在率兵与金人决战于明州西门之时，呼吁民众献席，并取席子覆盖于路面之上。金兵马队在草席上打滑，至人仰马翻，自相践踏，金兵受挫败退，这就是抗金史上有名的高桥大捷。

这根草就是蔺草。蔺草，又名灯芯草，在宁波俗称席草，是编织草制品的主要原料。我国是世界上蔺草栽培最早和最多的国家之一，宁波又是全国蔺草种植最早和最多的区域，而黄古林则是利用蔺草编织草制品最早最多的乡镇之一。

黄古林盛产蔺草，与广德湖有关。广德湖形成于汉唐时代，广纵千顷，是鄞西人休养生息的母亲湖，后因废湖为田，成为历史名词。黄古林一带的广德湖，系湖荡沼泽淤积演变而成，其田亩湿润，土壤肥沃，排灌方便，种植出来的席草色泽青白带绿，粗细均匀挺直，草皮薄且坚韧，草芯饱满富有弹性，拉力强而不易发脆，优质高产。用它编织草席，加上精湛的编织技术，具有通气、吸湿、

清凉等作用,它既是传统的生活用品,又是一种独特的装饰品,故称之为"宁席"、"明席",是宁波著名的土特产。

相传2000多年前的秦始皇时代,徐福带着数百童男童女从宁波达蓬山出海,他们所带物品中,就有宁波生产的蔺草种子与草席。后者,在日本被称之为"榻榻米"。

南宋《宝庆四明志》有载,早在唐开元元年(713),宁波产的草席就已出口到了朝鲜、日本等东南亚国家和地区。宋《宝庆四明志·叙产章·草之品节》、元《至正四明续志》、明《成化四明郡志》等亦有"江东(今鄞县西乡)多席草""甬东里多种席草,民以织席为业,计所赢

黄古林草编博物馆和生产车间

优于农亩""甬东多种席草,民以织席为业,著四方,曰明席"的记载。

另据载,清光绪年间,黄古林年产草席百万条,有席行23家。自清至民国,黄古林已在全国各大城市开设席行,其中尤以上海为多,此外还销往南洋。民国《鄞县通志》复载云:"席业为吾甬著名工业,亦为一普遍之家庭工业,其原料为出口货之大宗。西乡黄古林启蒙地种植,农民视为重要副业,乡人编织成席,负至市集,由行商收买,转销各埠,营业称盛。"足见当时席业之兴盛。

2011年11月13日,《东南商报》一篇题为"黄古林草席名扬四方"的报道写道:20世纪20年代,鄞县人史翔熊

为抵制日本软席输入,扩大草席外销,曾用甘蔗或芭蕉叶柄纤维编织甘露席;用席草编织纱经双花席,使席草编织工艺品种得到较大的发展。同时,席行也向宁波和上海辐射。当时,宁波城厢有30多家席行,几乎都是黄古林一带人开设的。较有名气的有:念条街上的"水天吉""水协兴",中马路的"震安祥""万亿",大道头的"安吉""安泰",宫后街的"任恒泰"等等。

早先的黄古林草席编织,以席草为纬、麻线为经,且以家庭为主,世代相传,家家户户都会织席,约百户人家就有一家卖席的,故有"万家做席,百家卖席"之说。

织席看似简单,其实也很讲究,不仅品种繁多,而且工序繁杂。普通一点的用络麻做筋,叫"络麻草席",高档一点的用苎麻做筋,叫"白麻筋草席",现在还有用络麻、苎麻或机制用纱做筋的各种垫子、扇子和帽子。以上草制产品都有如下几个主要特点:一是质地厚实、精密,不易渗水;二是挺括、硬朗,直立不倒;三是光滑、柔软,凉爽舒适;四是可卷、可折,收藏方便。

黄古林人编织草席,从来都讲究质量,不偷工减料,要是有哪家的席子卖不出手，或被退了货，在他们看来，那真是愧对了祖宗的名声，是件羞煞人的事，更是个耻辱。于是，千百年来，无论是什么地方种植的草或编织的席子，都难与之相比。其中较为著名的就有"四大家"和"八小家"等老字号。

卖席商行中的"四大家"，依次是俞祥绶的"德裕席行"、施文林的"昆房席行"、唐宝廷的"元兴席行"、韩伯章的"韩隆兴席行"；"八小家"则是施世法的"兴隆"、施阿银的"兴昶"、施茂祥的"华孚"、施阿祥的"德泰"、陈升昌的"升昌"、陈茂泰的"茂泰"、宋雨亭的"雨亭"以及翁茂根的"裕兴"。此外，还有"信泰""乃安""祏号""恒升""闻裕泰"等数十家在当时也颇有影响和口碑。

以上席行，其时大都开设在有"清明上河图"之誉的古林老街，老街依河分南北两条，约一华里长的沿河两岸店铺林立，商贸兴旺。在百余家店铺商行里，仅草席行就有三四十家。

如同宁波南门的"三市"一样，凭借草席集散地的独特优势，每逢农历大暑前后，新席草登场上市，草农从四面八方赶来，一船船的席草挤满河道。如恰逢农历每月初三、初七和初十，是黄古林的传统集市，这里更是人头攒动，商贾云集，卖席买席，卖草买草，席市兴旺，呈现出一片"河汇五港源流长，街分南北商贸旺"的繁荣景象。

尽管如此，但黄古林草席的发展也是有阶段性的。

20世纪30年代，受战乱影响，席市衰退，草席滞销。1935年4月23日，《时事公报》称："昔年鄞县草席出口400万条年息优厚，现已减消到200万条成本增高2成。"到了1937年，抗日战争爆发，宁波城区席行减至27家，草席业一蹶不振。

新中国成立后，席业开始复苏，"大跃进"时期虽然受到了一定的影响，数量的增减和规模的大小也在不断地发生变化，但收购计划还都能够完成。

1954年4月下旬，国务院有关部门指示，要宁波筹办40条黄古林生产的"白麻筋"草席，由周恩来总理带去，作为国礼赠送给在日内瓦参加国际会议的各国首脑。这是新中国成立后，第一次以世界大国的身份参加重要的国际会议，黄古林草席也因此受到与会国家领导人的喜爱，黄古林草席再次饮誉世界。

1964年4月24日，《宁波大众》载文称：最近省手工业局组织了全省十九个草席生产单位进行了质量评比。鄞县黄古林白麻筋席具有拉力强、色泽好、光滑、坚固耐用等特点，被评为全省一类产品。

1980年12月1日，《宁波报》"乡镇风光"栏目介绍说，放宽政策，搞活经济，给黄古林席草生产带来新的生机，作为宁波草席的主产地，"家家户户都会结席，一到农闲季节，沿街深巷、农舍村落，处处传机声，时时闻席香。古林公社施家大队可谓'孙根记洋花（白麻筋）'的发源地。新中国成立前，'孙根记洋花'在上海先施公司

织席工人在工作中

挂牌后,名声大震。除'孙根记'一家,这个大队还有'郑忠记'、'施惠记'等席家亦名闻遐迩。"

另据1982年《市场瞭望》第6期信息报道,在全国所有草席中,宁波草席以抢占全国百分之八十的市场份额而独占鳌头。

古林镇仲一村(原郑家漕、石嘉桥合并而成)是黄古林手工白麻筋草席的主要生产基地。1983年,仲一村织席能手袁阿兰母女和前虞村陈信娣母女手工所织草席,在全国草席编织交流观摩会上荣获商业部优质产品奖,这是迄今为止全国草席编织行业中的最高奖。

改革的春风再次吹暖了席乡草农们的心窝,黄古林人

种草织席的积极性被极大地激发了出来,并随着1984年3月国家开放集市贸易政策的到来,黄古林的郭夏、蓟里、郑家漕等村的草席自产自销农户高达2000多户,以生产经营蔺席草制品为主的企业如雨后春笋般出现,古林的蔺草业步入了崭新的历史性发展阶段。

作为"中国蔺草之乡",宁波鄞州现有蔺草加工企业近200家,联系带动农户4万户以上,年出口额7亿元,内销4亿元,是全国最大的蔺草生产和出口基地,产品占全国总量的85%以上。2002年,该区通过国家质检总局原产地标记认证。2005年,被中国轻工业联合会命名为"中国草编基地",2011年,被中国纺织品商业协会授予"中国凉席品牌之都"称号。

黄古林草席编织技艺还于2009年被列入浙江省非物质文化遗产名录。这与大大小小的蔺草种植户,与黄古林、开诚、华备、华升、天韵、鑫马等龙头企业和许许多多的织席单位不无关系。在诸多黄古林生产的草制品中,进入沃尔玛、家乐福、欧尚、乐购等大型知名超市销售的也不在少数。由于工艺精，品种多，质量好，规格全，市场需求量大，黄古林草席的编织技术也随之发生了很大的变化，"黄古林"牌草席就是其中一个。

"黄古林"牌草席，延续了老字号一贯的执着与专一，致力于草席产品的传承与创新，推出了70多个品种的产品，拥有了100万条凉席的年生产能力，年产值近亿元，在国内同行中首屈一指。2009年3月，7000余条"黄古林"牌草席还首次直销美国市场。2011年5月，"黄古林"牌草席一改席草产品以往寄卖的销售传统，在宁波彩虹南路上开出首家"中华老字号"床品体验馆。在经济发展、社会转型以及全球化的进程中，传统的生活方式和价值不断面临挑战、许多民间手工艺、老字号日渐失传的状况下，黄古林草席却具有如此旺盛的生命力，这不能不说是个奇迹。黄古林工艺品有限公司董事长俞斌坦言，"老字号"不仅需要传承，更要求新、求变、求超越。

现如今，古林人在处理好手工织席与机械织席相互关系的同时，在树立品牌意识、提高老字号保护力度、拓展内外销渠道上大做文章，在促进老织手培养年轻手工编织手上大下功夫，使传统经济产业初步实现生产经营的布局区域化、经营规模化、发展专项化和生产标准化。

随着鄞州蔺草品牌知名度的不断提高，内销和外贸都不断得到拓展，已占到整个市场的35%左右。其中，国内市场由过去的以长三角地区为主，扩展到全国20多个省、市、自治区。

为佐证这一奇迹，笔者近期内走访了位于鄞县大道古林段312号的"黄古林草编博物馆"。在黄山峰、蒋福寿、毛国光等人的陪同下，我们参观了草编博物馆和生产车间，走访了袁阿兰等织席老人。其实这一带我非常熟悉，我母亲就出生在黄古林的蜃蛟村，从懂事的时候起，我就经常看见母亲和外婆在一起织席，于是我也会在旁边帮一些小忙。

"黄古林草编博物馆"由宁波黄古林工艺品有限公司投资建造的、历时2年、耗资近600万元、占地3000平方米，该馆于2011年1月17日建成开馆，并向广大市民免费开放，写就了"西乡一根草"的老手艺传奇。

博物馆由展示厅、演示厅和展销厅三部分组成，展示

作者采访袁阿兰

的图片、文字和实物，叙述着中国草编史的辉煌。展示厅分"席史：千年起居话一席""席草：百代生养一根草""织席：巧借经纬识春秋""编草：天工开物慕云锦""席市：以草兴镇说古林""草辉：一草偏魁百草珍"六个展区，1200多件展品从不同角度再现了黄古林草编的历史；近500平方米的演示厅有民间草编手工老艺人面向游客现场演示古老的草编技艺；展销厅则用于各类蔺草工艺品陈列。而博物馆中那些再现昔日劳动场景的老木犁、牛车盘、水车、滚耙、平耙、料勺、席草镰刀、拉草钩……都是从民间收集来的。馆内还滚动播放短片，记录了从蔺草收割到排席完成的全过程。

令人欣喜的是，古林镇中学还编制了《古林市场草席编织》教材并向学生授课，同时建立了黄古林草席编织室和陈列室，目前，该校已经成为鄞州区非物质文化遗产黄古林草席编织教学传承基地，可见黄古林草席编织技艺还会代代相传，发扬光大。

可以这么说，世界的草席在中国，中国的草席在宁波，宁波的草席在鄞州，鄞州的草席在黄古林。席业，已经成为鄞西农村经济的一大支柱，是宁波鄞西地区的标志性产业，同时也是宁波老字号的骄傲，更是黄古林人的骄傲！

济世益寿百草全
——记寿全斋国药号

● 张 瑜

寿全斋是一家闻名遐迩、有着250余年历史的老店，曾与香山堂、冯存仁堂、赵翰香居并称为宁波中药业"四大家"，是宁波现存最早的药铺之一。它以品种全、质量好、牌子老驰名浙东，销路远至港澳台地区及东南亚、欧美等地，在海内外享有较高的声誉。

一

宁波的中医药文化源远流长，市区和义路原水陆码头曾出土有晋唐时的脉枕、药碾等医药用具，共计35件。清康熙四十七年（1708），宁波府太守陈一夔和药商曹天

锡、屠考澄等倡建"药皇殿"。据民国《鄞县通志》记载，自唐宋至明清甬上医药名士辈出，涌现出诸如陈藏器、臧中立、滑寿、吕复、董水樵、钟纯洋、范文甫等140余位名医。五口通商后，甘肃、陕西、四川、河南、山东、河北、广东、广西等地药材商帮，纷纷来甬贩卖药材。宁波本身也是浙贝、元胡、白术、麦冬等浙药的重要产地。宁波发达的金融，使得商家在货款汇兑上占据优势。即使边远地区也可与宁波通汇，大大便利了各药材商帮开展业务往来。太平天国期间，因战事影响，内陆交通阻绝，宁波逐渐成为全国最大的药材交易市场。当年以碶闸街、咸塘街、开明桥、三法卿一带集聚着六十余家药行，也便有了使用至今的"药行街"这一路名。

寿全斋在底蕴深厚的医药文化和优越的地理位置、药源优势中应运而生，并不断发展壮大。寿全斋全称"寿全

20世纪70年代的寿全斋药店

斋国药号",始创于清乾隆二十五年(1760)(一说1770年)。创始人王立鳌和孙将豁因同考举人相识而成为莫逆之交。王系慈溪南郊黄山(今属慈城)人,孙系宁波人。王爱好医学,懂得药理。两人经过商议,决定共同经营药业。为彰显国药品种齐全、加工精良尤其是延年益寿之功效,遂取店名"寿全斋"。十年后孙氏拆股,归王氏独家经营,代代相传。

20世纪初,寿全斋成立股东会,把利润按16股分红,其中股东占10股,"五公座"(经理、副理、监理、会计、进货)占2股,职工占2股,公积金占2股。北伐战争起后,同意已在店的股东为终身职,聘请外人任经理。

1931年成立董事会,以王锦文为董事长,王望卿、王澄清、王允书为常务董事,王允粹为秘书,聘沈锦涛任经理。三年后由方仰甫接任经理,后因存货房火灾损失惨重,经理一职改由叶和生短期代理后,重聘沈锦涛。1948年副经理丁金林升任经理,直至新中国成立。1956年,全行业实行公私合营,寿全斋开始走上合营道路。当时宁波老城区内有中药铺38家,资金41.9万元,其中寿全斋8.6万元,实力可见一斑。

值得一提的是,抗战时期的寿全斋还是中共地下党组织的重要联络点和支部所在地,负责人为秦加林(后出任驻丹麦大使),领导开展对敌斗争。

镇店之宝——青铜大碾斗

中山东路上的寿全斋药店（陆锋摄）

二

　　寿全斋原址在宁波城区二境庙东首，现东方商厦、中农信国际商厦一带位置。因店堂开拓、业务发展、城市拆迁等因素，寿全斋屡次迁址。

　　据可考的店址是20世纪30年代（1938年5月

杨泰亨题写的匾额

27日）位于中山东路91号，因存货房不慎起火被焚而有记录。寿全斋曾在东渡路开设养春堂分店，1947年迁至百丈路。新中国成立初，总店位于中山东路80号，鼓楼分店位于中山西路96号，江东分店位于百丈路30号。"文化大革命"时寿全斋改名健民药店、健民中药店。1978年恢复原店名，鼓楼分店并入西郊颐寿堂，百丈路分店并入县学街向阳药店。

20世纪80年代，总店位于中山东路56号，三开间石库门面，坐南朝北，计四进五十余间，另有外栈占地一亩多，形成了前店后场的发展格局。到1992年，因建造中农信国际商厦而拆迁。1993—1994年间，总店位于中山东路136号，参药店在中山东路181号。1995年，因中农信国际商厦施工，寿全斋就近筹设的临时房有倒塌危险而停业一年。1996年1月至2001年9月，搬迁至中山东路四明大药房楼上经营。2001年9月，寿全斋搬至开明街361号，经营面

积达2000多平方米，是全市经营品种最齐全、规模最大的超市型药店。但因黄金地段租金高昂，加上众多大型平价药店抢滩甬城，掀起药品降价风潮，这使以传统中药为经营特色和主体的寿全斋受到较大冲击。2004年12月18日，寿全斋落户中山西路121号（拗花巷路口），专营参虫、中药饮片。2009年底，寿全斋因轨道交通建设被拆迁，不得不搬回位于环城西路的"娘家"宁波药材股份有限公司，作为临时落脚点。同年10月31日，位于百丈东路41号的江东店开业。2011年1月23日，位于药行街89号的天一店正式开业。

寿全斋有多块楹联、匾额，颇值得一说。其中最为世人熟知且保存完好的是那块巨大金字招牌"寿全斋"，它由清代翰林杨泰亨题写。杨泰亨（1824—1894），字问蘧，号理庵，慈溪赭山杨陈村世甲桥（今属宁波市江北区赭浦乡杨陈村）人，清同治四年（1865）进士，授翰林院检讨，他"工诗文，精书法"，著有《饮雪轩诗文集》，编纂有光绪《慈溪县志》。也就是说，杨泰亨所题匾额其实是在寿全斋经营百年之后。该匾额笔法遒劲，厚重稳健，悬挂店内，熠熠生辉。此外，寿全斋还有多幅楹联，如"碧海寻奇，鼓铸太和""神农始尝百草之滋，济世传经以救民疾"。而由毛翼虎先生撰写的"杏林济世千秋寿，桔井流芳百草全"楹联，言辞精辟，点画俊美，行气流畅，至今尚悬挂于店门两侧。现江东店店门有一副楹联"做药务真不得欺客，行医务正不得欺世"，直接明了地道出寿全斋所秉承的传统医德。

三

寿全斋不断发展长达两百多年，这和其国药品种齐全、加工精良是分不开的。寿全斋以"济世益民、货真价实"为宗旨，"尊古炮制"为典律，逐步形成"正、证、精、真"的经营特色。简言之，即进货药源路正，储运质量和品种保证，加工炮制地道精粹，配方撮药味味认真。

同一品种的药材，药性作用也因产地而异。寿全斋对所进货源严格把关，如川连、附子、白木耳，只进四川办庄的来货。川连分福、禄、寿三级，只进福字级。白木耳只选太平、通江两县产品，因其肉质厚，发性好，每一两可以发到三十两重。

药材对储藏条件要求极高，为此寿全斋提出"三不一全"方针。"三不"即不霉、不烂、不

毛翼虎先生撰写的楹联

受潮。如菊花、红花、银花，在新花上市时一次进足一年的销售量，用烘箱烘干，在七石缸内压实，上铺青炭，加盖后再用火漆封口，以防受潮。日后根据销售量启封拿取，用后再封。为了保证做到"三不"，实行分工负责制。如成品房、备货房，各由主管人员负责；店堂职工，按药物放置位置，划界、定位各自负责，内外不定期由"五公座"检查，保证存货质量。

"一全"，即保证药物种类齐全。凡是原货房备料被成品房提取切制成品，原货房立即挂牌通知进料，进货后才把挂牌去掉，杜绝缺货断档之虞。同治十二年（1873），寿全斋有11大门类405个品种的药品；1996年时则增加到1800多种。据说，有些很少用到的药引子，别的店堂"抓"不到，总能在寿全斋"抓"到。因此当时的人们说"要抓药就找寿全斋"。这里有个真实的故事：一天，寿全斋店里正准备关门打烊。忽然闯进来一个风尘仆仆的男子，身上背着行囊。自称从舟山专程赶来，因患精神疾病需一味药引，名叫"铁铬"，即打铁时掉下的碎屑，他遍寻舟山药店不着，慕名来到宁波寿全斋求药。店员听闻立即给他撮药，价虽廉，病人却如获至宝，捧着药连声道谢。这仅仅是寿全斋国药齐全众多案例中的一则而已。

药材从材到品，需经加工切制。寿全斋根据切制工人的技术精度分七等，计有头刀手、二刀手直到七刀手。头刀和二刀手切贵重药品，三刀和四刀手切一般药品，五刀手以下切粗草药。据说，一只2直径厘米的槟榔，要求头刀

传统味十足的包装

和二刀师傅能切108片；附子切成片子，能被微风吹动。至于各种丸丹膏散的制作，更是做到选料纯正精细，达到精益求精的地步。试举一例，虎骨胶制作需取用老虎带毛带爪四脚，去净杂骨和背骨，锯成一寸半长段。隔年浸料足一年后取出，用大皂果汁洗过，然后去净骨髓，用急火煮煎一日一夜，过滤澄清后再浓缩，去掉一半水分，再煎六日六夜，每一日一夜过滤一次，六日六夜有六次滤汁，混合后文火浓缩到百分之十水分时，倒入胶盘结胶，最后再切片晾干。包装时每斤加赠二两，不论放置多久，也不会有短秤缺两之虞。

所用白酒原料，规定一律要用牛庄产60度以上高粱酒。药料浸泡一个月以上，浸出浓汁先经装甏封口储存，然后再以一定比例和白酒装瓶。寿全斋制作的周公百岁酒，远销汕头、厦门、泉州等地，成为当地婚礼上必送礼品。

寿全斋对撮药制度立有店规：营业接方，专职校对。采取分戥递减法，即在接方撮药称两时，如一张处方要撮药五帖，一味用三钱，就一次称一两半，分配第一帖三钱后，复准戥中尚存一两二钱，再依次递减到第五帖，保证每帖每味配药量的准确。每一味药，都要分开，由专职检验校对无误，在处方上签章后方可包扎。

和其他中华老字号一样，寿全斋以人性化服务取信于顾客。例如安排名老中医坐堂问诊，提供熟练老药工代客开传统补药方、代客煎（研）药、代客切参

寿全斋的电话购药广告（来源：《时事公报》1948年6月7日第1版）

寿全斋的接方送药广告（来源：《宁波时报》1951年5月16日第4版）

等各种服务。对于质地坚硬、难以研碎的中药，寿全斋就事先研好，方便顾客。延长夜间营业时间，受到了城乡顾客的欢迎。还推出过电话购货、邮购药品、煎药送药上门等便民服务。

四

除了内在的品质追求，寿全斋外在的推广宣传也起到了不可忽视的作用。相传至第二三代时，寿全斋老板听说灵峰寺正值庙会，香火十分兴旺。于是他就前去推销眼药，并编了一句广告词："灵峰关牒，寿全斋眼药。"把关牒与眼药（有水眼药和鹅毛管眼药两种）联系起来，使人产生这样的联想：有了关牒能在阴间畅行无阻，用了寿全斋眼药，眼睛越发明亮，就不会看错路了。因此，香客把灵峰关牒和寿全斋眼药视为灵物，买关牒就得买寿全斋眼药，没多久就把上百支眼药抢购一空。此后每逢四月初八灵峰寺香火期，寿全斋都会借结缘、积功德名义，以茶水招待香客，吸引买主购买眼药。眼药可谓寿全斋的第一个知名产品，盛销省内温州、台州、舟山等地。之后，寿全斋又制成膏丹丸散，才把眼药处方转给柴桥连支药店，这便是负有盛名的"柴桥眼药"的来历。

清光绪元年（1875），王氏家族出了一位非常重要的人物，此人即第四代子孙王仕载。他是落第秀才，爱好文学。他与当时甬城名门迎凤桥陈家、郎官第张家、卖鱼巷陈家、苍水街屠家等往来频繁。那些上层名流生活奢华，注重调理养生。王仕载借出入高门机会，来宣传、推销高档滋补药酒。由于他深谙人情世故，赢得世家望族的信赖。上层名流的争相购买引领了普通民众的流行热潮，于是产品更加畅销。寿全斋曾以高于银行的利率吸收外界存款，高达二三十万两白银。同时，还收购屠姓位于苍水街一带的房屋，用以扩展店堂和货栈。

王仕载富有营销策划理念，每逢重要日子如吕祖菩萨生日(四月十四)，他会邀请一班唱书艺人，在店内搭台说唱，引人进店听书取乐。店里还建有"纯阳殿"，供人上香祈祷。每逢"关帝菩萨""都神菩萨"生日，便在店内举行供奉仪式，为菩萨换新袍，祝愿保境安民。或将珍藏的与药业有关的神像名画悬挂店内，甚至还出高价自苏州购来一幅包罗众神的画轴，让入店者观摩礼拜。每年九

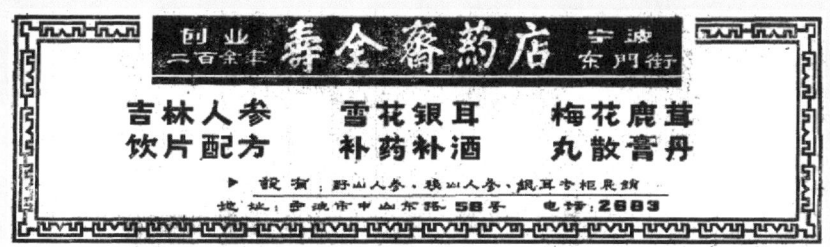

寿全斋广告（来源：《宁波日报》1982年3月13日第4版）

月，会在店堂内外举行菊花展览会，邀请名人雅士赏菊赋诗。或在月朗风清之夜，组织音乐会，凡爱好丝竹管弦者，听任自由参加，奉茶招待。当然，参加音乐会、展览会的人，总会顺便买些药品和滋补酒类回去。王仕载的种种举措，给治病救人、延年益寿之道增添了更多的内涵和底蕴。同时，也拉近了寿全斋与民众的距离，达到了推销药品的目的。因此，寿全斋的名声越来越大，成为当时宁波最大的中药店。

五

在人事管理上，旧寿全斋根据不同职掌划分出若干小组。大权由"五公座"掌握。小权下放到各组负责人，业务通过他们贯彻到每位职工，并定期考核上报。寿全斋注重任人唯贤,有经考核进入寿全斋工作的,也有用"礼"和"利"从别家店如杭州叶种德堂、绍兴震元堂中挖过来的资深职工,扩充实力。为使职工安于其位,寿全斋工资待遇要比一般店铺来得高,还给予种种好处。每到初一月半,农村来的顾客在店堂排长队买药,职工没时间吃饭,店里便提供各种点心,还发给双倍工资。第二天请职工喝酒吃肉,作为犒赏。当时的职工流行有这么一句口头语:"初一十五忙碌碌,初二十六请吃肉。"为了店里举行菊花展览会和音乐会的需要,寿全斋鼓励职工种菊花、学音乐,职工如需购买花盆、乐器等,全由店里出资。所以,职工工作之余就不会觉得闲散无聊,视店为己家,工作积极性高涨。

寿全斋药行街店（殷明 摄）

寿全斋药行街店内一景

当然,寿全斋也有私心之处。巧用"道生会"户名将原本应归作职工福利的"下脚"收益存入银行,到北伐战争时,职工提出分配存款被拒。后几经周折,才被当作红利分掉。寿全斋还有一笔用王全记名义的存款,本应当属于职工福利,用于建筑房屋。1941年宁波沦陷,粮荒严重,职工要求分发存款,经理沈锦涛使计才平息了这场斗争。

六

在发展过程中,寿全斋赢得了社会的广泛赞誉,曾被评为1984年度全省中药饮片质量先进集体,1987年度全省唯一的全国中药饮片质量先进零售商店。1996年,被国内贸易部评为"中华老字号"。它不仅是"浙江名店"获得者，还是我市首批被授予"浙江老字号"称号的企业。2008年，"寿全斋中医药文化"被宁波市政府列为市级非物质文化遗产。2009年，被评为"中国改革开放三十年中华老字号传承创新优秀企业"，并入选省非物质文化遗产名录。

在新的历史时期，寿全斋有了全新的发展。2001年9月，由宁波药材股份有限公司和宁波神农贸易有限公司共同出资组建宁波三九寿全斋医药零售有限公司，现更名为宁波寿全斋医药零售有限公司，年销售额达3000万元。还成为著名的纯中药痔疮治疗药——九华痔疮栓的注册商标。昔日前店后场的寿全斋加工场演变成今日的宁波市中药饮片厂，专业从事"寿全斋"牌中药饮片、剂量包装饮片、精品系列饮片的生产。根据GMP标准建设厂房，引进设备。目前生产的"寿全斋"牌中药饮片品种800多个，无论在饮片规格、泽度等外在方面，还是内在有效成分含量方面都保持了中药饮片的地道传统、优良的质量标准。2007年至今，寿全斋大力开发高级滋补品系列，进行统一设计、统一策划、专柜推广，形成冬虫夏草、燕窝、人参、鹿茸、西洋参、灵芝、哈士蟆和石斛等8大品种、76个规格的寿全斋牌高级滋补品及精制饮片系列产品，在市场销售中，获得社会广泛好评。

熬制膏药的铜锅

寿全斋员工在配药

随着社会快速变迁，城市不断发展，很多老店铺或早已关停，或苦苦支撑。寿全斋却在这历史洪流中不断传承、创新，以自己的经营宗旨诠释着博大精深的中医药文化。作为一张城市名片，寿全斋凝聚了一段厚重的历史，更展示了宁波这座历史文化名城的城市精神和文明。

兰江剧院

● 孙世基

兰江剧院原名兰江戏院,始建于1933年,创建人陈阿水。原地址在槐树路,1937年改建于桃渡路,砖木结构,约700多个座位。被誉为江南戏曲奇葩的越剧,发源地是嵊县,离宁波约100公里。又因为越剧深得宁波人的喜爱,因此兰江戏院建成以后,就长期被越剧占领。

最早在兰江戏院打响的越剧团体是高升舞台。这副戏班拥有名旦筱丹桂、名老生商芳臣、名旦贾灵凤、名小生张湘卿、名老旦周宝奎等。1934年,由于这副班子的主要演员年龄都还只有十四五岁,开始邀请出身于第一副女子越剧科班的越剧花衫鼻祖施银花、女小生创始人屠杏花担任客师。演出越剧传统戏《龙凤锁》《沉香扇》《文武香

筱丹桂剧照

球》《三看御妹》《碧玉簪》等,渐渐出名。筱丹桂便是在这儿演红的。据《宁波民国日报》1936年11月26日一篇报道中记载:"越剧坤伶筱丹桂,姿色可人,技艺极佳,前在兰江戏院献艺,为顾曲周郎所交口称誉。"

据著名越剧表演艺术家范瑞娟回忆,1936年,她曾随龙凤舞台科班,来兰江戏院演过三天戏。

1938年7月至1939年6月,戏院聘请了以花旦陈素娥、小生尹树春、老生竺桂英、小丑姚宝红为首的陈素娥班

子，以花旦王艳秋、小生尹树春、老生石玉成、小丑魏小云为首的王艳秋班子，以花旦魏兰芳为首的魏兰芳班子，演出了传统越剧《秦香莲》《新家庭血》《白玉楼》《斩经堂》《月下缘》《剖腹脸花》《父女英雄》《卖花三娘》《梁山伯》《大堂会》《穿金宝扇》《凤麟帕》《杨乃武与小白菜》《侠义救夫》《龙王寿》《太平桥》《桂花亭》《胡大人私访九人头》《双兰英》《四喜征番》《八美大闹花灯》《借红灯》《三奏本》《剪发卖发》《严兰贞盘夫》《红绫帕》《四世夫妻》《双玉燕》《妻党同恶报》等，后来成为越剧"十姐妹"之一的竺水招也曾在陈素娥班子担任过二肩旦主演过越剧《倪凤扇茶》。

1939年9月至1942年8月，戏院聘请了以花旦魏兰芳、小生钟月芳、老生吴素芳为首的魏兰芳班子和以花旦叶彩金、小生章雪山、老生屠法香为首的叶彩金班子，演出了《红颜剑侠》《梁红玉击鼓退金兵》《女钦差》《三探聚宝楼》《香蝴蝶》《狄青征番》《朱洪武出世》《佛门泪》《血泪重利》《得女为媳》《飞虎剑侠》《半夜夫妻》《孔雀东南飞》《得扇恨》《侠女走国》《牙痕记》《失金钗》《巧姻缘》《三仙炉》《双狮图》《林雪娘》

《金狮玉猫》《蛟龙扇》《二度梅》《烧骨记》《九美图》《刘全进瓜》《韩湘子出世》《方玉娘哭塔》《王华买父》《白蛇传》《三官堂》《王千金祭夫》《一粒明珠》《义侠公主》《卖油郎独占花魁女》《琴箫怨》《封神榜》《狸猫换太子》《四进士》《鹊桥相会》《唐明皇游月宫》《阴阳河》《叶香盗印》《白云塔》等。

1943年，被誉为"越剧领袖"的女子越剧名旦赵瑞花为首的一副班子打进兰江戏院。与赵瑞花搭档的有小生裘月亭、老生屠法香、花旦红佛女等，演出了《玉蜻蜓》《乡下人》《杨柳怨》《十美图》《双鸳鸯》《恶晚娘》《血泪姻缘》《甘苦尽泪》《乔太守乱点鸳鸯谱》《鸾凤双箫》《可怜的养媳妇》《情人眼里出西施》《金龙鞭》《梦中姻缘》《唐伯虎点秋香》《麒麟豹》《慈云太子走国》等。

1946年1月5日至3月30日，戏院请来了名旦魏银凤、名老生钱妙花、名丑黄笑笑、小生郑梅凤等主演的班子，演出了《卓文君夜奔相如》《呆大富贵》《玉夔龙》《仁义缘》《三元夺妻》《金锁记》《悔不当初》《香罗带》《百花台》《碧玉簪》《三英夺夫》《上海小姐》《状元休贤妻》《孟丽君》《梅花戒》《红鸾禧》《红鬃烈马》

《双凤牡丹亭》《合同纸》《盘妻逼妻》《三审林爱玉》《飞熊剑》《四香缘》《三线姻缘》《方卿后见姑》《节孝图》《乌龙院》《空门贤媳》《小倭袍》《三剿桃花》等。

1937年5月1日至7月31日，著名越剧花旦粉牡丹（后改名张茵），搭档小生祝荷花、老生屠法香、花旦吴牡丹等演出《龙凤兄弟》《夜来香》《多情嫂嫂》《女贞国》《杀妻救主》《错失节》《猩猩产子》《马寡妇开店》《杨贵妃醉酒》《游庵认母》《莲花女》《乌龙院》《天雨花》《一言为定》《代父充军》《姐妹怨》《绣鸳鸯》《梁祝哀史》《素月娥眉》《麻疯女》《情义冤仇》《青天白日》《女子中状元》《穷不怕》《半边美人》《乡下女子》《腊梅纺花》《五虎平西》《一女八投案》《男子是什么心》《死前是吾妻》《是我丈人家》《节女复仇》《人头娃娃鱼》《豆腐西施》《蒋兴哥重会珍珠衫》等。

1947年8月至11月，戏院聘请了花旦竺喜娟、小生叶芝香、老生屠法香等，演出《荡妇末路》《弄错了》《男西宫》《模范夫人》《西关血仇》《情荡似纸》《分玉镜》《雨夜巧缘》《玉龙太子》《月下凄魂》《古风家庭》《春夏秋冬》《晚婆恶丈夫》《可怜的祝三娘》《武九美》《筱丹桂自杀记》等。

1948年9月30日至1949年4月，戏院从上海请来了著名越剧小生鲍玲贞担任台柱，与我市名旦叶彩金合作，并聘请白枫担任编导，编演了《情海血泪》《青年的志向》

筱丹桂与徐玉兰

《江边五点钟》《穷人志气高》《米》《苦命女》《黑暗家庭》《江亚轮惨史》等反映现实的时装戏。

新中国成立后初期,戏院聘请越剧花旦新秀邢艳芬从上海来甬,担任兰江戏院头牌花旦,成立新艺剧团。聘请编导俞泉、锡芳编演新戏《施玉英自杀记》《周丽娟惨案》《古庙夜歌声》,以及连台本武侠戏《尧江女侠》等,倒也曾红过一时。兰江戏院于1956年改为公私合营。1962年该院自筹资金,再一次进行大规模的拆建改造,将原来面向桃渡路的正门，改建后面向人民路53号。改建后将兰江戏院改名为兰江剧院，采用砖木结构和混凝土综合型结构，整个建筑分门厅、观众厅、舞台三部分。观众厅顶棚装置"满天星"灯光池座，周围增设隔音板，提高了照明度，改善了音响效果。

兰江剧院楼下楼上加起来共有1132个座位，整个剧院占地面积2160平方米。舞台上口宽度11米，高度6米，深度9.7米，舞台面积76.8平方米。另外还设有81.6平方米的排练场、食堂和宿舍。

20世纪60年代，以名旦唐月萍为首的舟山荣艺越剧团，以名旦胡桂珍为首的金华专区越剧一团，以名小生筱湘卿为首的宁波专区越剧团，以名旦王爱勤、王媛、张蓉桦为首的浙江越剧二团，以名小生陈少鹏、名旦徐逸秋为

1989年2月11日《宁波日报》介绍兰江剧院实行承包的新闻（吴波 提供）

主演的北京燕山越剧团，以著名小生高剑琳、名老生许瑞春、名旦曹玉珍、姚月红为首的西安市越剧团等，都曾到兰江剧院来演出过许多优秀剧目。

"文化大革命"后，以著名尹派传人尹瑞芳为首的象山越剧团演出公案戏《冤雪龙泉井》，以著名小生筱湘卿为首的宁波地区越剧团演出越剧《状元打更》，都曾连满数月，红极一时，她们精湛的演技给广大观众留下了难忘的印象。

兰江剧院在1997年又进行了一次较大规模的装修改造，于2002年，因建设外滩需要而拆除。

老慎记史话

● 戴骅

在现在的宁波,即便是老人,知道"老慎记"这个老百货店的人也已是不多了,但是老慎记就像它的店名一样,越老越"慎记",难以被历史所忘却,每当我们提起宁波曾经所拥有过的老字号商店,总会自然地想起"老慎记"来。

老慎记百货店究竟创建于哪个年代,现在已无法查考。询问老一辈人,只知道在民国初年就已存在,最初它是从卖烟管、烟袋起家,后来又成为广货店、洋广杂货店,进而演变为华洋百货店。早期,只知道店是由绍兴籍胡某、周某(两者有亲戚关系)和宁波人叶德政合伙开的,叶任经理。到新中国成立前夕,胡、周、叶三家在老

老慎记百货店

慎记的股权已延续分散到第三代。

老慎记百货店的店名取的有些特别。旧时，取店名非常讲究吉利，所以对食品商店有取名"泰康""升阳泰"等，对百货商店有取名"同福昌""裕生泰"等，而老慎记独取一个"慎"字。"慎"的字面解释是"小心；不疏忽大意"。儒家在对人的行为上往往有"慎独"要求，以符合道德标准。商家在经营上也喜欢用"慎"字为招牌，表示自己谨慎经营，对待顾客不马虎，如1934年宁波城内开业的一家以专卖铜、锡制品的商店就取名"福慎铜锡店",后来生意果然十分红火,持续了很长时间,直到1966年"文化大革命"开始,这家老店才被迫改名为宁波利民五金商店。

老慎记百货店的店名开始时在"慎记"前面并没有"老"字,只称"慎记百货店"。因后来一度曾分设过"新慎记百货店",为了表示两店有区别,就在老店名前冠以"老"字,所以被人称为"老慎记百货店",俗称"老慎记",因生意兴隆,以后便为宁波城乡民众所熟知。

老慎记百货店开设在宁波城内最繁华的中山东路,有三开间店面,员工达三四十人,在20世纪30年代,不像现在有"欧尚""三江"这样的大型购物超市。老慎记百货店的这种规模,在当时市区5500多家商店中也算得上是一家大型商店了。

旧时从事商业十分不易,不仅要精于经营,还要能经受得起市场、政局、战争等外界因素的冲击。1937年7月,抗日战争全面爆发,内地与上海的交通阻塞,宁波因尚未沦陷,一时成为各种商品的转运口岸;上海工业产品转道宁波后从陆路远销到西南各地。宁波的经济呈现出畸形的繁荣和发展,湘、鄂、川、滇等地客商云集宁波采购物资,大宗批发业务纷至沓来,宁波的不少百货业乘机大显身手,百货业很快增加到100多家。而老慎记在这个时期虽然也有所经营,可是由于不习惯在商场中通过吃花酒、打麻将等生活方式拉生意,因而生意平平无奇。

1941年4月，宁波被日本人占领，货源受到日寇控制，物价波动，通货膨胀，民生凋疲，商品购买力大幅度下降；特务、汉奸横行，多以商店为敲诈勒索对象；国民党残部也游荡于乡村，时以"征饷"等名目向商家勒索。他们动不动就给你加以"资敌"罪名，弄得商家轻者倾家荡产，重者被拘押、拷打，甚至丧命。这种恶劣形势，对宁波的冲击很大。老慎记不得不采取缩小业务、勉度时艰的方针，遣散了部分职工，将一半店屋租让给钟祖芳等人开设联新呢绒店，余下一间半店堂，剩10个人左右，维持着小店局面，惨淡经营。

1945年秋，抗战胜利，宁波的百货业经过战争洗礼之后，尽管多数商店(包括老慎记在内)在资历上都有削弱，但都很快进行了调整，积极进行恢复和振兴。这时候，老慎记召回了以前遣散的员工，收回了租给联新呢绒店的店房，恢复了原来营业场地的局面，扩大了经营面积。

1948年，国民党政府滥发货币，导致全国通货膨胀，经济崩溃，造成老慎记财产损失一半以上。幸而有部分在途商品，滞留在上海，才能在限价解冻后重整旗鼓再事经营。

新中国成立后，老慎记在百货行业中算是职工人数较多、资金数额较大的一家商店了。由于地段好，有一定经营能力和进货门路，因而经营和财务情况都比同业略胜一筹。1956年老慎记百货店在一片欢呼声中实行了公私合营。1959年，在宁波商业结构改组为地区性综合商店时，老慎记被决策者不经意间列为撤销的网点之一，从而宣告了这家老字号商店的生命画上了句号。从此，老慎记百货店在宁波人的眼中消失了。

老慎记百货店在几十年的经营中，历经金融风潮、日寇入侵、内战冲击而立足于东门口不倒闭，一直延续至20世纪50年代末，成为宁波一家较大规模的百货零售店，并在城乡名声颇盛，应该说是有其独特的经营方法的。

第一，善于搞独家经营。旧时在宁波百货行业中，有以资金雄厚闻名的"大有丰"，有以新花色品种多著称的"大有利"，还有具备规模和特色的"大有恒""同福昌""大有享""一言堂"和"同仁泰"等等，按规模和实力，老慎记百货店与它们相比并不具有竞争力。但老慎记的老板很有头脑和眼光，他明白如要从强手林立的百货业中取胜，就一定要搞专营。老慎记在30年代以零售经营为基地，寻求当时在厂商之间、洋商之间广为推行的商品经理商地位。这是在特定区域内，享有独家（或数家）经理的专利地位。老慎记先后取得了上海英商绵华洋行链条牌木纱团、英商雀巢奶品公司勒吐精奶粉、英瑞公司飞鹰牌炼乳、美商德士古煤油公司各种石油产品的宁波地区经理地位。这些商品多是当时市场上名牌热销商品，在宁波市场上销售的，都需经由老慎记批发（除链条牌木纱团是与裕生泰等几户同享经理地位外，其余均为独家经理），这样就使老慎记在货源上、竞争能力上居于有利地位，使它能具有兼营批发业务地盘，一直发展到曹娥江畔。

老慎记旧日门店

抗日战争胜利后,老慎记经营商品以洋货为主,特别是对两种商品的经营非常得心应手,获利颇多。一种是奶粉。当时上海滩上美国货充斥市场,老慎记想办法向上海吉士洋行取得了美国克宁奶粉的经销地位,以其取代过去经销英商的勒吐精奶粉,克宁奶粉投放宁波市场后,受到顾客欢迎。另一种是煤油。旧时,宁波城乡多以蜡烛和其他植物油作为照明之用,煤油传入中国后,煤油的售价要比菜油便宜,亮度高,使用方便,大大地改善了宁波民众的照明条件,因而深受城乡民众欢迎。老慎记看到因战争而中断多年的煤油已恢复供应,而且煤油销路好,利润厚。于是,老慎记取得了美商德士古煤油公司宁波经理地位，并同经理美孚公司的恒孚行、经理亚细亚公司的永华行和经理光华公司的永和行联合起来，形成了对宁波煤油市场经售具有垄断地位的四家经理行。他们垄断宁波市场煤油价格，每周聚餐集会议价，议定统一的售价，供应市内批发和零售商店。开始，这种联合在垄断资源供不应求的情况下是有效的。但经过一段时间以后，当煤油比较充足的情况下，就出现了各家变相破坏议价的情况。老慎记由于地段上的优势，在零售和小批发煤油业务中居有利地位，因而获利较厚，没几年就积累起一定的资金。

第二，敏锐把握市场，经销民众喜用的热销商品。抗日战争胜利后，随着上海民族工业的渐趋恢复和发展，百货行业中的毛线这一商品，可结可拆，为城乡广大民众所喜用。当时。进口毛线价格低廉，工业利润好，商业销量大。老慎记敏锐地看到了这一商机，利用对上海毛线市场形势熟悉，与上海中国毛绒厂关系密切这一优势，做出扩大毛线经营的抉择。因为毛线除牌子外，颜色

1959年9月2日《宁波报》专版介绍老慎记的压题照（吴波 提供）

多达数十种,细绒甚至百余种,为方便顾客选择,老慎记就用店堂的一半面积陈列各档各色毛线,这样就以店堂规模,备货充足,颜色齐全而招徕了许多顾客。

第三,做足旺销季节的生意。农村秋收后购买力旺盛,是宁波商业的旺季。老慎记就对冬季员工出勤抓得比较紧。平时职工休息是按照行业惯例,本城每月四天,乡区五天。不休息或多休息有奖有罚外,在12月份,除发放正常的工资外,加发年终两个月双薪,并以旺季出勤率为职工分"花红"的重要条件。这样两个月的工资,足以使每一个员工安排好过年的生活,无后顾之忧。而分"花红"的前景又促使职工在旺销季节中达到最高出勤率,得以做旺季生意。

第四,讲究商业诚信。在旧社会中,人们有时称商人为奸商,认为商人是靠欺骗顾客来发财的。老慎记由于商店规模渐渐扩大,在社会上建立起一些信誉,于是,十分注意做诚信牌子。比如在销售毛线上,不少百货零售店都采用套牌的方法,把原来"小囡牌"毛线的商标撕下(毛线的商标无法直接固定在商品上的),换上本商店特定的牌子。这样可抬高售价,别处也无从对比。然后把次一档的毛线再套上"小囡牌"毛线的商标冒充"小囡牌"毛线,以求厚利。老慎记在抗日胜利后,扩大毛线经营的同时,改革了零售店毛线套牌的陋习,首创按厂商原牌商标发售,渐渐取得了顾客信任,使营业有较大发展。

第五,注重关心和安抚职工。新中国成立前,商店职

工是黎明即起,既昏未息,营业至晚上九点,一班到底,工作时间长,夏天根本没有午休,逢年过节还面临着被老板解雇的威胁。他们工资收入低微,在物价波动下,生活很不安定。而老慎记在人员雇用中,除抗战时期被迫缩小经营范围而遣散过部分人员,平时除手脚不干净、犯有盗窃行为者外,一般不无故解雇,即使在淡季,也不计较多支出几个职工的工资。因此职工无被解雇的威胁,基本上情绪稳定,多能积极工作,为商店的发展做出努力。在工资待遇上,老慎记较之一般同业也略高一些。年终增发两个月双薪,使职工过年度节费用可以应付裕如,不必再有事操心。职工本人或家属遇有严重疾病时,商店也能有所照顾,绝无一脚踢开之事。

第六,选择黄金地段经营。老慎记将商店的地理位置选择在宁波最热闹的东门口，这是它经营能胜人一筹的客观条件。宁波城市消费对象多数为四乡农民，而宁波周围农村又以东南乡为富庶。旧时，宁波水上运输发达，城乡的交通工具多靠航船，而进城的船埠距东门口不远，因此东门大街就成为东、南、北三乡农民进城的要道，买商品也多在这里，生意就较其他地段要好。同时，有利的地理位置也获得上海有关厂商的器重与利用，由厂方供给大批日光管广告灯以美化店容。

老慎记百货店犹如一颗流星，在宁波商业界一闪而过，今人再也看不到它的光芒，也难以寻觅它的旧址。可是作为宁波老字号，它留下的不仅只是一个店名，还有宝贵的经营理念和方法，可为现在的我们借鉴和发扬。从这个意义上讲，老慎记将永远活在人们的记忆之中。

冷藏的记忆
——记宁波冷藏公司

● 李全平

题外话：说说冷藏

写到宁波冷藏公司，很自然的，我就联想起了自己童年的生活环境。

那时候，我们生活在海滨。村口，靠近大海的滩涂里，趴着一座人工堆砌而成的郁郁葱葱的小土山。这个模样差不多如同足球场大小的庞然大物，高十余米，中间是空的。它出现的历史不会超过百年，因为据我观察，那些茂盛的树木都是从别的地方移植过去，用来遮阳的。村里人都把这座小土山叫作冰山，其实就是一座天然的冷库了。天寒地冻，朔风凛冽之时，人们便将透明的冰块从河

道里一担担挑进来，储藏在一起，厚厚的冰块让这座冰山一年到头保持着恒温状态。冰山似乎有一种神奇的魔力，年复一年，让这座以打鱼为生的小村庄里的那些透骨新鲜的鱼货，度过了一个个难熬的酷暑时节。

在我童年的记忆中，每年冬天，父母们经常围着这座庞大的冰山辛勤劳作。他们口中呵着白花花的热气，肩上挑着沉甸甸的冰块或鱼货，在冰山与码头之间，来来回回，赚取生产队的工分。鱼货经过冷藏，即使在夏天也散发出新鲜的味道。这样的冰山，在南方沿海并不少见。

社会总是呈现着递进的姿态，从冰山到冷藏公司（其实冷藏公司就是一座机械化的冰山）的出现，从天然冷藏到机械制冷，就是时代的飞跃了。若说起国内的冷藏公司，它最早现身于有着"十里洋场"之美誉的上海滩。清光绪六年（1860），由英国人在上海开办了中国第一家机器制冰工厂。1908年，上海出现中国最早的冷冻食品厂。1926年，中国第一家冷饮厂现身上海，美女牌棒冰亮相申城，成为时代的新宠。1934年，上海生产出中国第一台冷冻压缩机，渐渐的，冷藏和冷冻公司也开始在中国大地生根萌芽……

宁波冷藏公司也就是在这样的时代背景下应运而生的，它的诞生是浙江的首创，开创了浙江冷藏史的先河。

宁波冷藏公司的诞生

宁波市位于东海之滨，与上海一水之隔，舟山渔场环列于港口之外。每当鱼汛期间，千帆逐波，万船归航，满舱鲜鱼，都运来宁波贩卖。在20世纪30年代，渔船还是以风为动力，出入渔场都候潮借风而驶。为抢汛期，一俟满舱，都力求快速返航，当潮卸货，下潮即扬帆重入渔场捕捞。舟山渔场之渔船都以宁波为主要停泊和销售据点。每当鱼汛来临，甬江两岸渔船云集，桅帆林立，渔行所在地"半边街"（即望江街），日日夜夜人声鼎沸。当时宁波还无现代化冷藏及制冰设备，鲜鱼靠四乡八邻的小贩运销，保鲜用冰靠的是冬季窖藏的天然冰。

上述这些独特的地理条件、富庶的商贸环境以及潜藏的巨大商机，催生了宁波的冷藏事业。民国21年（1932），上海人陆瑞康、沈庆甫和宁波半边街渔行老板等100余人共同商议，集资法币12万元，参股兴建冷库，从上海购进生产设备，组建宁波冷藏股份有限公司。这也是浙江省的第一座冷藏公司。大家选定邻近半边街的东渡路口为厂址，于1933年初动工兴建，1934年建成投产。当时厂房总建筑面积1500多平方米，有速冻室2间，氨压缩机2台，制冷量21万大卡/时，可日速冻鲜鱼22.5吨；有冷藏库14间，可冷藏鲜鱼600吨；另有棒冰池、制冷池各1座，日产棒冰6000支，年可产机制冰600吨。

　　冷藏公司建立后，所制灵桥牌棒冰开始上市，为宁波市场供应棒冰之始。夏日炎热，得此新产品解暑，价廉物美，生意极好。此后，灵桥牌棒冰的叫卖吆喝之声，响遍大街小巷，冷藏公司也由此声名鹊起。每年鱼汛季节，公司一方面源源供应机制冰，另一方面又廉价收购市场上剩余的海产品进行冻藏，鱼汛过后再提价返销市场，由此取得丰厚利润。

　　冷藏公司第一任经理是上海人丁伯逸，副经理陆瑞康、协理沈庆甫，均为宁波人。丁氏居上海，偶尔来厂，实权由陆瑞康掌握。1937年，因冷藏公司有利可图，各股东争权，陆瑞康遭排挤，由上海大股东赵孝林当经理，大权独揽。但赵不善经营管理，公司亏损，引起上海董事们的不满。1943年，成立新董事会，上海人叶友才任总经理，张永祥为经理，经营有所好转。1945年，抗日战争胜利后，又改由宁波人周大烈任董事长兼总经理，陆世昌为经理。1949年，国民党军飞机轰炸灵桥，冷藏公司中弹四枚，主要设备严重受损，陆世昌企图关厂，由于工会组织工人生产自救，得以续存。

周大烈的经营之道

据相关史料记载，到20世纪30年代初期，宁波全市有150家左右工厂，年产值约为1000余万元。但其中多数为小型的织布厂、针织厂和碾米厂。新设的大型厂仅恒丰布厂、立丰面粉厂（太丰面粉厂的前身）和冷藏公司三家。在宁波冷藏公司的早年发展史上，出生于宁波象山丹城的周大烈董事长是个承上启下的关键人物。

从《新象山县志》和其他资料得知，周大烈1888年出生，1924年毕业于保定军官学校，后转黄埔军校，参加过北伐战争，曾任广东援闽浙军讲武堂学生军连长。1927年任宁波公安局一分署署长，管辖江北岸及下白沙一带。不久自动请辞，接任宁波冷藏公司董事长。

有位老先生曾经撰文回忆说："周先生的声望之高与其为人是分不开的。"某年，《时事公报》因直言时弊而遭封闭，他尽力斡旋，使其复刊。西安事变前夕，七名进步青年因研读进步书刊而被捕（时称"宁波七君子事件"），经他多方营救，仅一人送苏州反省院，余皆获释。

周大烈平时笑口常开，毫无军人味道，笑起来两眼眯成一条缝，脸上布满了鱼尾纹。他待人也很谦虚热情，做人做事，偏重情理。在担任电力公司董事的时候，家中用电不需付钱，仍然告诫子女要随手关灯。天冷了，朋友送来电炉，坚决不用，只用煤炉取暖。接任冷藏公司董事长以后，更是稳扎稳打，一步步将企业做大做强，同时乐于助人，对经济困难的员工，则自己掏腰包资助。对子女、对下属、对员工，他常挂嘴边的一句话就是，"积财给儿孙，不如积德给儿孙"。

其实，在今天看来，从部队"转业"的周大烈，华丽转身，进入商界，就是一位"文、武、商"三栖明星了。也许有人在看了周大烈的简历后，会心生疑窦："武与商不言而喻，可是文在哪里呢？"1947年2月，由社会各界共同组成的天一阁管理委员会成立，推定委员27人，周大烈荣当副主委。笔者看过那份名单，多是甬城学界的泰斗级人物，那么为什么会选择周呢？当然首先是因为他有威信，二是因为有雄厚的经济实力，第三，据说周在处理完冷藏公司日常繁忙的事务之外，喜欢舞文弄墨，喜欢研究儒家的思想精髓。他时常对下面的办事员说："我们公司的经营与发展，靠的就是儒家的两个字——诚信。人无诚信不能修身，公司没有诚信就会倒塌。"诚信两字，就是周大烈的经营之道，也是无数宁波商人成功之道。

周大烈出生于滨海之城，深谙鱼鲜冷藏之道。其实，他也知道，冷藏的历史是十分悠久的，或许可以一直追溯到原始部落里一场接一场的雪，一川又一川的冰。那时候，不开窍的原始人，也许正是通过自然的某种启示，于偶然中发现了冷藏的妙处，从此出现了天然的冰窖，延伸至后来的冰箱以及冷库。周大烈对此确实颇有研究。他经

宁波冷藏公司的产品广告

常与工人们一起探讨,譬如:"古人藏冰,主要还是用于食物的冷藏、保鲜和防腐,大家要想想,今日我们冷藏公司的宗旨是什么?我们如何改进和提高冷藏技术?"

正是在周大烈的努力下,宁波冷藏公司逐渐扭转了人事不和、经营不善等局面,恰如一江春水向东流,迎接着新中国的曙光。从民国时期的《宁波日报》上就发现不少关于冷藏公司的广告,由此也可以反映当时生意的兴旺。例如:

"宁波冷藏股份有限公司的营业项目有冷藏部、营业部、制冰部和饮水部"

"招堆冷凝物品、代客购贮鱼鲜、精致机冰棒冰、供应卫生饮水"

"冷藏物品一览：新鲜鱼类贝壳类、南北货类、各种咸腌鱼类、中西药材、野味类、人参燕窝等贵重物品"

转身

1953年，宁波冷藏股份有限公司由私营改为公私合营，后为国营，定名宁波冷藏公司，从而发挥冷藏优势，调节市场余缺，生产稳定发展。1955年吸收社会资本18万元，扩建冷库，增添氨压缩机，提高制冷量40万大卡/时。1958年国家又投资34万元，再增设备并建成鱼品厂，冻鱼片、速冻蔬菜等产品开始出口日本和苏联及东欧地区，年外销量1214吨，带来可观利润。1978年，改革开放的春风吹遍了城乡大地，在宁波望江街31号这块熟悉的土地上，挺立了将近50年的宁波冷藏公司获得了新的生机，公司装置了一套全新的冷饮生产线，当年夏天投产，生产的灵桥牌棒冰，就像一股清泉，滋润了甬城人民的心田。

宁波市档案馆有一份编号为"377-28-3"的档案，抬头写着"宁波冷藏公司 一九八〇年行政、生产工作总结"，落款日期是"1981年1月25日"。这份总结讲到宁波冷藏公司1980年度的生产计划完成情况："总产值年度计划为180万元，实际完成202万元，完成年度计划112.2%，比1979年增长9%"，"是'四人帮'以来完成最好的一年"。在产品产量方面，"棒冰计划2700万支，实际完成了2957万支……比1977年增长31.8%"，"是1961年以来的

19年中产量最高的一年"。资料显示,在棒冰产量中,花色棒冰完成1370.13万支,而当时深受广大群众欢迎的麻酱棒冰就生产了320万支。除了棒冰生产之外,该年度"宁波冷藏公司出口冻食品计划440吨,实际完成552.65吨,特别是油炸山芋的产量达到了343.91吨"。总之,该年度"利润计划30万元,实际完成32.32万元"。这在刚刚走出"文化大革命"阴霾,大家都在吃大锅饭过日子的年代里,应该说是一个不小的奇迹。

　　1980年真是宁波冷藏公司凤凰涅槃的一年。事实和数据也证明,作为一个有着将近50年历史的老企业,要想为国家创造更多的财富,要使老企业焕发青春,就必须大力挖掘潜力,大胆革新。例如,过去冷藏公司制冰都是人挑肩抬,不论是热天还是冷天,倒一次冰就要出一身汗。而经过技术革新之后,"倒冰揿电钮,劳力得到解放,劳动效率得以提高,产量也随之大幅度攀升"。不过,把好了生产关还不够,只有产销对路,才是企业的真正出路。因此,在营销方面,冷藏公司也动足了脑筋,广开销售门路,把生意做活。据档案材料显示,当年的销售工作重点是"积极扩大销售网点,据初步统计1980年在我们公司批发棒冰的户头有930多户,比1979年增加近一倍","特别是个体小贩增加100多户,这些小贩销售力很强","6月17日一天棒冰销量达到66万支","创造我公司日销售棒冰最高历史纪录"。

打开崭新的一页

在宁波冷藏公司的历史上,不知道从什么时候开始,"望江街31号"悄然变成了"东渡路29号"。这应该是地名办一厢情愿的事情吧。但是笔者发现,从"望"到"渡",实在是一个奇妙的过程。"望"其实是从人的主观心理出发的美好的愿景,如"望穿秋水""望梅止渴";而"渡"则是劈波斩浪,是百尺竿头更进一步,是勇于实践,是奋力拼搏……因此这个地名的改变,也许在冥冥中也隐喻着冷藏公司将由此开始走向一条更为精彩的成长之路。

不断求新,勇于求变,这正是冷藏公司在市场竞争中立于不败之地的秘诀。改变的是新时期人民群众的观念,不变的永远是宁波冷藏公司的大名,是冷藏公司的品质与信誉。1986年,宁波冷藏公司建成4400平方米综合大楼,同年从丹麦引进冷饮生产线投产。一条具有国内先进水平、能生产多种新型雪糕冰激凌的冷饮生产线在宁波冷藏公司生产成功,各种冷饮新产品陆续投放市场。包括冰激凌、雪糕、蛋卷冰激凌三条生产线。从配料、装模、成型、包装、硬化等全部生产过程都是自动化。这对提高宁波冷藏公司的经济效益,改变我市冷饮品种少的局面将起到较大作用。果酱夹心雪糕、紫雪糕、夹心冰酥、双色冰激凌、蛋卷冰激凌等,受到市民的喜爱。当时,果酱夹心冰淇

淋、紫雪糕被评为浙江省商业系统最佳产品,速冻猪油汤团被浙江省经济委员会授予精品奖。公司被宁波市人民政府授予"双增双节先进单位"称号。

1991年2月12日的《宁波日报》发表了一则题为"大胆引进,注重技改,焕发青春"的新闻报道。讲的是宁波冷藏公司"注重技术改造,改进和扩大了制冰、冷饮、速冻食品等生产项目和生产规模,新增了软罐头方便食品生产线,1990年创利171万元,经济效益在全市同行中名列前茅"。冷藏公司"累计投入技改资金1000万元","目前已经拥有冷饮品、方便食品、速冻食品三大系列产品的全套新一代生产设备,产品质量明显提高,花色品种不断增加,增强了市场竞争力"。

中国最早的冰箱作做冰鉴(一种古代的盛冰之器),远在《周礼·天官·凌人》中就有这方面的记载:"祭祀共(供)冰鉴。"我记得,中国国家博物馆十大镇馆宝物中有一件战国时期的铜冰鉴,1977年出土于湖北随县曾侯乙墓,方鉴内套有一个方壶。夏季,鉴与壶壁之间装冰,壶内装酒,倒出来的酒是冰镇的,口感凉爽。曾侯乙冰鉴雕铸极精，它是中国藏冰史上罕见的瑰宝，可能也是世界上经过精心设计的最古老的青铜冰箱之一。我想，如果为宁波冷藏公司设计一个商标，不就可以以这个铜冰鉴作为一个灵感的符号吗？

　　我们这一带的南方人，对于冷，注定有着特殊的忍耐力；而面对热，却常常是满头大汗，束手无策。这也是商场、超市里的夏令家电用品、夏令食品的销售一年比一年更为火爆的缘故。现如今，空调、冰箱、冰柜飞入了千家万户，我们可以看到宁波冷藏公司的历史由此打开了崭新的一页。

历久弥新话天胜
——记百年老字号天胜照相馆

● 忻黎黎

20世纪20年代,照相业是从欧美进入我国的新兴产业,稀罕得很。在宁波,当时的照相馆多为夫妻小店,比较大型的如"二我轩""容华阁""明星"等,主要开设在城隍庙及江北岸一代,店址现在基本都已找不到了。而民国十三年(1924)由裘珠如(又名裘珊)出资创办的天胜照相馆,虽几经变换经营地址与法人,却一直传承至今,成为宁波照相业中的佼佼者,并在2011年的3月被商务部授予"中华老字号",可谓是历久而弥新。

关于天胜照相馆的创办,有这样一个说法。当时的江北老外滩已有一家明星照相馆,裘珠如也是该店的主顾。只是有一次,这位公子哥因不满意明星照相馆的冲印质量而与店家发生口角，一气之下就租赁该店隔壁天主教堂的房子，开设了一家天胜照相店材料行，兼营照相业务。后来，天胜照相馆在浙东地区有了很大的名望，不少同行不无嫉妒地说天胜的成功在于取了个与众不同的好招牌，象征着能摄天上胜景、人间美景。客观来讲，天胜照相馆能够穿越历史的变迁、行业的变化，从容地走到今天，着实不易，也必然有其不同寻常之处，而究其历史，竟发现古往今来的成功之道，如此相似。

从古至今，实力始终是成功的不二法门，而在照相馆这种技术和服务并重的地方，过硬的技术和高质量的服务就成了制胜的法宝。令人不得不惊叹的是，天胜虽创立于民国，却具有深厚的现代服务业的精神，采用了一套崭新的经营方式，完全可以用现代的词汇来概况。

技术是核心竞争力——天胜的一部分技术职工，都是裘珠如从上海等地花高薪雇用来的，摄影、修底由技术较好的职工担任，一般的辅助工作才由学徒工来做。

有效的激励机制——在天胜，职工的工资要比一般同行高出50%左右，按当时米价计算，职工月薪高达四到五石米，而学徒工则每月领些月规钱罢了。每年年终，还增发一到两个月的工资。由于采用这些激励办法，所以职工们都能安守本位，全心效劳。

先进的服务理念——裘珠如因自己的经历，所以总是教育职工，对待顾客要如亲人；若与顾客口角，轻则批评，重则开除。每天营业时间，长达12小时。由于天胜所拍照质量好，几十年不变色，深受顾客好评。当时天胜还规定，顾客对所拍照片若不满意，可以不收费重拍，直到满意为止。

规范的管理制度——天胜的职工都必须穿西装，营业时要戴佩服务证。对出门的照片，都要经过严格的检查，务必达到美观、大方、清晰。为了做到这一点，天胜在操作过程中，对拍摄、修底、冲晒、漂洗环节都很考究，绝不马虎。

当然，在激烈的竞争中天胜能够脱颖而出的另一个重要因素就是裘珠如本人在经济和人脉上的雄厚实力。当时同业之间的竞争很激烈，如"容华阁"的老板杨民士在中山公园外开设了一家中华照相馆，裘珠如即在公园内开设了一家珊珊照相店；徐大椿开设了一家绿宝照相店，他即在绿宝的对面开设了一家大同照相店，并登载巨幅广告，与对方竞争。就这样，当时宁波除了一些小型的夫妻照相店外，其他照相店是很难立足的。

裘珠如在宁波除了从事照相业外，在他的经济全盛时期，还开设了民光电影院、青年会电影院、同兴菜馆。他与国民党政军各界都有交往，这为他的照相业务创造了很多发展机会。在抗战前，国民党政府搞了一个新花样，要求老百姓都要有配有照片的"国民证"。这样一来，照相业务量陡然上升，宁波的一些夫妻照相店，纷纷下乡拍照。而当时的摄影原材料，都控制在天胜手里，从而裘珠如发了一笔大财。当时不仅宁波地区的照相材料都向天胜

1995年前的天胜照相馆

进货，就连远在金华、江西、湖南等地的照相店也向天胜购买材料。而天胜的照相材料，是从美商柯达公司和德商艾柯发公司购进的，采用经销办法，先发货后付款，这也是天胜发展的有利条件。

但是无论多有实力的店，多有能耐的人，都难逃历史的劫难，天胜的发展可谓命途多舛。1941年日军侵占宁波，裘珠如离开宁波，江北岸的照相馆被日寇占用，商店停业。抗战胜利后，裘珠如从重庆返回宁波，重操旧业，除恢复天胜和民光电影院外，还开设活佛素食馆。1948年，裘珠如被绰号"小雄鸡"的土匪绑架，一个月后才用黄金赎出。1949年新中国成立之初，蒋机轰炸宁波，天胜

1995—1999年的天胜照相馆

1999—2001年间的天胜照相馆

又被迫停业，职工遣散。1950年，裘无意在宁波复业，仅设小型材料行聊以塞责，本人则去上海开设永成照相材料行，又在杭州开设天胜照相材料行。

1952年，开展"三反""五反"运动，在职工的交涉下，裘珠如始在宁波中山东路恢复天胜照相馆的营业，仍经营照相及照相材料业务。天胜依恃其固有的信誉和技术力量，很快又在宁波照相业中取得名牌地位，其营业额占全市照相业50%以上。其时裘珠如本人已不在宁波，店务由职工群众自行负责管理，工资采用按营业额提成26.4%方式发给，高的180元左右，低的每月也有六七十元。1956年，私营工商业社会主义改造，天胜实行公私合营，从此走上新的道路。1987年，天胜照相馆内部进行了全面装修，更新了设备，装饰后的摄影室华丽雅致，灯光明亮。他们还大力培养技术人才，提高拍摄冲洗水平。

始于民国的天胜在步入21世纪后还是延续了往日的辉煌，进一步提高了老字号的美誉度——长期为来甬视察的党和国家领导人拍照；多次组织团队为贫困老区、敬老

2001—2008年间的天胜照相馆

2008—2011年间的天胜照相馆

院、社区老人、外来务工家庭、大学校园及工、团、妇的团体活动提供义务服务或赞助；2002年，用360度转机拍摄1160余人的大型团体照，创宁波记录；2003年，投资175万引进原装诺日士2901数码冲印设备，并在我市首家开通网上数码冲印服务，与邮政合作提供送照上门；2004年，开发了护照照片和签证照片专用拍摄软件，使每份照片有唯一的条形码，成为宁波市签证照片规格最全、合格率最高的影楼；2010年，购置数套全数码360度转机替代传统转机。此外，天胜还多次赞助宁波国际服装节、中国电影节等全国性大型活动，并为唯一指定影楼。

2010年8月，天胜改制成为具有独立法人资格的股份制企业，目前有分公司近十家，经营业务遍及宁波各县、市、区，在保留传统特长的团体照、证件照、数码冲印等业务基础上，又投巨资新设婚纱摄影、婚庆服务等分公司。经过一系列的改革和努力，天胜的品牌和服务得到进一步提升和回报，荣膺"中华老字号""中国摄影名店""浙江省摄影行业商誉诚信单位""宁波市消费者信得过单位"等称号。

在历史的淘洗中沉淀下来的总是精品，经得起岁月的打磨，受得住人事的纷扰，才能成就今天的百年老字号。现今各类时尚影楼、摄影工作室如雨后春笋般冒起，目前宁波已有婚纱影楼80多家，强手如林，竞争激烈。长期

尚·爱诺——婚纱馆

以来,中老年人、机关团体是天胜照相馆的主要顾客群,这样的历史名店难免会让年轻人觉得离自己的生活太远,不够时尚,所以除了拍证件照、全家福外,他们大多选择去时尚影楼拍照。虽然为了满足年轻顾客的需求,天胜也增设了婚纱摄影、个人写真等服务项目,收到的效果却并不显著。为此,天胜的掌门人也一直在进行着努力——某些也许与传统相悖的努力。2011年3月初,天胜照相馆经过重新装修,推出了"尚·爱诺——婚纱馆",引入了国内一流的时尚婚纱摄影管理团队,并在东方论坛上开设了相应的宣传交流版块,想借此再度出击婚纱摄影市场,以便在竞争日趋激烈的今天,将天胜更好地延续下去。

而对于这一突然的变化,市民颇为不解,他们更多的是担心这一个百年老字号从此被闲置直至消匿,成为宁波人心头的那一抹记忆。其实对天胜而言,此举也实属无奈,其负责人表示天胜照相馆依旧会存在,传统业务也会照做。这意味着"天胜"与"尚·爱诺"两个品牌今后将同时存在。

在如何让老字号重现昔日辉煌的抉择上,宁波众多老字号都选择了借用外力来改变现状,比如"缸鸭狗"不再是只卖宁波汤团,而是引入时尚风味菜肴、西点,店堂的装修也更趋西洋化。天胜也是如此,但采用一店两个招牌的做法却是十分罕见。虽然这样的改变褒贬不一,效果也未可预料,但是对这份苦心经营的初衷和举动,大家也还是表示理解,从目前来看,经营的势头不错。

不管是天胜抑或是衍生品牌"尚·爱诺",在每一个宁波人心目中,这个百年老字号都是承载着几代人的历史和回忆的,它的一举一动也牵扯了每一个宁波人的目光和神经。而对于每一代天胜人来说,历史所记录的荣誉和口碑,也是对新天胜人最好的鞭策。今后的天胜将继续坚持"质量就是口碑、口碑就是品牌、品牌就是效益"的经营理念,秉承老字号"质量优先、诚信服务"的优良传统,在传统中迸发新意,在变革中延续传统,续写"中华老字号"新时期的华彩篇章。

绿宝照相馆
——影像记录时代的沧桑变迁

● 李臻 陈也喆

老宁波人对于"绿宝照相"这四个字绝对不会陌生,每逢过年过节,过去拍照的人就排成长龙。绿宝照相馆承载着老宁波人最真实的生命印记,也记录着甬城70年来各个时期的沧桑变迁。

宝宝满月了,读书毕业了,长大工作了,结婚成家了,全家聚会了,都要到绿宝去照张相。厚厚的相册中,人一生的每个阶段似乎都可以用绿宝的相片串联成一个个回忆。有些老宁波人年轻的时候去绿宝拍婚纱照,到了儿子结婚时又带他去了绿宝,等到孙子结婚时还是推荐绿宝,绿宝照相馆在一代代宁波人心目中的地位由此可见一斑。

如今的绿宝照相馆

　　如今的绿宝照相馆，几经搬迁至中山东路260—1号，更像是久经沧桑的睿智老人，在时尚风劲吹的甬城影楼中，淡定而略显落寞地屹立着，默默地诉说着昔日的辉煌，笑看着风云变幻。

　　朱鸿华是目前绿宝照相馆的当家人，47年来一直在宁波的照相行业摸爬滚打，他向记者介绍了绿宝照相的变迁发展。

创建起步阶段（1940—1956年）

绿宝照相馆的创始人徐大椿，也是第一位经理，是宁波本地人，精明能干、为人活跃，体育文艺方面都有一手。他少年时去山东青岛学做生意，在一家照相店里从学徒做起，一直到学会整套摄影技术。1940年左右学成回到宁波，在老宁波人口中的"北大路口"，也就是解放北路与中山西路的交界处开了一家照相馆，命名为"绿宝照相"。

在当年，这家照相馆的规模仅次于天胜照相馆，有两间门面房、三层楼。新店开出，在当时老百姓中影响很大，老宁波人只要照相，不是去天胜，就是去绿宝。在那个年月拍照不是件稀松平常的事情，对普通家庭来说还是非常奢侈的，能去照相馆照相的人也是家中殷实富足的居多，而且一定是为了纪念重要的人生事件，在一般人心中，照相馆还是新生事物。

公私合营阶段（1956—1965年）

绿宝随着整个时代大形势发生着变化，1956年，绿宝从原来的私营制变为公私合营，宁波城中很多个体照相馆都合并到了绿宝。绿宝的规模开始扩大，经营开始渐入佳境。1958年左右，徐大椿被列为"反革命分子"，公方经理取代他随之走马上任。

"文化大革命"阶段（1966—1976年）

"文化大革命"时期，绿宝照相馆未能幸免地遭受了严重的挫折和损失，营业一度进入萎缩状态。山河一片灰暗，"绿宝"两个字在一团混沌中显得过于耀眼，使人有小资情调的联想，正好那个时候很流行"解放"，地名、人名中频繁出现"解放"两字。1966年，绿宝照相馆改名为"解放照相馆"，为了自保，也算赶了趟时髦。

那时的相片带着明显的时代烙印。服装单一、神情肃穆，衣冠整齐，一本正经，目视远方，气宇轩昂，右手叉腰，如果手上拿着一本《毛泽东语录》，就是最好的装饰。背景清一色的都很"革命"，用红布盖着的座机，以及自行车、台阶、假花等道具。"男左女右"是那个时代照相馆里约定俗成的合照站位。小两口来照个相，男的要在左边，女的要在右边，坐好以后，两手垂下，不露齿，就这么规矩的。所谓"化妆"也并非真正意义上的化妆，只不过是两人结伴到照相馆，穿着灰黑蓝颜色的衣服，把头发梳齐整就可以了。而且如果想拍照要赶着上午去，因为到了下午，照相馆里的师傅们全去抓革命促生产开大会去了。

复名"绿宝"后的兴盛（1976—1994年）

十年"文化大革命"结束后，绿宝又恢复了原有的生机盎然的名称，照相馆的生意也开始恢复了生机。尤其是80年代初，各种证件照的需求增加，拍照常常要排队，节假日更是人头攒动。照相馆的师傅们不仅要负责拍照，还要维持门外长队的秩序。尤其在春节前后，当时支农支边的孩子回来了，一家人就会到照相馆留影照张全家福，带着照片、带着家人的思念与祝福，过了春节，孩子又要出远门了。

照相馆的师傅们加班是家常便饭，这与当时纯手工操作的运作方式也有一定的关系。在彩照技术出现以前，"彩照"都是画上去的。着色师提着毛笔，用"照相透明水彩颜料"在黑白照片上填上颜色，一笔一画，如同现在的孩子们玩的看图填色。但这种"彩照"一般比较单调，容易失真。还有一种手法，就是用棉花棒蘸油画颜料轻轻地涂在照片上，这样的上色方式叫"油色"，这种"彩照"比较逼真，并且可以保存很久。当时还没有华丽的背景，通常只是一块绿色或者红色的天鹅绒幕布，也没有高昂的化妆品，有时候就一把塑料梳子和一瓶不知名品牌的发胶。

章子怡主演的电影《茉莉花开》讲述了一个上海老照相馆里三代女人的故事，那个照相馆里人多的时候是母女二人和一个会计，人少的时候只有母亲一个人。而80年代的绿宝照相馆有十七八个员工。由于市场需求大，绿宝在中山公园里开设了分店。

　　1985年，绿宝开始有了彩色扩影机，彩照不再是涂描黑白照片，而是真正的色彩影印。抱着孩子去拍彩照是件很开心的事情。布景也不再是单一的幕布和地板，而是有了立体感的模型和道具。各色婚纱照应运而生，但与现如今铺天盖地明星样的婚纱不同，那时的婚纱照就是穿上婚纱，戴上简单的头饰，化一个淡淡的妆，与爱人在镜头面前合照。

最辉煌时期（1995—1999年）

　　1994年底，解放北路拆迁改造，绿宝照相馆因此也搬迁到中山西路84号，迎来了绿宝照相最为辉煌的时期。

　　为了适应庞大的市场需求，新开业的照相馆扩展到400多平方米，专业摄影间就有3间，可以适应不同需要的顾客。而且工作人员有20多人，拥有多名特级、一级摄影师和二级、三级等各工种技师，还专门配备了婚纱摄影间。照相馆一个月的营业额就达到20万，其中婚纱照的份额占去了五六万。

　　绿宝趁热打铁，买了富士牌进口彩扩机，拍摄效果更趋完善。工作环境的改善，设备的更新，使得绿宝照相馆

的生意蒸蒸日上，顾客络绎不绝。那个时候要拍照，已经需要事先预约。这个时期可以说是绿宝最辉煌兴旺的时期。

衰退期（1999年至今）

到了1998年，数码照相技术出现，并渐渐普及，使得拍照不再是专业人士手中的稀罕技术，而成为普通个人的行为，这是摄像普及的时代，却是照相摄影行业普遍走下坡路的时代。个性写真馆、婚纱影楼、儿童摄影中心……各式各样的新式照相馆开始大行其道。随着维纳斯婚纱摄影进驻宁波市场，很多老字号的照相馆如红艺、东海都相继关门，绿宝也艰难地维持着生计，生意萧条、人员冗余，当时职工有20多人，而一年利润仅有20来万，大家都觉得"没有出路"，前途一片灰暗。

最令人伤心的一刻出现了，2005年3月14日，绿宝照相馆在商店职工代表大会中做出一个艰难决定：歇业。次日，在店堂大门上贴出了歇业的告示。很多老顾客强烈地提出绿宝绝对不能关，年纪越大，呼声越高。在大家的心中，"绿宝"两字，已经不仅仅是一个照相馆，它承载着一代又一代人的生命印记。那里曾有过多少青葱岁月的宝贵记忆，有过多少人生重要时刻的见证。很多老顾客多年来一直认准绿宝，有的老顾客甚至打着出租车满宁波大街小巷得找"绿宝照相"店。

在顾客的强烈呼吁中，当年5月12日，绿宝择址在东门口邮电大楼的一个门面，也就是中山东路260—1号，悄无声息地恢复营业。"我有责任重新让'绿宝'开业，如果'绿宝'在我手中消失了，那我就成了历史罪人。"经理朱鸿华沉重地说。重新开业后的"绿宝"经营得有点举步维艰，只有四五个工作人员，生意也不是太景气。

如今的婚纱影楼遍布在城市的每个角落，绿宝摄影的经理、特级摄影师朱鸿华有自己的理解，对当下化浓妆、用PS过度美化的儿童照、婚纱照不能完全赞同，他认为每个人天生都有美丽的一面，摄影师可以通过拍摄角度、用光影和层次质感来展示真实的个性美丽。

而最让朱鸿华放不下的还是"绿宝"，他说："'绿宝'这个老字号一直有自己的经营理念：诚实守信、老少无欺，这些理念是要继续弘扬，而以次充好、以假乱真，玩数字游戏绝不可以在我们这里出现。"他还说："我现在已经66岁了，五年前就已经退休了，但心里实在放不下'绿宝'啊，才回来工作的。我希望社会上有有识之士，能接过'绿宝'的牌子，将它发扬光大。"

梅龙镇酒店的前世今生

● 李文国

　　入夜的奉化江，微波荡漾，穿梭的游船满载着悠扬的轻歌笑语，被桨声灯影糅和着，不时飘送到岸上。滨江一带人车如织。霓虹璀璨、流光溢彩的舟宿夜江休闲区恰显身于号称奉川西上第一湾之畔，得风又得水，真是一处少有的雅适之地。进入"舟宿夜江"，一幢幢风格迥异的建筑争奇斗巧，使人目不暇接。不过最能吸引人目光的要算是东北侧临江而构的一处建筑——且不说其上下三层两翼伸展的庞大规模，单是外观设计上，传统细节与时尚元素结合得恰到好处，主次分明、错落有致、气韵流动。站在楼前，恍若身临江南水乡院落。一回神，又感觉到时光倏忽。倒是门楣上寓沪甬籍书法大家周慧珺女士题写的匾

额，提醒人们鼎鼎有名的宁波老字号梅龙镇酒店，原来新落户在此。

早在民国二十九年（1940），甬上商人俞引德投资创办了梅龙镇酒店，至今梅龙镇的名号足足在宁波叫响了七十多个年头，虽间有改名歇业之变，但在老宁波人的口耳流传中，梅龙镇酒店是他们无法抹去的集体记忆。坊间流传着这样的说法：先有上海梅龙镇后有宁波梅龙镇，宁波梅龙镇是上海的分店。其实不然，上海梅龙镇创办于1938年，时间虽然略早于宁波，同样都是以做淮扬菜为主打，但两家字号各自经营，无隶属关系。其实全国以梅龙镇命名的字号不知凡几，经营项目亦仅非限于餐饮业。为何这么多商家不嫌雷同喜打这个招牌呢？

据说这和明朝正德皇帝朱厚照有关：正德皇帝好便服

私游,一次游历到山西大同府地面的梅龙镇上,见其地市井繁华,百姓富庶,竹歌盈耳,酒楼茶肆林立,龙颜大悦,在一酒家买醉时,喜欢上了当垆卖酒的店家女儿李凤姐。于是再三滑舌挑逗,腆颜戏弄,终于载得美人归。风流天子的一次荒唐怡游,竟被好事文人写成一本叫《游龙戏凤》的戏,编排公演,引起了轰动效应。至今作为京剧传统保留剧目的《游龙戏凤》常演不衰,戏中精彩片段,成为戏迷们津津乐道的话题。封建时代皇帝是全国最受崇拜的人物,皇帝老儿的一举一动受臣民们的极大关注。所以正德皇帝私游时爆出热门话题的繁华之地——梅龙镇,成了商家们讨彩头、摆噱头的名号招牌,被争相援引。好在过去年代人们缺少商标保护意识,生意自做,不在乎名谓早晚,这也算是商业文化领域的资源共享吧!不过宁波挂梅龙镇招牌的仅此一家。

  宁波梅龙镇酒店最初在老城区闹市中心开明街口与东大街交汇处。创始人俞引德是位精明的甬商,善于审时度势,把握商机。1940年抗日战争已经历了4个年头,中国沿海一线的大城市已沦陷敌手。是年,由于浙东守军刚刚取得镇海保卫战的胜利,全国自上而下都产生一种浙东门户坚不可摧的幻觉。人心稍安,大批江淮、浙北难民纷纷来

2001年开明街口的梅龙镇酒店 (陆锋 摄)

甬躲避战乱。而且当时海外援华物资相当一部分都是海运至宁波港而后转陆路，源源不断地输送到抗战前后方的。这种相对有利的局势大大刺激了公私贸易。一时间本埠、外地商人纷纷趋之若鹜，逐利而市，宁波出现了前所未有的畸形繁荣。梅龙镇酒店就在这样一个时代大背景下应运而生了。

当时的宁波餐饮界，尚是本帮菜一枝独秀。金牌老字号状元楼以烹饪宁波菜独领风骚，后起之秀东福园由徽菜起家而兼容本帮菜，亦受到宁波人的青睐。刚刚起步的梅龙镇酒店如果没有独树一帜的风味标格，想要在甬上餐饮界争立足之地并非易事。创办人俞引德动足脑筋转换思路，巧妙地推出以淮扬风味为主的菜肴。淮扬菜的特点主要是：口味适中，四季分明，刀工精细，掌握火候，注重调汤，清则须见底，浓则色泽乳白，力求保持原汁，注重本味，一菜呈一味，一物呈一味，浓而不腻，淡而不薄。平素吃惯了生猛海鲜的甬地食客，乍一品尝酥糯适口的异地菜时不禁称赞有加，并且广为传誉。这样梅龙镇酒店甫一亮牌便一举走红，并且老板俞引德长袖善舞，深接广纳各路人士，于是军政人员、名绅豪贾、寓甬贤达纷纷慕名而来，大快朵颐，渐有座上客常满之势。

在这种开门大吉的局面之下，梅龙镇酒店又适时推出几道特色佳肴。原本作为征求食客口味尝试性形式推出的几款淮扬菜，想不到竟引来一片叫好声，最终成为梅龙镇的传统招牌菜而保留至今，其中最负盛名的一道菜为蟹粉猪肉狮子头。据曾任梅龙镇酒店厨师长的陈先生回忆：这道名菜在用料、做工、火候等方面都非常讲究，蟹粉选用二两以上毛蟹的蟹黄，猪肉必须是家养足年的猪，宰杀后取五花条肉，再切成小丁，将蟹粉和猪肉丁加盐、味精、

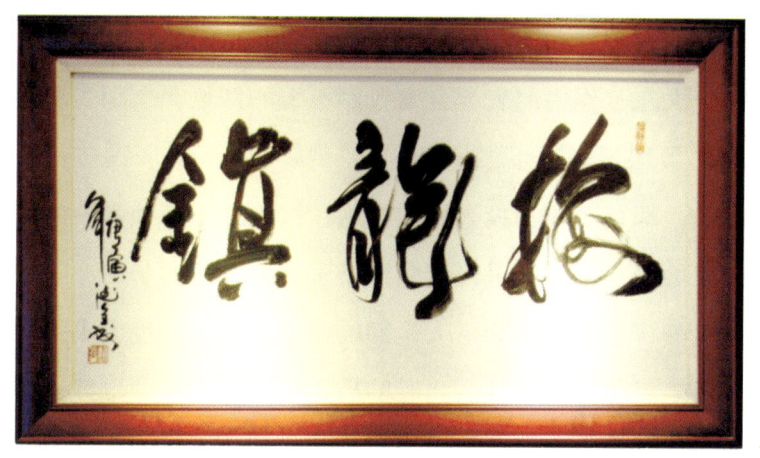

鸡蛋清后放入铁容器内扣好,随即不停地抖动容器、上下摔打,这样才会使蟹粉充分渗透到猪肉中,取出后做成形状,每只统一重八十克,放入已煲上两个半小时的清汤中,再煲上两个半小时,这样一道费工耗时精烹细作的佳肴端上桌,再挑剔的食客也会被这肥而不腻、入口即化的滋味所折服。

梅龙镇酒店的异军突起,在当时的宁波餐饮界可算是个奇迹了。成功的原因除了独具一格的菜肴外,酒店在经营管理上亦别有一套办法。开业之初,老板专门请了裁缝为各店员量身定做统一的店服,按职务身份配发,一般跑堂服务生,统一着对襟短褂,迎来送往,端茶上菜显得干净利落,高级别的经理、襄理,则一身西服,有便于接洽周旋各类上层食客。酒家为了激发员工的积极性还别出心裁地推行一种薪酬制度，即员工既有固定的月薪，亦可根据个人在工作中的表现分发数额不等的红包，个别表现突出的员工可以享受酒家推出的"拔干股"。何谓"拔干股"，即员工不用投入资本参股，按当季酒店纯利润的千分比给予提红，再进一层允许带资入股，这样员工亦是股东之一，便能享受到更大金额的红利，这一制度大大提高了员工工作的主动性。当时的梅龙镇店内上下圆融红火，业务量蒸蒸日上，以至那个时段的宁波地方报纸上常出现达官豪贾预订梅龙镇操办酒宴的启事。这样的骄人业绩使得梅龙镇酒店的名声，迅速超越了甬上众多的饭店，直与甬上头牌饭店状元楼、东福园鼎足而三，这不能不说是个奇迹。

然而烟云般的繁华转瞬即逝，随之而来的是旷日持久的萧条。1941年4月19日侵华日军以优势兵力猛攻镇海，守军力战不支西撤，两浙门户洞开。旬日间日军连下浙东六城。宁波沦陷后，日伪一方面继续用军事力量扫荡活跃在山区的抗日武装，另一方面则实行严厉的经济管制，隔断民众用物资接济抗日队伍。短短几个月，昔日繁华的港口城市失去了活力，民间贸易一落千丈，顿时市面冷清，百业萎靡，餐饮业更是首当其冲。不到一年宁波城内稍有名气的饭店先后关门歇业的有二十余家，只有为数不多的几家饭店还在苦苦支撑，梅龙镇即是其一。此时梅龙镇日营业额不及沦陷前的三分之一。眼看前后不继，好在老板有很强的应变能力，充分发挥了善于交际的特长，结交了不

奉化江边的"梅龙镇"新门店

少时新人物为酒店主顾。一边适时推出经济菜肴,并实行送货到家的服务方式,多管齐下,竟使濒临关闭的酒店渐有生气,终于挨到了抗战胜利。胜利后,沦陷时期多家关闭的酒店纷纷复业。虽百业渐苏,但餐饮界之间的竞争似乎较以往激烈起来。不过那个时候的梅龙镇像是经惯了大风大浪的航船,些许潮涌,它丝毫不惊,履之泰然。

　　本来在这种有利的形势下也应该松口气了,但是梅龙镇的酒店却未雨绸缪,不断转换经营思路,根据市场观察,又开始了新的求变,将津沪菜结合到淮扬风味之中。为此高薪聘请津沪名厨来店掌勺,开发出一系列融津沪淮扬风味为一体的名肴招揽食客。如梅龙镇豆腐、香酥鸡、

芹黄鸽脯丝、鲫鱼蒸肉、梅龙镇鸡等。

任何行业要求生存、求发展都贵在创新。但创新离不开对市场的观察、分析和把握，因时、因地、因人而异，梅龙镇这招深厚的稳中求变，竟格外受人瞩目，沪甬多家报纸竞相刊登署名文章，赞美宁波梅龙镇酒店的新创菜肴品味可圈可点……并预言他日可与状元楼争锋甬上餐饮界……斯时，梅龙镇的名声已大大超越开创时期，真可谓如日中天。

盛与衰的交替本是世上一切事物的变化规律，梅龙镇何尝不是如此。

新中国成立后的几年间，随着新制度的深入推行，社会生活有了相当大的改变，去奢崇俭成了那个时代的主旋律。和其他饭店一样，梅龙镇酒店也受时风影响，生意不如往昔。幸而一些贪恋佳味的铁杆老饕餮还时时光顾，酒店尚能维持经营。至1956年实行公私合营，根据形势所需，酒店另辟蹊径，在坚持菜肴风味不变的前提下，推出大众菜，增加品种，薄利多销。虽略变其经营风格，但此举却深受普通市民的青睐，每日顾客盈座，重现全盛时期景象。

1965年，宁波商业局同意梅龙镇酒店因营业需要在原址兴建三层新楼作为营业场所。新楼建成，虽一改旧貌，但使宁波市民深感诧异的是：鼎鼎大名的梅龙镇酒店招牌竟被换上了"春来北味馆"的牌子，北方风味菜登场唱起了主角。随后十年间，酒店运营时断时续，宁波工人大学餐饮公司学校也一度将校址设在楼上。1976年后总算恢复了正常营业，可是不久又被冠上了"黑猫饭店"的名号，对于这个滑里滑脱的店名，宁波人很是不以为然。老食客们依旧惦记着昔日的老字号、老风味，梅龙镇老店员又何尝不想重新树起响当当的老招牌呢。在多方奔走呼吁下，终于实现了这个愿望。

1986年2月21日，宁波商业局正式下达文件，批准梅龙镇酒店恢复名称，沉寂了二十余年的老字号终于复出，不仅老店员们额手相庆，宁波市民亦惊喜不已。复牌后的

旧日的梅龙镇门店

梅龙镇紫光阁包厢

梅龙镇正赶上改革开放如火如荼的年代，生意一天比一天红火。原有的三层店堂已不够使用，于是先后兼并了邻近的浙东旅社和宁波糕团厂，规模迅速扩大，经营场地面积达到了3000多平方米。为此梅龙镇酒店斥资300万元进行内外改造，经过装修后的酒店装饰典雅、气派。店门雕梁画栋、重檐飞角，特别是浓郁的徽派建筑风格特别引人注目；店内格调迥异的包厢、雅座、大小客厅一应俱全；底层开辟自助餐厅、夜宵和冷饮大排档等；三楼又设有客房、舞厅、歌厅等配套设施。同时，利用兼并而来的宁波糕团厂的人员和设备，组成梅龙镇糕团部，专门生产水晶油包、八宝饭、油氽麻团、龙凤金团等七八个品种的宁波传统名点及各式西点蛋糕。原本经营单一的本色菜馆经过这番改造后，成了集吃、穿、住、娱乐多功能齐全的中型酒店。随着业务的拓展，梅龙镇酒店招收了一批年轻职员，为使老字号特色菜系传承有续，酒店按照以老带新的传统，鼓励有志于接棒的年轻人拜老厨师为师，一对一相帮，手把手相教。良好的店风，优质的服务，精美的菜肴让老字号再度声名鹊起。也可以说，恢复店牌后的十余年间是梅龙镇自

开创以来的第三个黄金周期。

任何事情总是难以预料的，也许是社会发展的轨迹本来就是有直进、曲折、停顿的过程，就拿梅龙镇酒店的经历来说，恰好印证了这条规律。

2001年由于市政改造和天一广场的兴建，原处于繁华地段开明街口的梅龙镇大楼被拆除。由于难以找到合适店址重建及资金投入不足等诸多因素，失去了载体的老字号被迫偃旗息鼓，店员也另投他处……

时光匆匆而逝，十年间宁波城市面貌日新月异，日益彰显现代化都市风范。消失的城市符号，却永远存活于民间记忆之中，包括像梅龙镇这样的老字号。作为宁波餐饮界的金字招牌，梅龙镇酒店的重建始终是社会各界的心愿与期盼。

转机终于到了，2010年鄞州长丰滨江区块的舟宿夜江精彩亮相。这座具有江南风格、水墨意蕴的新商圈刚一建成，立即成为市民瞩目的宁波新地标。此时接手宁波老字号梅龙镇品牌不久的宁波石浦酒店管理有限公司，正在紧锣密鼓地进行梅龙镇酒店的复建计划，公司决策层敏锐地察觉到，进驻舟宿夜江恢复老字号的良机就在当下。经过周密的论证和多次磋商，所在地长丰管委会向梅龙镇抛出了绣球。这样一座投资上亿，占地3000余平米，具有江南风格、时尚元素的梅龙镇酒店终于矗立在奉化江边了。

2010年元月28日对梅龙镇酒店来说是个非常值得纪念的日子，那一天尘封了十年的梅龙镇酒店正式复业。走过

风风雨雨的老字号终于延续了自己生命的血脉，以崭新的姿态展现在世人面前。

一个秋意盎然的午后，我们带着浓厚的好奇心踏进了梅龙镇酒店。现任经理祝女士和厨师长吴先生热情地接待了我们，在他们两位对梅龙镇前世今生的叙述中，我们感受到了新一代梅龙镇人对历史的喟叹和对未来的憧憬。一道门被轻轻推开，呈现在我们面前的是撩人眼目的金碧辉煌。祝女士带着微笑轻盈一指："这里是梅龙镇酒店大小十五个包厢中最为华美的紫光阁，采用宫廷建筑装饰，富有皇家气派，而且窗外正对奉化江第一湾，视野开阔，风景优美。还有那边纯徽派建筑工艺的梅龙阁是酒店保留传统风格的体现。其他包厢在设计风格上也都带有怀旧的情调。"厨师长吴先生接过话："是啊！人总是喜欢怀旧，我们梅龙镇酒店以津沪淮扬菜肴扬名甬上，怀旧的宁波人这么多年来一直给予梅龙镇厚爱，这是因为无论如何变迁，梅龙镇的灵魂依然存在，若失去了灵魂，那么内涵空空，再金亮的招牌也会失去吸引力。""当然，我们也追求创新。"祝女士补充说，"没有创新，梅龙镇也不可能成为备受瞩目的老字号，我们在坚持传统菜肴的同时，不断地观察研究各类人士的餐饮喜好，适时研烧出符合现代人口味的特色菜肴，菜单上那道梅府甲鱼，就是近年来厨师们研烧出来的特色菜，深受食客好评，现在已经成为我们的招牌菜了……还有，我们梅龙镇烹饪技艺已经申报国家级非物质文化遗产保护名录，到时特色菜烹饪技艺传承基地也要在这里挂牌了……"

  透过窗子,江上往来穿梭的船只和对岸高楼矗立的城区映入眼帘,多么像一幅浓墨重彩绘制的以繁华祥和为底调的写意长卷啊!一切景物又都充满着郁郁生机和勃勃活力。历时七十余年的梅龙镇,必将跳出盈虚消长的周期率,以稳健的步伐走向未来,就像眼前的奉化江,一路曲折而来,绕过了十八道弯,最后在这里用一个华丽的转身,径直东去,最终汇入甬江,奔向大海。

民光影城

● 周东旭

电影传入宁波的历史不长,但深受百姓欢迎。尽管那时,江东影戏院、张公祠影戏院等,因经营不善,亏损严重,不久即告倒闭。然而社会的心理,却渐渐开始热衷于这一集戏剧、文学、音乐、绘画于一体的新型艺术形式,尤其得到了许多年轻人的追捧。许多人想利用电影来替代不良戏剧,宣传教化老百姓。所以宁波的电影院如雨后春笋一样发展起来。

民光影城位于开明街331号,是甬城历史最悠久的电影院,始建于1926年,系宁波商人李济民投资建造。影院为钢筋水泥砖木混合结构,观众厅分正厅和月楼两部分。电影院临街为敞篷式五开间的大门,中间三间由三道台阶直

20世纪70年代时的老民光电影院

上门厅，门上安装着当年被视为最豪华的铁拉帘门。门厅的正面挂着赵丹、乔奇、胡蝶、周旋、白杨等电影明星的巨幅画像。但凡来看电影的观众，在检票之前，总要在厅里徘徊欣赏一番。

民光影城大门的左边是一座巨大的玻璃橱窗，明亮的灯光照耀着高约1.5米、宽约2.5米的手绘彩色电影海报，都是民光的美工自己创作绘制的。画面精美，色彩绚丽，这是当年宁波最大、最漂亮的商业广告。右边橱窗里贴着的是下期公映的影片，海报的下缘醒目地写着"×月×日——×月×日隆重献映"的字样。左边橱窗则是"今日公映"的海报。

海报橱窗下的墙面，向着行人道开着两个约30厘米见方的售票窗，一只卖当场票，一只卖预售票。那时的电影票是七彩的单面油光纸，又小又薄，正面印着座位号，背面印着日期、场次，不同场次的票用不同颜色的纸印刷，以方便检票。电影票每张两角，复映的片子就是一角，如果是纪录片专场，则只要五分钱。

1931年农历正月初一正式开业，初演戏剧，故又称民光大戏院。同年秋与天胜照相馆店主裘珊合股，并与上海联华影剧片公司成立联民公司，兼映电影。1933年起正式放映电影，每天放映三场，下午一场，晚上两场。要是遇上大片，一天也可能放四场，甚至加放半场。电影放映之前，银幕上会放映10分钟到一刻钟的幻灯片广告，广告的内容大多为各大戏院的演出广告，商店的促销信息等，也有政府的紧急通告、寻人启事等。幻灯片一般都是用玻璃片做的，用墨笔和水彩就可以直接书写，即写即播，效果虽然稍差，但十分灵活方便。正片放映之前，一定会加映"新闻纪录片"，内容十分丰富和新鲜，极受观众的欢迎。曾映出《新女性》《啼笑姻缘》《秋海棠》等新片。当时在市区堪称第一流影戏院。

1941年，日军侵占后由伪上海中华电影服务有限公司经营，1945年日本投降后，被国民党中宣部电影服务处接收经营，改名为民光电影院，1947年返还给原主，原民光戏院房主和股东组建宁波影剧公司经营。1949年后民光电影院由17个股东经营，1954年改为公私合营，放映机更换

如今的民光影城

为天极牌新型放映机。1956年改为国有。新中国成立初期这段时间，民光播放的大多是国产的影片，《十字街头》《马路天使》《一江春水向东流》等，还有美国好莱坞的影片，如《人猿泰山》《出水芙蓉》以及卓别林主演的滑稽片等。当时因为电影作品少，一部电影一放就是十天半个月，甚至还有连放一个月的。

在民光看电影，禁止吸烟但不禁止吃东西。影厅一角有很小的小卖部，亮着昏黄的小灯，出售冷饮、糖果和瓜子。在观众开始入场，电影开映前，影院里的小贩手捧影院自印的单张电影说明书和瓜子，四处叫卖。电影院里还有专门的"领座员"，为迟到的观众引路，用手电筒照着地面，迅速领着观众找到自己的座位。

民光电影院的南边是小梁街的敞开式小菜场。夏天的夜晚，会有不少没有买票的人，一手拿着板凳，一手拿着扇子，经过菜场，站在民光高高的窗户下"听电影"，根据窗口传出来的对话和音乐，想象此刻银幕上的情景。每逢闷热难耐的夜晚，到了电影的下半场，电影院就会打开边门，于是大家就悄悄潜入，屏声息气贴着墙根站着"看白戏（即不花钱看戏）"，虽然不知道影片故事的前因后果，但也别有一番情趣。

"文化大革命"期间民光电影院一度改名为"东风电影院"，1979年恢复原名。次年影院自筹资金建造一幢面积1200平方米的五层楼房。据一些老年人的回忆，五六十年代公映的片子以黑白为主，20世纪70年代中期开始渐渐有了彩色影片。那时候宁波每月大概上映两部新片，买票通常都需要排队。如果是周末或者遇到热门影片，那么没有一个小时根本就买不到电影票。1981年后，每年观众100余万人次。在老百姓的记忆里，80年代的文化生活极其单调，可供娱乐消遣的项目非常少。看电影成了男女老少的头等享受。学校、单位隔三岔五地在电影院包场。男女青年谈恋爱时几乎无一例外地将看电影作为沟通情感、消磨时光的首选。乡下来了亲戚，宁波人往往请他们看电影，这是一种很体面的招待。

　　1990年，民光影院有职工23人，座位968个，放映电影2826场，观众173.6万人次。1992年在市政府进行旧城改造中实行统一规划，在原址上拆除重建，于1996年9月28日竣工开业，更名为民光影城。重建后的民光影城，在甬城首次引入多厅影院模式，当年票房达500多万元，是甬城之冠。2002年、2003年相继投入数百万元，对民光影城进行了改造，使观众进影院看电影更加舒适。民光影城共有6个专业放映厅，1个电影吧，采用国际上最先进的DTS、SRD数码还音设备和先进放映设备；低视点、宽视角银幕，声画并茂、逼真，效果极佳。采用全自动滚动放映，依托全国最大的上海联和院线，每隔20分钟就放映一场电影。民光影城充分体现了人文关怀。观众可以在影城的任何一个角落，随时获得最新的电影咨询及影片计划等等。服务上，推出如家庭影院、温馨家庭专场、情侣专场等特色服务，还增设了服务台，为顾客提供咨询、投诉、活动兑奖、办理会员卡等多项服务。随着电影事业的现代化，影城将为会员准备新的交流平台，会员可以通过手机、电话、网络等各种现代传播手段进行订票、购票、查询以及了解消费和积分等情况。

宁波翰墨林印社

● 李 奇

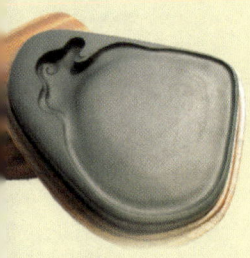

　　宁波翰墨林印社始创于清光绪四年（1878），距今已有一百三十余年历史。

　　宁波翰墨林印社创始人周澄（1858—1927年），又名佑黻，号西园，室名铁石庐，浙江宁波人。"翰墨林"是取自唐诗人张说的诗句"东壁图书府，西园翰墨林"之意。翰墨林印社以书法、篆刻、勾勒铭志刻石为业。其技艺为当时名家所推崇，蜚声浙东及沪上。现天一阁与伏跗室还藏有钱太希所书《清儒林郎冯君墓志铭》等周澄所刻的拓片。又有镇海某私人收藏家藏有周澄所刻《岳武穆（出师表）》真迹的原拓。原刻石尚存的有《天童寺重修天王殿碑记》，现嵌在天童寺天王殿后廊壁上。其书法据

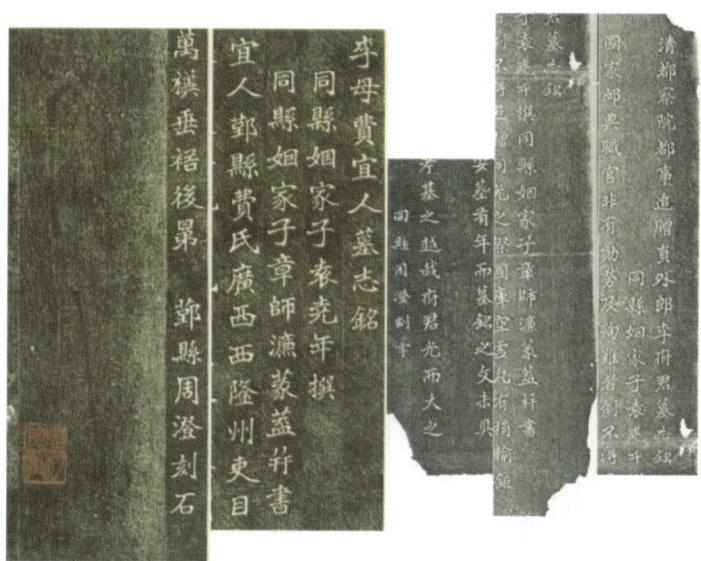

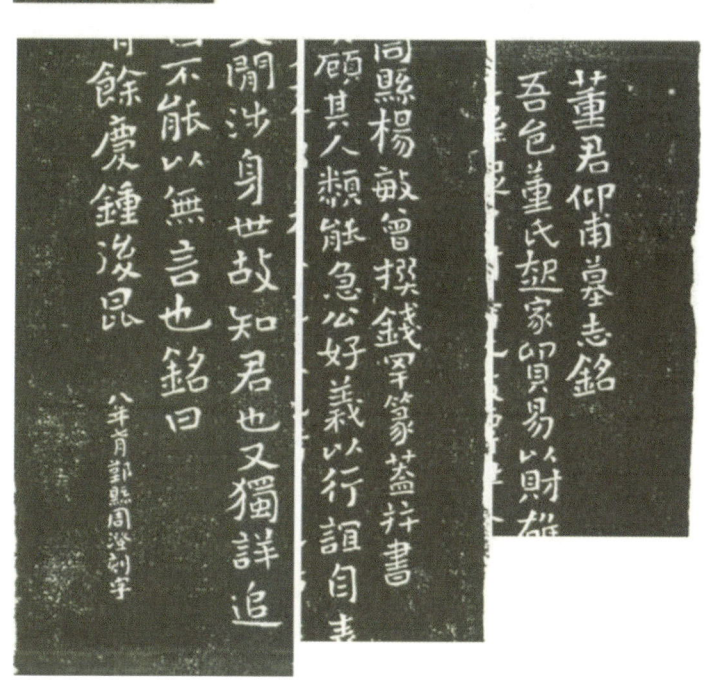

翰墨林印社创始人周澄刻碑

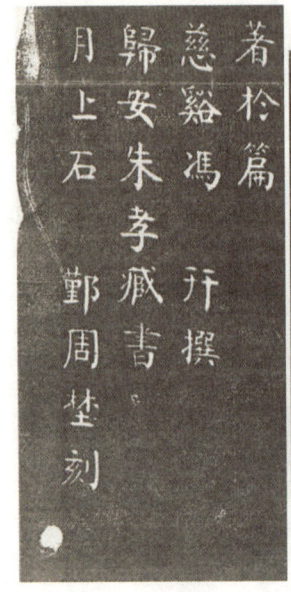

90老人周退密教授给周节之的书翰中说"令祖公书法,颇近(赵)松雪一路,珠圆玉润,无姿媚之态;厚重稳健,无馆阁习气"。印作遗谱,在战乱中散失。今仍存自用印三方。印宗浙派。

宁波翰墨林印社第二代传人周埜(野)(1891—1937年),字小佑,幼承家学,续有所成。善书法篆刻,兼精碑铭镌勒。书宗汉魏碑志,篆学邓石如、赵□叔、徐三庚,因而治印亦融此三家于一炉,仿汉之作,亦有自己的面目。

迭经战乱,流离颠沛,周□遗作难觅,所剩无几。其书法仅存《天一阁南亭榭图》刻石题字;刻石,有朱孝藏书《昭仁里居记》拓片存天一阁。

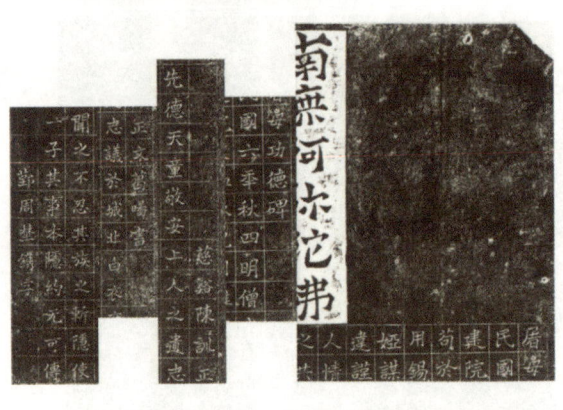

翰墨林印社第二代传人周埜(野)碑刻

梅舒适、周节之、沙更世在西泠印社合影

后代历年搜获印蜕二十余方。可供聊窥一斑。

  宁波翰墨林印社第三代传人周节之（1920—2009年），原名礼、礼予，60岁之后以字节之行，室名息柯簃，因号息柯，晚号雪柯。幼承家学，18岁起专业从事书法、篆刻艺术。1938年拜与周节之父亲周□有翰墨之交的甬上著名书法家葛夷之（与沙孟海、吴公阜为挚友）为师。葛夷之贻《十钟山房印举》，嘱摹秦汉印入手。遂致力于秦汉古印，旁及甲骨、钟鼎、秦汉铜器、碑碣、砖甸、竹简、龙门石刻等抚古习刻。又继法吴昌硕、黄牧甫，博取浙皖诸派之长，力求刀法、笔意和章法自然融合。并仍广习书篆，上自甲骨钟鼎、篆隶北碑碣，下至唐

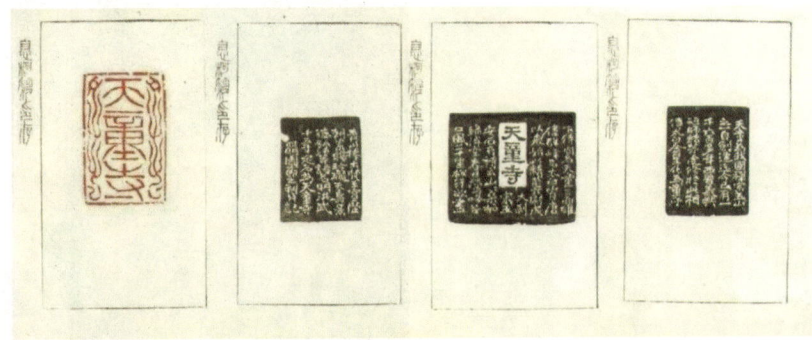

周节之刻印"天童寺"

沙孟海的题字

宋元明清诸名家的法帖、印谱,以求融会贯通。

1944年10月,周节之创作篆刻《岳武穆(满江红)词》十六印,悬诸斋壁勉励气节,以表恢复河山之志。曾多次展出,1983年由杭州岳飞墓庙文保所珍藏。

1946年,周节之由钟公佩介绍加入浙江龙渊印社(原址在金华,由著名画家傅抱石创建)。同年由先辈杨菊庭、朱赞卿先生引荐,周节之携弟律之拜沙孟海为师,获沙氏首肯忝列门下。沙孟海亲笔书题贻周节之"息柯簃"横批。

1957年,周节之由赵叔儒先生大弟子张鲁庵先生介绍加入上海中国金石篆刻研究社(1957—1961年),作品先

周节之在刻印

后在全国、省、市展出。

1961年,在由宁波市文化馆(杨古城老师任馆长)举办的宁波市美术展览会上,周节之篆刻《中华人民共和国万岁》、《东风压倒西风》等组印展出。

自1962年至1979年,周节之篆刻了大量的毛泽东诗词及中央其他领导人的诗词、名句,部分刊印在其1998出版的《周节之印存》中。

1979年冬,周节之与其子周孟夫协同创作《天童寺》与《天童十景》十四方篆刻。

1980年1月,周节之被天一阁聘为天一阁书画社顾问。五一节篆刻《中华人民共和国万岁》、《江山如此多娇》、《数风流人物还看今朝》、《只争朝夕》等十三方印屏一幅参加宁波市工人文化宫展览,并经评选参加连云港工人文化宫举办的"十八个城市书法篆刻巡回展览"。

1981年1月30日,宁波书法篆刻协会成立,周节之被选为理事。同时完成篆刻《鲁迅笔名》(158方印)。

1982年1月,周节之被特聘参加在杭州召开的浙江省书法家第一次代表大会,中国书法家协会浙江省分会宣告成立。并加入中国书法家协会浙江省分会。

1983年1月,周节之加入中国科协自然科学专门学会(协会、研究会)的书法专业研究会。

自1983年宁波市与日本长冈京市结为友好城市以来,周节之先后为市政府对外交流无偿提供书法篆刻作为礼品,增进友好往来。2002年5月,宁波市人民政府授予周节之"宁波市杰出老文艺家"称号,颁发荣誉证书和金质纪念奖章,同时被授奖的有徐季子、孙钿、毛翼虎、刘文选、沙耆、周士非、张星亮、黄承炳、苏立声、林元宁、刘思维十二位老龄艺术工作者。

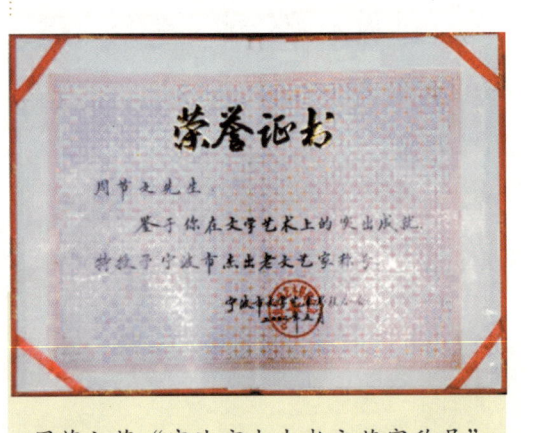

周节之获"宁波市杰出老文艺家称号"

1984年9月,由沙孟海和刘江介绍加入西泠印社。

1986年3月,周节之

周节之印存首发式暨篆刻创作研讨会

应邀携长子孟夫参加浙江省工艺进出口公司与日本协和贸易株式会社联合举办的《第二次中日兰亭笔会》。4月，周节之加入中国书法家协会。6月，周节之被浙江省篆刻创作委员会聘为顾问。7月，任宁波书法家协会篆刻创作委员会主任。

　　周节之历年的书法、篆刻创作作品丰盛，所刻的诗词印、名句印、师友同道名印、名胜古迹印及大作鲁迅笔名印集九百余方，书法作品三百八十余幅，其中一大部分已被全国各文艺团体和挚友及国外友人所收藏。

沙孟海先生1947年在《沙村印话》中对周节之篆刻艺术的评语："吾县摹印之士，今日为盛，赵叔儒、马叔平二先生年辈较先，赵先生兄子蕙庵□天贶□、吴公阜□泽□、朱百行□义方□、张千里□辟方□、周节之□礼□皆致时誉。"

宁波的著名书法前辈葛夷之对他的评语是："周生礼予，治印甚勤，近二年孟进无已。吾甬治印者，以吾眼中所许，仅沙孟海□文若□、吴公阜□泽□二人。

孟海宦游四方，不通印文且十年，公阜墓木已拱。后起领袖，惟礼予一人矣。周生其勉之。"

1998年，由西泠印社理事篆刻家余正先生筹策、慈溪半笔墨社书法家沈怒吼先生赞助出版《周节之印存》。

1999年，龙渊印社恢复成立，周节之被聘为顾问。

2008年，由省书协篆刻创作委员会秘书长篆刻家蔡毅，费时五年精心编辑的周节之《岳武穆〈满江

周节之书法作品

红〉词篆刻、鲁迅笔名篆刻》印谱,由市政府出资,市委宣传部筹置,宁波出版社编辑出版。

宁波翰墨林印社第四代传人为周节之长子周孟夫,字伋之,号希维,室名镌石楼。1960年初中毕业,17岁从父学书印。

1961年,周孟夫在宁波市文化馆举办的宁波市美术展览会上展出毛泽东词《西江月·井冈山》篆刻一首八方,虫草国画小品一幅。

1965年,周孟夫转到宁波市工美术研究所,从黄永法学雕刻,后又去青田学石雕。

1982年,周孟夫加入宁波市书法篆刻家协会□宁波市书法家协会前身□。同年,在当时的镇明区文化馆,周孟夫受张志平馆长邀请办篆刻班,讲授篆书、篆刻。

2001年,周孟夫受宁波老年大学龙校长邀请开办老年篆刻课班。

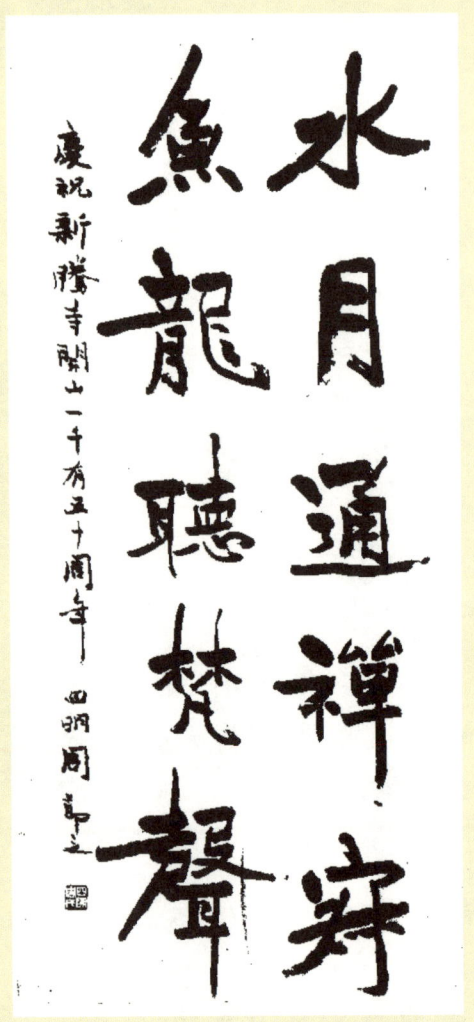

周节之书法作品

2004年,周节之授长子周孟夫为《宁波翰墨林印社》第四代传人,并题书"翰墨林印社"匾额。在2008年《岳武穆〈满江红〉词篆刻、鲁迅笔名篆刻》印谱首发式上,周节之向在座的省代表、市领导以及市篆刻协会的同道作答谢词宣布:"现我祖上的'翰墨林印社'付予长子周孟夫继承,其篆刻能承家法。"

2005年,周孟夫受鄞州区李关弟中学钱丁盛副校长邀请,在李关弟中学凿刻石匾十五幅、巨石铭文三篇。

2009年,周孟夫在浙江省书法家协会举办的"六十年浙江书法展"上篆刻"西泠胜迹"小印二十方获奖。

2011年周孟夫篆刻小印在"万山红遍——浙江篆刻大展"上展出。

据悉周节之在"翰墨林

印社记"中书曰:"子孟夫……其篆刻能承家法,又副以书画印纽雕琢碑刻承继家业。"

"春秋六十付雕虫,惨淡经营兴未穷。每到浑然忘石我,精神痕□一炉融。秦朱汉白多天趣,作意图形总失真。废刻如山何足惜,但求一印得精神。"周节之的《治印偶感》,确实可作为翰墨林印社各代艺术家砥节励行的写照。

宁波最早创设的书坊
——汲绠斋书局

● 胡鼎阳

汲绠斋书局是宁波最早的书坊,早在清道光初年（1821）,由鄞南陈婆渡鲍家堍人创立。店址在东门街日新街口。店名源于成语"绠短汲深"的典故。《庄子·至乐》中云："昔者管子有言……褚小者不可以怀大,绠短者不可以汲深。"即用短绳系器汲取深井的水,比喻浅学不足者以悟深理,说明书的重要性。汲绠斋书局对宁波教育的促进和文化的传播起过一定作用,是宁波最早的有百年以上历史的"老字号",也是出版和销售古今书籍的作坊店铺。

该店自己刻书、木版印书、出版木刻本,还有先进的石印机印刷。清末民初时铅印逐渐风行时也售铅印书。书

旧日书店 （林绍灵 绘）

店以古籍经营为主，备有《四书》《五经》及经注、经解类读物；还有《百家姓》《三字经》《千字文》《幼学琼林》类私塾启蒙教材；文艺读物有《古文观止》《唐诗三百首》等常见书；工具书还有石印《康熙字典》《诗韵合璧》等线装古籍；史部书籍有《二十四史》等大部著作；另外还有《四部丛刊》《四部备要》《古今图书集成》等丛书类书籍可以预约或代购。

　　清代的宁波道员、知府等官员，时常便服青衣小帽，随带侍从到汲绠斋书局选购图书。书局出版的木刻版《百家姓》《三字经》《千字文》《大学》《中庸》《论语》《孟子》《左传》《幼学》和医药书等各种线装古籍，深

宁波最早创设的书坊

受他们的喜爱。另外像入学儒生、候考学童及其他求知好学者，都喜欢到这个书局来购书、看书。

从东门口，折入日新街，第一家便是汲绠斋书局，其店面坐东朝西，双间楼房。在民国期间，也是宁波各书店之冠，有前后两进，房屋很宽敞。前面为经营零售业务的店堂；后进第一间，窗明几净，庄重整洁，里面陈设着茶几、背椅、圆桌、搁几、条幅、对联，为古色古香的客堂，用以接待官绅、学者。民国后，用来招待选购书籍较多的顾客，同时为优待远道而来的顾客，还免费供应吃饭、住宿。

光绪中后期，书局经理接班人是鲍永年。1897年，同乡人鲍咸昌兄弟在上海创立商务印书馆，汲绠斋书局曾输送经验丰富的职工前去支援，因此汲绠斋书局与商务印书馆一直保持着特殊关系，为商务印书馆在宁波的总经销商。鄞县、慈溪、镇海、余姚、奉化、象山、宁海、定海等书店供应的教科书，均向汲绠斋书局批购。

清末民国初，铅印兴起，木刻雕版印刷逐渐被淘汰，汲绠斋也逐渐停止了铅印业务，改为只经销"商务""中华""开明""世界"等书局出版的书籍，但还保持着销售古籍的优势。

1938年夏，宁波日新街出现若干家知名的书店，而汲绠斋书局是最早创办、最早出名，也是出版经营上具有最大规模的书业。离汲绠斋书局最近的是新学会社，是戊戌维新后的产物，系由清末奉化留日学生孙锵、江起鲲集资

汲绠斋书局旧景（模型）

创建，后由同籍庄崧甫接办。他们办书店的目的是想引进西学，以适应维新的需要。

与新学会社贴邻的一家书店叫文明学社，兼营文具。新中国成立后，转为专营文具，店主为顾耐仙。

文明学社边上，有一家竞新书社。主人王荫亭，奉化人，是一位热心教育事业的人士。他开办书店之目的，主要是为学校做好"后勤"工作，以保证课本、校簿、仪器、文具的及时供应。

文明学社对面，有两家书店。一为明星书局，店主人姓马。少店主马元恺曾任宁波市第三中学教师。明星书局创设于"五四"运动之后，经销一部分新潮书刊，如《向导》《新青年》《中国青年》。同时也经售一些刊物,如《醒狮》《爱国青年》等。另一家是单间门面的文星书局,规模较小,后闭门歇业。

这些书店都有自己的一些经营特色,共同之处有三点:一是经营的多样性;二是营业分淡季、旺季,季节性明显;三是开架陈列,书刊任顾客自由取阅,不论买与不买,店员都笑脸相迎热情待之。

除日新街以外还有开设在中山东路的西马弄口的振新书店。店主人是钱君培,原是汲绠斋书局的业务主任。

开明街中段,还有一家单间门面的开明书店。经营五四运动以来的新文艺小说,以及新编戏剧、医学图书等,兼售一些进步刊物,在文化界中影响较大。开明书店由沈霞光、沈云起兄弟俩开办。

在又新街,另有两家特色书店,一家是由藏书家林集虚(字乔良)所创办的以经营古籍为主的大酉山房。因为他喜欢古籍书,收藏古籍书,他的藏书室名叫"藜照庐"。

另一家就是三宝经房,经销佛经和宝卷之类书籍,还兼营僧衣法器等宗教用品。

另外还有世界书局,经营通俗小说的文献书店,以经营戏剧、唱本为主的林赓记书店,以经营古籍、碑帖为主的通雅书局、三余堂、古旧书店……

宁波虽然有许多书店,但起起落落,开开关关现象时有出现。而汲绠斋书局始终处在主导地位。因许多书店都以教科书业务为大宗经营,为此无序竞争较为激烈。汲绠斋书局就牵头，解决各书店的无序竞争，对教科书采取联进联销办法，成立教科书联合供应机构，签订合同，经过协商仲裁：汲绠为22.23%，第二家17.17%，另外三家16.16%，最后一家12.12%。

新中国成立后，书店按照原先组织安排进货和销售，1956年，实行公私合营，1966年，被并入国营新华书店。

宁波最早创设的书坊

"怡泰祥"南货店始末

● 李文国 释可祥

始创于1875年的"怡泰祥"南货店,位于现宁波市鄞州区百丈路灵桥东首。创始人的姓名、生平不详,只知他是当时浙东名刹七塔禅寺方丈慈运长老的一位俗家弟子。因见十方信众来七塔寺礼佛,备物有诸多不便,为方便起见,开办了这家南货店。"怡泰祥"三个字,怡是乐的意思,愿为众生带来方便,得到真快乐;泰是安定的意思,愿十方国家人民,常于菩提道场,繁荣昌盛;祥是吉瑞的意思,愿普天之下,无忧苦,得真解放,光明十方。

七塔寺又称"小普陀",是当时宁波城里规模最大的佛寺,与天童寺、阿育王寺、延庆观宗寺齐名,并称为浙东佛教"四大丛林"。光绪二十一年(1895),慈运长老进京请颁《龙藏》一套,并蒙光绪皇帝敕赐寺额"报恩寺"。这样一来,七塔寺香火日益鼎盛,作为七塔寺的依附性产业,以礼佛、供奉等相关资用为主营方向的"怡泰祥"南货店就更加兴旺发达起来了。

起初的怡泰祥主要是为方便各方信众采办礼佛的物品而开设的一个采办机构。随着七塔寺不断扩大影响,到寺参礼人数的激增,怡泰祥的经营规模也就逐步扩大。店内增设了素食糕点房、干鲜果品房与经器香烛房,产品主要包括南北果品、糕点酥饼、细面坚果等。每房都设有专业司职人员,各房实行独立分管联动经营。当时善男信女礼佛的供品多为糕饼、馒头、荷叶卷等,馒头、荷叶卷等软点心,需用水蒸熟,在宁波称为"水作",都是整盘上供,大的佛事用量颇多,素食糕点房就特别用心经营,所以"怡泰祥"经营的糕点酥饼最为有名。因商品质优、服务诚信而成为宁波妇孺皆知的南货名店,驰誉沪杭,扬名海外。

怡泰祥店堂的布局受七塔寺佛教建筑与审美思想的影响,遵循阴阳宇宙观和崇尚对称、有序、稳定的审美要求,以南北中轴线为主轴,呈平面方形,对称稳重,构成整体格局严谨、古朴大方的风貌。

怡泰祥的经营者长期受佛法的熏陶,恪守"一切资生事业皆是佛道""佛门无小事"的原则,将经营作为修身的一种途径,从不沽名钓誉,奉行"处财货之间,而修高明之行""利而不污、利以义制、名以德修"的经营观。

由于怡泰祥的糕点质量好，且守信用，定做货品的提货日期从不延误，当时，礼佛人家都喜欢到该店定制，以示诚心崇佛。怡泰祥所制的供品皆外形美观，品质优良，又可以就近提货，方便实惠，故生意兴旺，名气日益扩大。

为方便顾客，当年的怡泰祥采用前店后场的经营布局，实行日产日销制，以确保所供产品色鲜味正。古时民间食用点心，常佐以清茶，故糕点又称之为茶食。茶食因季节更替、时令不同，所衍化出来的品种也各不相同，如春吃"茯苓糕""绿豆糕"，夏尝"冰雪糕""薄荷糕"，秋品"月饼"，冬则食"麻酥糖""藕丝糖"，还有端午节吃"蜂糕"，年节前用"祭灶果"等等，故茶食又称为四时茶食。怡泰祥的糕点现做现卖，产品适时令合节气，颇受顾客的青睐。

该店还经营南北果品，且以桂圆、荔枝、枣子、核桃、莲子为胜，同时十分讲究质地，常年指派专人前往原料产地选购上乘佳品。其时桂圆主要以福建莆田（兴化）所产为佳，如每年农历八月新桂圆上市时节，派专人前往莆田（兴化）一带分大小、辨优劣大量收购上品桂圆。桂圆当地人称"龙眼"，味美肉脆，明李时珍曾有"资益以龙眼为良"的评价。怡泰祥挑选桂圆，也有一整套的挑选方法，即以"一看、二摇、三尝"之法进行严格筛选：一看，即挑选桂圆时，须一一检视其外形，择圆润颗粒大，且壳色黄褐，壳面光洁，薄而脆者为佳，其他诸如颗粒较小，壳面粗糙不平者一律不予入选；二摇，即选桂圆时需一一摇动，桂圆佳者其肉必肥厚，肉与壳之间空隙小，摇

怡泰祥的新气象
謝開元

怡泰祥南貨茶食店，虽然过去不像四大家那样有名，却也是宁波四小家之一。过去商店是装在捅裹，"裹"的門面是用玻璃窗嵌起来的，外面看进去似乎看不到什麼南貨商品，怪不得新来的生手顾客错把他当作藥店，跑进去"採藥"。3月份競賽以後，商店大大的变了样。一盆一盆、一盤一盤的茶食菓品都捏出来了，过路的人說："這是昔非倿呀！"

職工的服务态度也变了样。原来是問一答一的，現在是"問一答二"、"買一推三"。像一天店堂来了一位顾客，原来是想買一斤柔棗的，但經过营業員熱情的介紹，結果他还買去了桂圓、木耳和白糖。

"等客上門"的老規矩也打破了。怡泰祥的流動服务組也經常出門了，像3月24日那天，天下着雨，但是百丈街橋头处的賣席橋畔，怡泰祥的流動服务組仍在营業，顾客說："下雨天都送貨来，这才真正叫服务組了。"

断档了長时間的茶食糕点又和顾客見面了。光3月份一个月里，增加的品种就有30多种，这些都是借鑒物美的各色糕餅：杏仁酥、茯苓糕、蕨餅、菉豆糕……。7个製作工人的劲头也比以前大得多，像3月份製作的任务比2月份多了1,100多斤，还加幫着大有南貨店做了360斤香糕，但7个工人却把这些糕餅按时的做了出来，供应門市。

老店出現了新气象，老鼠也遭了殃。为了减少商品的損耗，3月份所减的老鼠就有66隻。捕鼠能手陳惹品，30天里一手就捉了19隻。現在全店職工还在捕捉更加多的老鼠，使商品一星一点也不讓老鼠吃掉。

職工們的努力得到了应有的獎勵，怡泰祥被評为3月份南貨業的一等优秀商店。

1956年4月28日《宁波报》关于怡泰祥的文章
（吴波 提供）

动时不响为上，如遇摇动时发有响声者则视之为劣品，不予选取；三尝，即于一树之上，随机摘取数粒剥开尝试，其肉色黄亮，其质脆柔糯，其味浓甜者为佳，否则为逊品。桂圆选好后以品种规格的不同分为：三全、三官、三园、四园、五园等级别，分别用竹箩装筐，即时装船启运直抵宁波入店销售。

由于礼佛供奉时对桂圆干的需求长年不断，且用量极大，所以怡泰祥总在每年桂圆上市时节焙制大量的桂圆干，以为常年礼佛供奉的贮备。桂圆干的焙制过程同样有着严格的操作体系，通过严谨的选料、加工流程，使怡泰祥所供应的桂圆干品正质纯而倍受顾客信赖。

山东博平的黑枣，山东乐陵的红枣，北京昌平的核桃，广东增城的糯米荔枝，湖南湘潭的莲子等，都是怡泰祥的首选佳品。

礼佛供奉自然少不了蜡烛。蜡烛除民用照明以外，更多的还用于婚嫁、寿辰、丧葬，民间对于此类蜡烛要求极高，不但须外形端正、个大量足，更需要确保其使用质量，最忌熄火、软塌，因此种现象会被视为是不祥之兆。由于当时的蜡烛工艺多沿用传统的提取动物油脂之法，故蜡烛内所含甘油成分颇多，燃烧时烛焰易生黑烟，且气味难闻。对此，怡泰祥通过学习西方先进工艺，最先用强碱把油脂皂化后再通过酸分解，提取出一种全新的白色蜡烛原料（即俗称硬脂酸），而后再经一系列制作程序进行处理，最终制作成了"重淋坚烛"，不仅蜡重而厚，芯细而精，更在于点燃时其焰长而稳，且光亮又无黑烟，亦不会有熄火、软塌等现象的出现，因此怡泰祥蜡烛名噪一时，销量远大于同行。

1941年，侵华日军占领宁波的前后，甬地战事不断，经济萧条、百业萎靡，七塔寺香火供奉等诸佛事也大为减少。这自然使得依附于七塔寺的宁波老字号怡泰祥经营大为受损，生意一落千丈，所雇店员纷纷离店返乡另寻出路。抗日战争胜利后，又历经四年国内战争，怡泰祥的经营一直步履艰难。1949年以后，民众的生活习俗有了很大改变，礼佛供奉等各类宗教活动一直萎靡。怡泰祥经营者遂审时度势，改变经营方向，去奢从俭，转为经营人们日用所需商品。1956年,怡泰祥实行公私合营,后来又改名为"红旗副食品商店""百丈副食品商店"。1978年十一届三中全会实行改革开放后,次年,宁波老字号"怡泰祥"以宁波怡泰祥食品商店的新面貌逐渐恢复经营,以零售为主,兼营批发,经营南北果品、糖果、糕饼、香烟、茶叶、干咸海味、腌腊制品、中外名酒、调味作料等500余种商品。

至20世纪90年代,由于宁波市政建设的需要,怡泰祥被拆除了。但它以人格操守与道德契约构建的经营理念和货真价实、童叟无欺、诚信营生的经营方式,依然被老宁波人牢记。

"升阳泰"南货店

● 周东旭

　　宁波老城格局以镇明路为中轴线,中山路为横轴线,在这个十字路口上,有鼓楼、永丰库、范宅、唐塔、高丽使馆、月湖,可谓"自古繁华",旧时车水马龙,店铺林立,现在依然如此。升阳泰就在这个十字路口上,老宁波人旧誉为宁波"四大南货店"之一。虽然世事有沧桑之变,但升阳泰历经百年依然受到市民的欢迎。在宁波现存的百年老字号中,升阳泰是仅有的几个经营状况较好的老字号之一。它以独特的糕点和南北货优势走到现在,2001年,被命名为"宁波市旅游定点接待单位",升阳泰得以成功地华丽转身,续写150多年的辉煌。

　　宁波升阳泰商场,原名升阳泰南货铺,由时任宁波知

升阳泰牌匾

府的华少湖创立于清同治年间。同治皇帝所处的年代,历史上称为"同治中兴",是促进中国近代历史进步的一个阶段,主要体现在通常所说的洋务运动上。当时的曾国藩、左宗棠和胡林翼等肱股大臣先提出"自强"后谋"求富"。在这样的形势下,东南沿海一带贸易相对繁华。南方的广东、福建,北方的山东、河北一带大量的果品干货如荔枝、龙眼等通过船只运到杭州、宁波,给饱受"海禁"之苦的沿海居民带来了一线生机。正是由于这种机遇,宁波相继出现了灵桥门大同、大有南货店,东门口董生阳、鼓楼升阳泰等以南北果品、四时糕点为经营特色的甬城"南货四大家"。

初期的升阳泰南货店之所以能在甬城名列南货四大家之一,除了得益于知府华少湖这一政治背景外,与其按质论价、货真价实、称准量足的经营理念有很大的关系。升阳泰和甬城其他店铺一样,前店后铺,现做现卖的销售方

"升阳泰"南货店

式,保证了产品新鲜;童叟无欺这一做生意的基本信条,在顾客中赢得了良好的口碑。当时在宁波老百姓中流传着这样一句口头禅"升阳泰黄沙也能卖三年"。意思说是升阳泰黄金招牌,信誉好,就是把黄沙当作黄糖卖,也可以卖三年,可见升阳泰口碑之好。这种经营理念算不得独特,它是中华民族传统基本美德的深层体现,"人无信不立","言必信,行必果",良好的信誉才能使生意经营如有源之水一样,滔滔不绝。所以升阳泰几代传承人都视信誉为珍宝,并得以坚持和发扬。

其次升阳泰经营的产品,特别是"宁式糕点"是宁波人最喜爱的,而且宁波有许许多多在海外的商人,故乡的食品是他们最津津乐道的,苔生片、万年青、豆酥糖、水绿豆糕、香糕、胡桃茯苓糕、金钱饼……宁波著名女作家苏青在文章里写小时候在外婆家的被窝里偷吃三北豆酥糖情景,无不透着一种温情。升阳泰的豆酥糖为啥好吃,主要是料好。豆酥糖的主料是黄豆,而升阳泰选购黄豆简直到了挑剔的地步。首先必须是当年八九月的新豆,必须颗

20世纪八九十年代的升阳泰

粒饱满,无烂无蛀,大小均匀,色泽黄熟纯粹。当然芝麻和麦芽糖也精选。芝麻必选取本省严州(现杭州属地)产的,壳薄肉厚,油分充足,香味浓烈,饴糖必须用洁白晶莹的隔年陈糯米加工熬制。还有就是升阳泰的月饼,非常好吃。特别以苔菜月饼为代表。苔菜月饼选用优质的东海冬苔条作为内馅主料,配以本地小磨芝麻油,外加芝麻、瓜子仁、胡桃仁等辅料,调制出别具一格的椒盐馅料,面粉饼皮也经过反复加工擀揉,裹上馅,捏成饼团,上模板压挤后入烤炉烘焙。还没出炉,那月饼鲜润的香味就布满整个空间。这苔菜月饼,饼皮松酥,饼馅油软生香,甜中带咸,咸中透鲜,有苔菜的特殊风味。多层饼皮,每层薄如蝉翼,松脆透明,油润鲜美。令宁波人爱不释手。

　　值得一提的是为了保持升阳泰的传统特色,升阳泰最后一位私营老板葛来潮先生的遗孀——99岁高龄的夏和风老人,不顾年事已高且卧病在床,在2002年,对前来探望的升阳泰员工献出了祖传系列糕点的制作秘方。让升阳泰传统糕点,如平安糕、状元糕、财神糕、吉祥糕等富于吉祥内涵的糕点焕发了新的生机。

笔者采访了一位原来在工商联工作的、年逾八十的张老先生，他回忆说：升阳泰就位于鼓楼与镇明路交叉口，建立初起盛况一直延续到1949年。当时升阳泰经理名叫王瑞祥，于1949年出走海外。1950年，葛来潮先生原先在宁波灵桥旁开了一家"兆丰南货铺"，经过多年经营，生意兴隆，有了一定积蓄。当得知王瑞祥等几个股东的情况后，决定将"兆丰"卖掉，用2000枚银洋将升阳泰盘下。经过苦心经营，升阳泰重启辉煌，直至1956年公私合营。

改革开放后，宁波迎来了百业振兴的春天。由于市内各超市大卖场的相继开办，以传统糕点南北货为主要经营内容的升阳泰受到了强大的冲击。如何让老字号走出困境成了升阳泰能否延续下去的关键所在。对此，升阳泰不是

如今的升阳泰商场

临阵退缩，而是主动参与市场竞争。在不放弃传统糕点、南北货经营的前提下，尝试营销宁波特产食品和旅游纪念品。1987年，在"升阳泰"原址新建六层大楼，将原只有四五十平方米的升阳泰副食品商店一下子扩建到三千五百平方米，并重新改名为"宁波升阳泰商场"。此后五年，升阳泰一鼓作气，企业得到了长足的发展，并于1992年再次对原商场进行了大规模的扩建和改造，使老字号升阳泰在经营规模上跃上一个新的台阶，2001年被宁波市命名为"宁波市旅游定点接待单位"。现在我们进入升阳泰，不仅可以看到人们喜爱的黄泥螺、蟹糊、鳗鲞、鱼干等各种水产品，及宁波本地出产的野生山珍、绿色植物，还有宁式传统糕点系列、宁式月饼系列、蛋糕系列等近200种产品。同时还根据地处月湖风景旅游区的独特地理位置，积极创造条件，把升阳泰近5000平方米的店铺逐渐成为一个集娱乐、购物、休闲、餐饮于一体的综合商业圈。先后引进了肯德基快餐、要德火锅等项目，使升阳泰成为月湖鼓楼风景区的商业中心和外地顾客购物的好去处。

　　升阳泰南货店之所以能成功地走到了今天，靠的就是两个字——"创新"。只有不断地以创新来吸引顾客，升阳泰这百年老字号才能继续辉煌地走下去。

享誉世博的
如生罐头食品厂

● 俞国玉

辛亥革命后,随着第一次世界大战的爆发,宁波市面上舶来品减少,市场上西式罐头更难见到。1918年,章林生、赵宇椿等看到上市季节的笋吃不完,又卖不掉,造成堆积和浪费,心想,若能学习西方,把笋加工制成罐头,提供给客商,将会充分利用产品资源且有市场前途。于是就集资在凤岙大雷乡(今横街镇)的一个庙里创办笋厂,试产清汁笋罐头。后来赵宇椿考虑到资金及交通问题,于1920年与陈如馨等集资2万元,在宁波西门马园村(今马园路),一块三面环水的小半岛上,造起了矮小的厂房,重新开办一个笋厂。当时因赵宇椿在独资经营美球针织厂(宁波浙东针织厂前身),就请陈如馨任厂长,章林生为

带有"宝鼎"图案的如生牌商标

筹备主任,并以如馨之谐音,取名宁波如生笋厂。

赵宇椿(1881—1960年),余姚县城南门外菱池村(今属余姚镇)人。16岁进石厂当学徒。光绪二十五年(1899)任宁波美成百货店职员,1904年转为宁波彩牲百货店职员。两年后受聘任宁波同生利广货店经理。1914年与人合资创办美球针织厂,1918年改为独资经营,生产罗宋帽、绒衫、拉毛袜、毛线、卫生衫裤等,畅销全国,浙江省奖予"步武欧西"匾额。

陈如馨(1890—1950年),鄞西人。早年就读于宁波府中学堂(今宁波中学),后赴沪经商,1914年创办大陆药房,1923年任宁波旅沪同乡会乡产陈列要员。如生笋厂

1926年宝鼎牌油焖笋罐头荣获美国费城世博会的奖状（局部）

创办后，任经理兼第一分厂厂长（第二、三分厂办在余姚）。曾任宁波美球针织厂经理、和丰纺织厂常务董事。并涉足政界，任市参议员、西郊镇镇长、宁波市政府社会科科长、浙江省商联会监督委员等职。

如生笋厂办厂之初，只有炉灶两台，机车两部，产品都是手工制作。该厂最先从生产清汁笋、油焖笋罐头开始，不断创新，产品种类多达上百种。后如生笋厂后易名如生罐头鲜笋厂，注册"宝鼎牌"商标，宝聚荣鼎，有出类拔萃之意。如生厂真正的起步发家还是从国内首创的油焖笋开始。因国外很少产竹，且竹笋经过加工烹调后，无论色香味，都具有独特风格，其味道鲜美，不仅畅销国内市场，而且远销欧美地区，年产量曾达120万罐，成为当时宁波民族工业的龙头企业。1921年在上海商会商品陈列展中获金奖；1926年在美国费城举行的世界工业产品博览会上，宝鼎牌油焖笋罐头荣获特等奖；1927年，在德国莱比锡举办的世博会上，宝鼎牌清水整蘑菇罐头荣获金质奖章；1928年，该厂的油焖笋罐头在中华国货展览会上荣获金质奖；1930年，又在西湖博览会上荣获特等奖两枚金质奖章。从此，销路越来越好，厂子也越办越大，不但在余姚开设了两个分厂，还与"四大家族"之一的宋子文交谊颇深的"颜料大王"周宗良（1875—1957年，鄞县人）合伙在上海开设了如生罐头食品厂（上海如生罐头食品厂于1960年支援广西工业建设中，整厂搬迁到南宁，与南宁罐头食品厂合并，成为广西第一家以生产出口罐头为主的外向型企业）。

1936年，赵宇椿由于经营不善，美球厂倒闭，如生罐头食品厂也转盘他人。且抗日战争时期，内外销售均因交通不便而减少，如生笋厂的产量从年产120万罐锐减至30万罐。1942年又被迫关掉了余姚的两个分厂。上海分厂由于周宗良社会地位显赫的关系，而幸存下来。但宁波沦陷后，一部分机器及全部奖章、奖状都被日寇当作"战利品"抢了去。

抗战胜利后，满以为可以恢复企业元气，走向繁荣。可是美国的罐头食品却像潮水一样倾销进来。当时两听美国罐头的价格比如生厂的一个空罐子还要便宜，距宁波仅

享誉世博的如生罐头食品厂

一水之隔的上海罐头,与洋货一起源源涌入宁波市场,产品的质量和价格,远远优于宁波本地产品。在这种情况下,如生厂巨亏,其果类、海产类的罐头,只能停止生产,仅靠着美国没有竹笋这个"得天独厚"的原料条件,艰难经营,忙时招一批工人,闲时工人就解散回乡,维持着基本状况,使企业不致全部垮台。由于当时蒋介石国民党统治下的重税和供销上的重重阻难,如生厂到新中国成立时,留下来的只是一堆陈旧的矮平房和大部分搁置不用的生了锈的机器。

新中国成立初期,美国对中国实行了经济封锁,马口铁供应困难,如生罐头鲜笋厂被迫停工。这时候,一些老职工不忍看到企业就此坐吃山空,也曾几次动员老板重新开工生产,都没成功。于是徐良才、徐伯祥等五个职工就主动想办法,四处奔走筹措资金,既当采购员,又当技工,还当炊事员,克服种种困难,在1954年生产出了新中国成立后的第一批油焖笋。1955年,在宁波市政府的扶植下,油焖笋又重新得到出口机会。

1956年1月20日,宁波市政府批准了企业公私合营,对私营企业进行改造,于是如生罐头鲜笋厂与色德竹笋厂、生生淀粉厂合并,更名为宁波罐头食品厂。政府拨款改善了车间卫生条件,派技师到上海国营厂去学习先进经验。若干年后的一次全国罐头会议,宁波罐头食品厂接下了大批出国油焖笋和新产品试制任务。短短的6个月中,试制了19种新产品,生产了240万罐1磅装和8000听15磅装的油焖

后期的如生牌商标

笋，数量和质量超过了历史标准。改革开放后的1983年和1985年，该厂的糖水杨梅、油焖笋罐头，分别获国家优质产品银质奖和轻工业部优质产品奖。

如生笋厂之所以屡次在国内及国际上获大奖，这与他们的创新、技术与选料是分不开的，也与他们注重品牌建设分不开。首先，选的笋必须是浙东当地的乌笋和龙鬃笋，质量优良，且加工的必须是当天挖掘的笋。其次是加工工艺也非常讲究，竹笋要经过洗涤、切段精选、杀青、剥壳、冷却、切块、整理、漂水、挑选分级、水煮、油焖、过秤、装罐、脱气、密闭、消毒、冷却、检查、选优、清涤、装箱贮藏。其中油焖时按50千克笋、食用油

1.75千克、水20千克、酱油10千克、糖8千克、盐0.9千克的比例，煮沸近1小时，煮熟后装罐保温密封，这样做出的笋罐头才新鲜可口，能够保持竹笋原有的营养价值和色香味特色。赵宇椿非常善于创新，他把美球针织厂的创新理念带到了如生厂，并亲自参与研制清水笋罐头，且制作出油焖笋，属国内首创。后来又相继开发出油焖大头菜、笋脯干菜及果类、海产类等上百个种类。在民国十九年（1930）年夏，有一次赵宇椿与如生一分厂经理陈如馨一起赴日本考察工业，学会了日本"凉菜"食品的制作方法。回国后，收购姚南竹笋进行加工，派人到东北采集"凉菜"原料，进行仿制。在陆家埠的如生三厂，生产紧俏冻货食品"凉菜"等，打开了山货销路，抵制了日本的"凉菜"食品。再一次是在1923年5月26日，中国第一个正式的商标局——北洋政府农商部商标局成立之后不久，根据北洋政府于同年5月3日对外颁布的我国第一部商标法律——《商标法》《商标法施行细则》，向商标局申请注册了用于笋罐头之上的"宝鼎牌"商标，树立自己的商业品牌，成为宁波罐头行业中第一枚注册商标。注册该商标后，销量大增，也屡获国内、国际大奖，为宁波民族工业史写下了精彩的一笔。

在全国改革开放的市场经济形势下，1990年6月4日，启用"如生牌"商标。1992年起，宁波罐头食品厂在熊续强厂长的带领下，在全厂职工的共同努力下，将亏损严重、资不抵债的宁波罐头食品厂转变成为当时国内同行里闻名的创利、创汇大户。1994年被并入新组建的银亿集团。1998年10月27日，在宁波罐头食品厂的基础上，按现代企业制度要求组建成了宁波如升实业有限公司，经营空罐加工、物业租赁、实业投资等业务。"如生牌"商标于2001年6月19日就已失效，目前再无注册商标。

岁月如梭，往事历历在目。如今的如升公司与它的前身如生笋厂，已渐行渐远，厂名也只同声却不同名，生产的产品也大相径庭，人们再也看不到如生厂的油焖笋，真可谓是物是人非，今非昔比，再看看从上海迁往南宁的罐头食品厂已成为广西唯一的国家级罐头重点厂，确实令人感慨。

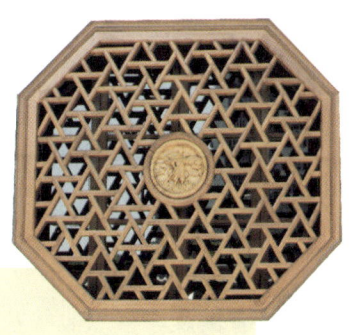

享誉世博的如生罐头食品厂

天然糕团店

● 张颖　陈速

　　70年前，宁波开明街上的天然舞台弄堂口左边，开起了一家糕团店。店主名叫赵文海，乃是赵大有创办人赵培德的儿子。赵文海有篇题为《赵大有糕团店》的回忆文章刊载于《宁波文史资料》第六辑，其中"1942年我在开明街（民光电影院对面）设店"一句话，说明赵大有算得上本市一家餐饮小吃业的老字号了。当初起的店名叫什么，赵文海文中没有提及。参照他父辈的各家子店字号皆连着本人名中一个字的通例来看，想必不外乎称唤"赵大有文记"之类。后来，因贴近天然舞台这块响当当的金字照牌，可能想借点光，其店名便索性改称为"天然糕团店"。

　　20世纪40年代的天然糕团店，起初究竟是一副啥样

子、经营的历史细节如何,现存文献不足,实难详考。查赵文海的文章,也不见具体交代,仅具"我父23岁(1910年)时在茶馆中结识宁帮糕团名师苏瑞财、陈高仁,1911年获得他们支持,始在百丈街开设第一家赵大有"一段回溯性表述。据此,足证在赵大有开店以前,宁波早有别家专业糕团店,唯不知其字号和店情罢了。记得曾听上一辈说起,晚清同治、光绪年间,宁波府新街一带,常常听得到"文武团、猪油团、雪团、白南糕、黄南糕"的沿街叫卖声,亦足够成为宁帮糕团业历史悠久的一项佐证,说明当时本地确已出现比赵大有更古老的糕团店,宁式糕团也有许多品种。而天然糕团店原从江东赵大有德记老店分出，另在开明街立足数十年，它的经营特色，既继承了赵大有，也肯定有所创新。

赵大有最早经营的糕团品种，有梁湖年糕、龙凤金团、水晶油包等，曾畅销全市，驰誉沪杭。赵秀娣一篇回忆文章《赵大有金团》，刊载于《宁波工商史话》第二辑，有一大段有关赵大有的较详叙述："赵大有经营的品种除金团、馒头外，还有黄白南糕、福包、寿桃、油包、麻团、条头糕、豇豆糕、粢饭糕，还有按季节生产的清明青团、青块、黑饭、麻糍，三月十五的洋桃，立夏的松花蛋，端午的各色粽子，七月半的各色面食，八月初三的雪团、素月和过年的年糕、淡块等等，总共不下四十多种。"据赵秀娣回忆，赵大有原先经营的糕团品种十分繁多，虽然那时文武团、猪油团等几个资格更老的品种可能已失传，却建立起了以金团为重点的自家经营特色，如"种田时有种田金团，

割稻时有割稻金团,做生意时有五代金团,结婚时龙凤金团,三朝满月有子孙金团"等等。金团这种糕团,本来在苏州、杭州各地皆有。苏式金团指黄色的南瓜团子,呈大圆球状。杭式金团原和宁帮金团外形、内质基本相同,清袁枚《随园食单》四十四《点心单》内《金团》一则写道"杭州金团,凿木为桃、杏、元宝之伏,和粉搦成,入木印中便成,其馅不拘荤素",即为例证。宁帮金团和杭式金团此后渐显区别,主要在于前者专包甜馅,以桃仁、瓜子、青梅条、芝麻、白糖为馅料,制作过程尤其精良考究。但等到赵大有金团后来居上,成为驰誉沪杭的宁式特色名点后,杭式金团反倒在本地糕团业市场中逐日萎缩,不再流行了。至于青团、麻团这两种糕团,原本亦是江南各地多有。《随园食单》同上《点心单》载有"青糕、青团,捣青草为汁,为粉作粉团,色如碧玉""麻团,煮糯米捣烂为团,用芝麻屑拌糖作馅",清顾禄《清嘉录》卷二《青团焐熟藕》另记着"市上卖青团、焐熟藕,为居人清明祀先之品",可见一斑。宁帮青团分为生熟糯粳米粉制就和熟糯米捣烂制作两类,麻团则有"甜赤豆沙"和"芝麻屑拌糖"两馅的双嵌麻团,制作上显得更上一层楼。倘说赵大有因其所卖金团、青团、麻团等糕团,充分发挥了主打龙凤金团招牌和兼具宁帮糕团质佳种类多的两大优势,早已成为甬上水作干点业中坚持诚信创业的龙头老大,那么天然糕团店继承发扬着赵大有母店主营金团兼营花色糕团多样化的经营特点,可称宁波糕团业内持续做

天然糕团店

大斯业的一枝新秀。

20世纪六七十年代是天然糕团店开业以来买卖做得最红火的发展机遇期。那时国内尚未改革开放,餐饮小吃业远不如后来兴旺发达。宁波市区范围内并无一家面包、蛋糕房,面馆、包子铺也屈指可数几家,汤团店仅靠缸鸭狗独自撑门面,大街小巷稍常见的是花色更加单调的烧饼、粽子粥摊店,而品种相对而言多得多的糕团店就成为宁帮糕团业的领军者。那个年头宁帮糕团店遍布市内三区,其经营品种的齐全、花色的众多,均非其他小吃店所可比拟。而在这许多宁帮糕团店中,又以天然糕团店所推出的品种、花色见长,它不仅保留了赵大有金团和花色糕团中原有的很多特色，而且还开发出赵大有花色糕团内从未有过的不少新品种。如独家开发的花色糕团新品种中，数薄荷印花、苹果团最佳，有薄荷清香，也含水果原汁，品色香味皆好，赢得口碑，也做活了品牌。这意味着，天然糕团店在赵大有的基础上已脱颖而出。

可惜好景不长，随着经济的发展和社会的日新月异，天然糕团店也和当时的大多数宁帮糕团店一样，或许由于始终没有抓住机缘，做不到更好继承与不断创新，最终还是难免被餐饮小吃业不间歇的竞争大潮所淹没，而只能淡淡地留存在相关的历史记忆中。

天然舞台

● 孙世基

天然舞台建于1928年底，最初建在宁波东门口和义路上，内部简陋，全部木结构。创建人何志庚（鄞县姜山人）是个京剧迷，天然舞台最开始以演京剧为主。1932年春，开始上演连台本武侠公案戏《彭公案》，从上海请来了名老生刘汉臣饰三河县知县彭朋，名丑孟鸿茂饰怪侠欧阳德，并请绘景师绘制机关布景，剧情离奇，悬念迭出，加上灿烂夺目的灯光，开始吸引了大量的观众。

天然舞台地处繁华的闹市区，自从《彭公案》上演后，生意越来越好，每当开演或散场时，人如潮涌，严重地影响了东门口的交通。1933年下半年，当时宁波市工务局勒令要拆除天然舞台。该台经理何志庚接到通知后，到

徐玉兰（右）剧照

处奔波，想方设法筹集资金，终于选取在开明街附近的右营巷，重建了一座占地1240平方米，砖木结构的新天然舞台。舞台台高15米，宽13米，深10.5米，后面还有1米宽过道，观众席分两层，共有1320个座位。场内的设备条件和整个剧场的规模，一度居宁波各剧场之首。

1934年初，右营巷天然舞台建成之际，经理何志庚请来了以著名武生王虎臣、著名大面刘奎官为首的一副京剧戏班，演出《周瑜归天》《狮子楼》《岳公升天》《伯党招亲》《存孝出世》等折子戏，以及《周公桃花女》《白状元祭塔》《狸猫换太子》等连台本戏，用"场场有机关、幕幕有彩景"等吸引观众。

金少山饰包拯

　　1935年元月,天然舞台请来了文武全才泰斗金少山,演出《鱼藏剑》《法门寺》《断李后》《连环套》《包公探阴山》等金派名剧。金少山表演精湛卓绝,唱腔宽亮雄浑,音若洪钟,声惊四座,堪称绝唱。同年3月,该台聘请"伶界主席"林树森来演出《描容扫松》《连环套》《盗御马》《打金枝》《诸葛亮招亲》《鲍自安扬州打擂》等,颇受好评。同年11月1日,又从上海请来了誉满全国的"剧界宗师"麒麟童(周信芳),以及名旦王兰芳、名丑刘斌昆等演出《萧何月下追韩信》《徐策跑城》《大宋历史》《鹿台恨》《明末遗恨》《生死板》《四进士》《清风亭》等麟派戏,连演两个星期,轰动一时。麒麟童(周信芳)博大精深、逼真感人的做功和苍劲从容、吐字真切的唱功,确使故乡观众大饱眼福,传为美谈。同年11月

14日,又请来了著名武生李万春,演出《捉潘璋》《哭灵牌》《连营寨》《大溪皇庄》《林冲夜奔》《火并王伦》《捉拿华云龙》等,李万春的精湛演技,颇受观众欢迎。

1936年12月,天然舞台聘请"万众昂扬、剧界泰斗"著名文武老生小达子(李桂春)及其儿子"南北驰名、后起之秀"李少春,名旦腾雪艳、名老生唐韵笙演出《落马湖》《凤凰山》《八大锤》《狸猫换太子》《天霸招亲》《辕门斩子》《江流儿出世》《连环套》《长坂坡》《泗州城》《泥马渡康王》《东皇庄》《庆顶珠》《恶虎村》《大溪皇庄》《战宛城》等。小达子父子同台,唱念做打演技精湛,大受观众喜爱。

1937年2月,"震惊梨园剧界小霸王"厉慧良、"坤角神童"厉慧敏、"神童花脸"

周信芳饰演徐策

筱丹桂

厉慧斌兄妹为首的著名"厉家班"演出《白水滩》《打渔杀家》《十三妹》《上天台》《龙凤呈祥》《斩黄袍》《南天门》《富贵长春》《塔子沟》等。

1938年春天,女子越剧在宁波已开始盛行。当时已被誉为越剧皇后的筱丹桂率高升舞台戏班首次亮相天然舞台。主要演员有:色艺双绝青衣花衫越剧皇后筱丹桂、多才多艺冠戴小丑贾灵凤、风流潇洒儒雅小生张湘卿等。年仅18岁的筱丹桂年轻貌美,唱腔清丽悠扬,做功文武兼擅,戏路宽广。不仅善于扮演女扮男装的才女孟丽君、

《昭君和番》中的美女王昭君、《丁郎寻父》中端庄善良的小姐胡凤英、《果报录》中柔媚动人的淫妇刘素娥、《龙凤锁》中美丽灵巧的少女金凤，还能演《文武香球》中武艺高强的女英雄侯月英等。当时她如刚出水的嫩荷，娇艳欲滴，唱做俱佳，富有艺术魅力。赢得了广大观众的喜爱，从此天然舞台基本上成了专演越剧的剧场。

筱丹桂从宁波红到上海后，很快就誉满春申，被上海各报誉为"越国红星"。她于1939年11月至1940年4月，再次率高升舞台来天然舞台演出自己的拿手好戏《西厢记》《马寡妇开店》《得女为媳》《珍珠衫》《孟姜女》《日月镜》等，再次轰动甬城。

1942年6月至1944年8月，天然舞台经理林启华聘请上海著名小生徐玉兰与越剧前辈名旦施银花搭档演出《盘夫索夫》《双兰英》《碧玉簪》《方玉娘哭塔》《上海小姐》《游上林苑》《小方卿》《绣鸳鸯》等越剧传统戏及时装戏《黄慧如与陆根荣》，红极一时。此后徐玉兰与花旦魏兰芳搭档演出时装戏《魂断蓝桥》及与竺喜娟合作演出由著名编导刘涛编剧的剧本戏《黄金与美人》，采用灯光布景，对越剧进行改革，有力地推动了越剧观众层面的扩大，促进了越剧在宁波的进一步发展壮大和繁荣。徐玉兰离开宁波前后，正值日寇占领宁波时期，天然舞台的领导权一度被日兵宪兵队密探汉奸蒋之光篡夺。1945年，抗日战争胜利，汉奸蒋之光伏法。原在上海担任九星大戏院老板的宁波人朱仁富回甬，将天然舞台进行重新整修后，

天然舞台

由他担任天然舞台的经理。1946年1月，他从上海请来了著名小生毛佩卿作天然舞台的台柱，头肩花旦先后由吴梅珍、史翠贞、白玉琴、章燕飞、姚素贵、林黛英与毛佩卿搭档。新中国成立前，与毛佩卿搭档时间最长（1947年7月至1949年4月）、影响最大的数金香琴。天然舞台还聘请著名编导陶贤、朱炎、胡智非、刘涛、庄志等，编演新戏《雪里小梅香》《是我错》《国破山河在》《夜鸿孤啼》《汉宫潮》《筱丹桂自杀记》《鹤顶红》等，都曾轰动一时，久演不衰。

新中国成立后，金香琴息影舞台，在宁波久享盛名的著名小生毛佩卿搭档花旦汪秀贞，成立佩卿剧团。佩卿剧团成立后，为了配合当时的政治形势，请编导刘涛、姜凡、凌云等编演了大量反封建、揭露封建社会吃人本质、歌颂农民起义的《闯王起义》（林华编导）、《九件衣》（鲁虹编导），配合土地改革运动的《鞭声泪痕》（一明编导）、《人间地狱》（一明编导），反抗封建礼教、争取婚姻自由的《农家子》（刘涛编导）、《冲喜》（范林编导），暴露封建皇宫内部矛盾和斗争的《六宫粉黛》（刘涛编导）。配合"抗美援朝"运动，佩卿剧团排演根据郭沫若话剧《虎符》改编，由庄志、孙旭编剧的上海玉兰越剧《信陵公子》。毛佩卿饰信陵公子，汪秀贞饰如姬夫人。布景、服饰、唱腔都有所创新。该剧连满82场，观众达10万人次，创下天然舞台最高上座率纪录。

1951年2月，以毛佩卿为首的佩卿剧团和以花旦邢艳芬为首的新艺剧团合并，改为佩卿姐妹越剧团。从此，天然

金少山饰西楚霸王　　　　周信芳饰薛平贵

舞台场团合一，前后以拆账方式联合经营。1955年，天然舞台转为地方国营。

　　天然舞台原来长期以演越剧为主，转为地方国营以后，外地的许多著名戏曲剧团、戏曲名家都纷纷前来献艺。以著名越剧花旦张茵为首的浙江越剧团，搭档著名小生陈佩卿、著名丑角屠笑飞演出《孔雀东南飞》等；

中营巷原天然舞台对面的近代民居，左前方白色门楼是原葆真医院（陆锋摄）

1957年6月，以著名京剧老生纪玉良为首的上海京剧院一团，来该台演出京剧《白蛇传》等；1958年11月，以越剧名家张云霞为首的少壮越剧团，来该台演出越剧《樊梨花》；1961年4月，以绍剧名家六龄童为首的浙江绍剧团来该台演绍剧《三打白骨精》等；同年10月，以京剧名家童芷苓为首的上海京剧团二团，来该台演京剧《红娘》《玉堂春》《金玉奴》《尤三姐》《武则天》；同年11月，以沪剧名家丁是娥、解洪元、筱爱琴为首的上海人民沪剧团，来该台演沪剧《雷雨》《罗汉钱》《杨乃武与小白菜》时，都曾受到本地观众的热烈欢迎。

1962年4月和1964年4月，以越剧名家戚雅仙、毕春芳为首的上海合作越剧团,两次来天然舞台演《王老虎抢亲》《丰收之后》《血手印》,曾红极一时,本地曾出现全夜排队购票现象。《王老虎抢亲》和《血手印》日夜两场演出均连满二十天。

1980年,天然舞台因危房停止营业。1987年,这座曾是宁波首屈一指的大剧场,全部被拆除。

"同福昌"帽扇店

● 陈联飞

　　凡上了年纪的宁波人大都知道"宁波老三进鞋帽店"是百年老店,但很少有人知道这是在1958年由两家老店组合而成,鞋是"老三进"的本行,而帽则是"同福昌帽扇店"经营的内容。因"老三进"的名号历史长或是更出名的缘故,"老三进"的名号一直沿用下来了。

　　"同福昌帽扇店"的开张时间要比"老三进"晚些,从店主年龄经历上推算约在20世纪初。老板姓周,名芳兴,鄞县姜山任家堰人。他同很多老板的成长经历一样,经历了从学徒到自己创业,最后成名店的过程。

　　周芳兴出生于光绪年间。打小很苦,三岁死娘,六岁死爹,孤苦伶仃。幸得其叔公,将他抚养了十年。十三岁

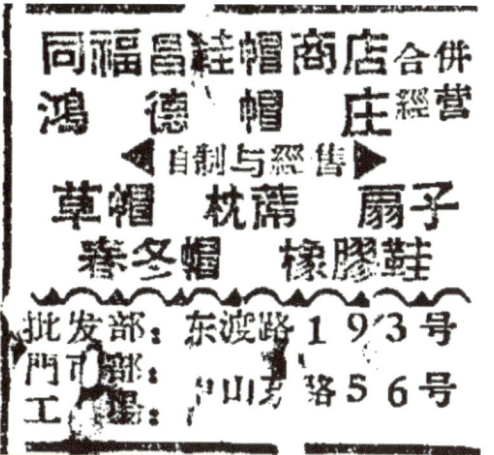

1958年4月23日《宁波大众》刊登同福昌鞋帽商店鸿德帽庄合并经营的消息

（吴波 提供）

就在开明街附近远房叔叔开设的一家小小帽子店当学徒。这位远房叔叔有两个孩子，收下这位侄子，他就把家内和店内的一些杂务让他料理。

周芳兴年纪小，又不识字，却甚是能干。他每天挑水、洗碗、倒夜壶、抱孩子，从不偷懒。对待两位兄弟，他更是关爱，经常逗他们玩笑。所以他叔叔夫妻对这位侄子也十分欢喜。

周芳兴在其叔叔的店里当了几年的学徒和伙计，人也渐渐长大，经一位远房阿舅的介绍，到上海某洋行去当"西崽"、做门房。这时，他已有了妻室。为了养活家小，他省吃俭用，甚至将洋行里每天吃剩准备倒掉的冷饭，也讨来晒成饭干，带到宁波拿给家人度饥。

没几年这家洋行关门，周芳兴失业回家。在旧社会，"富贵深山有远亲，贫穷闹市成闲人"。在一段时间内，其走投无路。幸亏当时还有几位熟人，就给他凑了个"会"，拼了一百元钱，先在开明街开设一家帽扇店，后来迁到东门口。最初只有半间屋面，可是不上几年，这家帽扇店的规模越开越大。"同福昌"这颗宁波百货业中的新星出现了。在它的对面和左右两旁的几家大百货店，也渐渐相形见绌了。这家商店不仅闻名甬上，而且在宁波六县中也颇有名望。到抗战期间宁波沦陷前夕，"同福昌"红极一时，远在湖南、江西一带的商帮，也慕名前来购货。

为何"同福昌"帽扇店能从半间门面的小店发展成为甬上名店？

首先是老板的为人勤俭低调。周芳兴一生节俭，从不乱花钱。在他家饭桌上，青菜淡饭咸菜豆腐，很少有鱼肉。有时候，人家请他吃饭，他却满口推托："我吃过了，吃过了，谢谢，谢谢！"即便他当时还没有用过饭，饥肠辘辘，也还是一味谢绝，宁愿回到住处吃一碗阳春面。为什么呢？他知道吃人家的饭，一则要还礼，二则有什么请托，就不好推辞了，所以他总是婉拒别人的请吃饭。身为老板，有时从上海配货回来，坐轮船总坐末等舱。他说："反正一夜功夫就到宁波了，何必多花钱。"这种勤俭创业的精神使得小店有了扩大再经营的充足资本。

另外，周芳兴非常守信用。比方说，他借人一百元

钱，言明借期一个月，他总是在到期前两三天把钱拿去归还，从不拖延。这样，一次两次，人家知道他极守信用。还钱时，他总是向对方说好多好话，如"这次全亏你借的钱呀"，"仰仗先生你的大力呀！"等等，他千感激万感谢，结果人家往往会说："下次若要钱用，尽管到我处来拿好了，不用客气。"其本名叫"芳兴"，因为其守信用，所以就谐声叫他"放心"。后来几家钱庄也愿意给他"过账簿"，拿了这种过账簿去配货，用不着付款，而货主单位也另眼相待的。于是同福昌生意越做越大，本来只有半间门面的小店，后来扩大到两间半门面。可见，诚信使得他的经营得到了钱庄的支持，这样，原本的小本生意开始转为批发经营，这是其事业成功发展的重要原因。

其次是经营有方。这主要体现在两个方面：一是率先垂范，言传身教。周芳兴对商店的管理非常严谨。对商品的进、销、存经常亲自检点，从不马虎。他自己有家，但他经常睡在店内。一些伙计和学徒见他在店内，也不敢外出赌博、喝酒或白相。他也不许职工和学徒到别家商店穿门走户，以免泄漏商品价格和店内的其他一些生意秘密。

周芳兴经常对职工说："天下三主，不如买主"。他对顾客十分客气,照顾周到。当一位顾客来到同福昌,他们就千方百计把他拉住,尽量不使顾客的生意溜走。做了生意,就赚到了钱,也能使顾客高高兴兴称心满意地回去。如何把买家拉牢,如何使买家高兴,如何使买家本来只打算买两三元的货而结果却买上五六元,同福昌都有一套巧妙的办法。

二是在经营方式上打时间差。同福昌经常是早开门,晚打烊。当别家商店在早上还关着大门时,他家却汽灯雪亮。有些搭轮船回甬去乡下的或外地的旅客经过同福昌门口,总要向店内望一眼。有时候,由于在上海时忘了购买

1962年11月21日《宁波大众》关于介绍同福昌经营的报道(吴波 提供)

的商品，他们会停下来顺便买了去。这就是他经常称道的"做过夜生意"。

三是加强员工培训。周芳兴比较注重学徒做生意的基本技能培训。其经常在店门关好后，以买家的身份考核学徒待客的方式以及根据来客的头样大小一次性挑选到合适的帽子的基本功。

如果学徒们待客不周到，或者选的帽子不合顾客的头寸，或者在缝"镝子"时稍微慢一些，老板就要给你"后扑"（打对方脑壳），所以学徒们在平时就非常注意锻炼提高业务技能，因为说不定哪一天，这老板会向自己进行这类考试。

从同福昌帽扇店的发展经历中，我们不难看出一个基本的道理：做事要先做人。这"做人"包括人生的方方面面。周芳兴的为人最基本点是能吃苦、肯干。正因为如此，才使他能在工作中立足。即便是自己创业后仍保持这样的精神。如果说勤俭创业使周芳兴掘得了第一桶金的话，那么，诚信经营使得他的经营能扬帆远航。假如周芳兴没有诚信，不可能取得钱庄的大力支持，其经营的事业不可能有这么大的发展，你再能吃苦、再能肯干，充其量也只能做小本生意。可见，诚信是为人最重要的。周芳兴的为人之道，对所有经营者及自主创业者都不无裨益。

王升大
——甬上米商的百年传奇

● 王重光

民以食为天,食以米为本。扬名甬上的米店"王升大"重出江湖,几年前获评首批"浙江老字号"称号。这一尘封多年的老牌子,唤醒了多少老宁波人沉睡的美好记忆。新一代"王升大"传人浴火重生,艰苦创业,在全面拓展、进军国内外市场的同时,秉承"童叟无欺,诚信经营"的祖训,乐善好施,回馈社会。

凤岙创业

话说清末民初,鄞西平原上的桃源乡青垫一带,河塘纵横,贯穿成网,其间一古朴小村,村民皆姓王,种田捕鱼，多畜养鸬鹚，故该村被唤作"鸬鹚王"。

清光绪年间，鸬鹚王家族中出了一位杰出人物王兴儒，起初他与鸬鹚王村民一样，亦农亦渔。闲暇时，驾一叶扁舟，赶一群鸬鹚去河里捕鱼。勤劳聪明的王兴儒，除了捕鱼，还能训练鸬鹚捕捉甲鱼。他早出晚归，收获颇丰，慢慢地积攒了一些钱财。也是时来运转，有一年甲鱼旺发，王兴儒财运高照，终于有了积蓄买田盖房，加上平日节衣缩食，渐渐成了"鸬鹚王"的首富。

但王兴儒心地善良。他为富而仁，从不夸富炫耀，着旧衣短衫，简朴如故。一年，外地闹饥荒，灾民成群过境，王兴儒敞开家门，施粥布饭，与灾民同桌。灾民卧尸凉亭，他怀恻隐之心，施予棺木，入土为安，又资助死者家属还乡。平日里，乡亲们倘有急用，苦

创始人王兴儒

于无法筹措现钱时,也可用稻谷来他家兑换现金,且价格公道,从不乘人之危,压价欺人。

王兴儒积存的稻谷越来越多,就在青垫设置了粮库,加工成大米,摆摊售米。无奈青垫村庄太小,市场有限,要扩大经营,就得移师到几公里外的凤岙去。

晚清至民国期间,交通便利的鄞西凤岙,因集市贸易兴隆而崛起,进入商贸全盛时期。凤岙老街两侧商铺林立,钱庄、布庄、米店、药店、杂货店、咸货店、瓷铁店、竹木器……鳞次栉比,应有尽有,熙熙攘攘绵延两里多路。老字号药房天生堂赫赫有名;天余米厂除了加工大米,还从上海买来发电机,为凤岙市供电照明。贯穿凤岙的中塘河直达甬城,汽船、航船往来如梭。十八大岙的山民们,肩挑山货络绎而来,在青石板铺就的老街上摩肩接踵。到了夜间,电灯通明,"接汉疑星落,依楼似月悬"。民国时期的凤岙,成了鄞西

清朝光绪十五年（1889）时的王升大米店

乡村中的繁华商埠。王兴儒毫不犹豫地选择加入商业竞争的行列，将"王记"米店开到了凤岙市的上街。

旧时，买少量米不用秤。计量器用升、斗，木制的升、斗容器都有统一标准，以示公平。米店量米时，先舀起满满一升，再用米尺沿口抹平。王兴儒做生意却与众不同，他叮嘱伙计：米尺将要刮平时，戛然而止，将小小的一角米奉送给顾客。按王兴儒的说法："做生意，就是要让顾客得利"，也就是现代语的"让利"。别小看这一角米，白手起家的王兴儒，深知贫民艰难，留一角米，好让人家多吃几口饭，对穷人来说，这就是实惠！"王记"米店升子大的消息不胫而走，人们纷纷来王记米店买米。

"升大米足,老少无欺","王升大"在凤岙坊间声名鹊起,王记米店更名"王升大"米店顺理成章,自然而然。

当地民谣:"十八大岙里山人,广德湖边种田汉。买米要买王升大,衬衫袖子当米袋。"说的是,穿着破旧衣衫的贫苦百姓,买米时连米袋子都没有,往往是脱下衣衫,用绳子将袖管两端扎紧,以来盛米。每当此时,王升大的掌柜不但给足分量,还要满上加满,以示同情和帮助。

王升大米店生意越做越大,除了大米,还兼营食油、老酒、酱油、米醋等。前店后厂,店面从单开间扩展到三开间。为防止粮食受潮,仓库采用厚木地板,离开地面一尺有余。宁波城里的用粮大户、米商也闻风赶来凤岙市向

凤岙老街

王升大订货，王兴儒就买了条大船往返城乡，免费送货。

  王兴儒家大业大，到了20世纪20年代，在鄞西，已拥有粮田50余亩以及有种植权的"田脚"50余亩。自有田户，种植水稻，成为王升大米店的后方生产基地。还有专门从事大米加工的工人，专司收购、送货，从生产、加工、仓储、运输到销售等，类似现代工商产业链的模式形成。王兴儒与人合伙，从宁波城里直接拉了一根电话线到凤岙，用先进的通讯电话和无线电收音机，来及时了解市场动向和搜集各种信息。王升大的银货结算方式，属于较早涉足金融业务，客户往来采用记账和银行（钱庄）的票据结算。在那个还是长袍马褂的年代，在那个农业经济的乡村社会，这一切无疑都是让人惊羡的新鲜事物。王升大成了鄞西原生态乡村工商业户的翘楚，方圆十几公里无人匹敌，鄞县境内独领风骚。

乐善好施

  王升大创始人的商业精神即是"童叟无欺，诚实守信"。王升大米店收购稻谷时十分挑剔，拒收陈谷、瘪谷；加工成大米后再严格筛选，筛出的碎米留给自己家用，确保上市供应的大米颗粒饱满，圆润而有光泽。诚信经营招来日益兴隆的生意。并且王兴儒钱多了从不乱花，而是造福乡里，回报社会。

  对于一时青黄不接、急需度过饥荒的贫苦人家，王升大总是二话不说，赊账给米。寒冬腊月，对过不了年关的老弱病残农户，王升大主动伸出援手，救济每户大米一斗，帮助他们温饱过年。施舍米粮的后果，是有人感激，也有人不满。甚至有人认为王兴儒这么富有，施一斗米太小气，善举反结怨仇。王兴儒将自家的经历、感悟讲给儿孙听，要后代明白：做好事不是想要人家感谢你，而是要自己问心无愧。要一辈子不做违心事，不挣黑心钱，仁义待人。

王兴儒还造福乡里，在凤岙到集士港的田畈路边、沿河桥畔，建造了多座凉亭。经历百年的风霜雨雪，那些幸存的凉亭石柱上，至今还能见到前人题刻的楹联："暂寄足乎，欲行且止；请息肩矣，少住为佳。""雨夕风晨，也堪托足；南来北往，到此问津。"不管是行色匆匆的旅人，还是田间劳作的农夫，都能在此小憩歇息。

王升大的种种善举，当地上了年纪的老人，至今记忆犹新，念念不忘。那时，有一位乡村教书先生，有感于王升大的善行，编了首儿歌传唱乡里："王升大，升大斗不大。好米卖给有钱人，好处留给穷苦人。有钱人家无所谓，穷苦人家当宝贝。多吃一口饭，能养一条命，王家太公是好人。"

这位受人尊敬的"王家太公"指的就是王兴儒。公生明，廉生威。一生节俭，处事公正，乐善好施的王家太公，在附近村民中享有崇高的声望，村子里发生民事纠纷，"只要老太公用拐杖顿几顿，整个村庄都会安静下来"。

王记米店量米用升

民国十九年（1930），王兴儒善终，享年77岁。王升大米店由次子王阿林继任掌柜，长孙王阿其辅佐。王兴儒临终遗嘱："做生意不要光图眼前利益。要让对方得利，才能赚到更多的钱。钱多了莫乱花，要懂得回报社会。"王兴儒的葬礼成了四乡八邻的一件大事，鄞西乡里同声哀悼，贫苦百姓前往吊唁者，络绎不绝。受其接济过的鳏寡孤独，更是恸哭不已。

秘密粮仓

凤岙，地处宁波三江平原的西端，密如蛛网的塘河，

由东向西。再向西,就是茫茫八百里的四明山,涓涓溪流从大山里流向平原,注入塘河,灌溉着大地,滋润着宁波古城。

凤岙市紧邻着四明山余脉藤岭,山道弯弯,山路崎岖。从王升大米店出发,肩挑背扛,翻越百来米的藤岭,就进入了四明山腹地的樟村,现在叫章水镇。那里是一块红色的土地,是浙东革命老区,抗日战争时期是全国十九个革命根据地之一——浙东四明山抗日革命根据地的重要组成部分,在解放战争时期也是我国南方重要的游击根据地之一,境内遗存众多的革命史迹。在樟村的鄞州四明山革命烈士陵园,安息着近700位烈士和革命者的忠魂。

在那个血与火的年代,凤岙市的王升大米店自觉、不自觉地承担了一项特别而危险的使命——为四明山革命根据地供应大米!米店成为地下党的一个秘密联络点和后勤供应站。

往事历历在目。王六宝的母亲、现年91岁的老人,精神矍铄,记忆犹新。70年前,老人有一位同龄姐妹王杏娣，往来亲密无间。杏娣的哥哥，早年参加革命，是浙东游击队三五支队的重要成员；杏娣的丈夫应寿荣是个残疾人，长年累月出入于四明山的崇山峻岭，靠深山采药为生。可见杏娣家境贫困，生活并不富裕。可是，当年在六宝母亲与杏娣的频繁交往中，发生过一些蹊跷而奇异的事情。比如，杏娣经常会携带一些贵重的细软物品，那些只有大户人家、财主富豪才有的金银首饰之类，悄然来到王升大米店，找六宝的母亲兑换大米。六宝的母亲是个菩萨心肠的善良人，在那个时局动荡的乱世年月，她不愿多是非，只是尽其所能，好帮就帮，有求必应。往来日益频繁，杏娣偶尔也会向六宝母亲吐露一些内情：她配合哥哥在三五支队担任交通联络、传递情报；从米店兑换的大米，也是她夫妇俩翻越藤岭，秘密运送到四明山里。可见，她丈夫上山采药只是一种掩护，为大山里的革命根据地输送情报，供应军粮，才是他们真正的任务。六宝的母亲不懂革命，但她相信杏娣是好人，三五支队的也都是好人，于是尽其所能去帮助他们。

还有一位居家凤岙中街的开明士绅倪瑞康，受地下党的指派，以保长身份出入国民党乡公所和保安中队，刺探敌营情报，又长期与王升大米店保持业务往来。倪瑞康通过先赊账、后结算的方式，从王升大购买大米，交易量大，批次多。这些大米经倪瑞康之手，派人秘密运往四明山根据地，成为革命战士的珍贵军粮。这一史实已记载于《鄞州革命史迹集》一书中。

凤岙市的王升大米店曾是四明山革命根据地的三五支队的一个秘密联络点,是由王杏娣、倪瑞康出面为根据地进行秘密采购的后勤粮仓。这一史实已记载于革命史册,留存于父辈难忘的记忆中。今天,我们可以从鄞州革命烈士纪念馆东侧的一个陈列馆中看到相关史料——在那血雨腥风的战争年代,凤岙的一家米店成为地下党的秘密联络点和后勤供应站。清明时节,王六宝来此凭吊、缅怀革命先烈,肃立于陈列厅的展板前,心潮起伏,涌动着无限感慨:革命胜利来之不易,烈士们的鲜血染红了四明大地,在浴血奋战的年代,父辈的经营事业居然也参与了革命大业,也有过鲜为人知的特殊贡献。他感受到了身为王升大传承人的荣耀,感受到了继往开来的重任。

盛衰之间

王阿林、王阿其叔侄俩恪守祖训,兢兢业业打理王升大的经营事务,事业上虽说无长足进展,却也守业有成。然而,好景不长,日寇侵华,抗战爆发,国内时局动荡,地方蟊贼猖獗。1940年,一股杀气腾腾的土匪冲进凤岙街市,洗劫了商家店铺,还把二十几家商铺老板"劫财神",绑架到深山里。40岁的王阿林也身陷其中,被劫为人质,整年未归。王升大祸从天降,合家上下如热锅上的蚂蚁,惶惶不可终日。土匪敲诈五万大洋,赎回人质。为救人命,王家四处奔波。当局自顾不暇,报案告状无门,唯有筹款自救一条路。卖田卖屋，东拼西凑，耗时一年，始凑足大洋四万一千元（按当时稻谷价每100斤8元的市值计，相当于稻谷50多万斤，于小户人家不啻是天文数字！）。土匪见油水榨尽，才将被折磨得皮包骨头、形容枯槁的王阿林放回。遭此劫难，王升大元气大伤，自此，从鼎盛转向衰落。

家难未已，国难又至。日寇铁蹄践踏中华国土，宁波城沦陷后，四乡不宁。1941年农历三月十二，逢凤岙集市，从宁波城里闯来凤岙的一股日军，突然洗劫了凤岙市，抢光了王升大米店的大米，把仓库、作坊翻了个底朝

新王升大厂房

天！王升大再受重创，从此经营惨淡，一蹶不振。死里逃生的王阿林，对于经商已是谈虎色变，全凭王阿其艰难相守，苦苦支撑。抗日战争胜利后，内战烽火又起，金圆券满天飞，国民经济濒临崩溃。奄奄一息的王升大米店，没能坚持到新中国成立，已是关门歇业，黯然消失。

新中国成立后，凤岙那三开间的王升大店铺，并入了集体所有制的凤岙合作商店，兴盛一时的王升大渐行远去，从人们的视野中淡出。这时，王阿其失业在家。这位王升大的第三代传人，善良诚恳，给人的印象总是笑眯眯的，像一位和气店员，在乡里口碑甚好。于是，被招聘为

王升大第四、第五代传人

供销社的职工,直到1979年光荣退休。在王升大消失的那些年头,王阿其一直担负这个老字号店铺的特殊守护者。王阿其虽则"收山"多年,每与熟人相逢,人家还是叫他一声"王老板";将他工作的合作商店,习惯地称作"王升大"。

20世纪60年代,改革开放的春风吹遍了华夏大地,一个历史的机遇出现在王氏传人面前。王阿其后人王六宝,于1989年果断地买下了凤岙合作商店的经营权,使先祖开创的基业在游离40余年之后,重返王氏传人手中,王六宝成了王升大第四代掌门人。雄心勃勃的王升大传人,运筹帷幄,决心继承先辈遗志,东山再起,光复祖业,重续前缘。

再展宏图

史载:宋代,宁波西乡广德湖边多清溪甘泉,有酿造之利,遂设酒务于此。明清时,酒坊散布桃源乡,"郭滋生"老酒享誉浙东。"王升大"是米号,"郭滋生"是酒庄,做酒需用米,两家生意上互通有无,后来郭、王两家儿女联姻,结为亲家。

重出江湖的"王升大",蓄势数年,于1996年正式创立"宁波陆宝食品有限公司",成为专业从事粮油食品加工的民营企业。"王升大""郭滋生"这两个老字号都传到了他们的后人王六宝手中。公司经过十几年的创业发展,在素有"诗书传家"美誉的鄞州区高桥镇新庄村落了户。这里已经与城区接壤,海曙区联丰路的延伸段贴村而过,820路公交车直达新庄村。历史悠久的古村,已进入工业化时代。四面环河的王升大,环境优雅,占地6000余平方米,拥有5000多平方米的现代化生产车间,成为一家中等规模的、专门从事粮油食品加工经营的民营企业。新王升大的产品涵盖了大米、老酒、葡萄酒、味精、食用油、麻油、酱醋等五个大类,百余个规格品种。随着企业实力的增强,持续拓展业务,扩建生产厂房,已提上议事日程。掌门人王六宝,秉持王氏家族特有的忠厚家风,坦言道:"打拼了这些年,有这样的业绩,虽不及当年的王升大,但对祖先也有一个交代了。"如今市场竞争激烈,强手如林,要想立于不败之地,必须做大做强王升大。王升大任重而道远。

有文化人士参观、访问了今日"王升大"后,赋诗相赠。诗曰——

百年王升大,风雨坎坷路。创业溯光绪,山重水又复。

经商诚为舟,助贫慈作渡。米香三江岸,誉满甬奉路。

薪火代相传,陆宝展鸿图。精心创品牌,味精油米醋。

情系百家姓,缘结千家厨……

2008年,"缘结千家厨"的百年"王升大"荣获首批"浙江老字号"的称号。喜讯传来,公司上下欢欣雀跃。王六宝欣喜之情,溢于言表。感慨之余,想到先祖的遗训:"童叟无欺,诚信经营。"他打电话给海外求学的儿子王科路,一再叮咛要牢记祖训,世代秉承,到哪个时代都不能丢。还要有感恩之心,回报社会。

在"王升大"公司里,有一位来自河南柘城县的职工史连瑞,春节期间老家亲属遭遇飞来横祸,老父、儿子、侄子落水溺亡。史连瑞回家奔丧,悲痛欲绝。返回甬城后,心神恍惚。公司上下深表同情,纷纷募捐相助。王六宝率先捐资,体恤照顾。无奈,史连瑞过度悲伤,导致癫痫病发作猝死。灾祸无情人有情。其暂住地村民闻讯后鼎力相助,逝者生前工作过的西郊敬老院捐赠上万元,体现了宁波这座充满爱心城市的本色。王六宝为富也仁,承担了料理后事的所有费用,再拿出数万元作抚恤金,安抚逝者遗孤和老人。从河南老家赶来的逝者兄弟,面对爱心如潮的宁波民众和王升大公司,掩面而泣,悲痛和感动彼此交融。

王升大传人济困助危，屡伸援手的事迹不胜枚举。而关于民间办博物馆这样的文化事业，王升大从来都义不容辞地鼎力相助。如位于鄞西的宁波知青博物馆、酒文化博物馆等，王升大都曾投入人力、物力，出资助建。

王氏祖辈的创业精神、勤劳品质、慈善胸怀传到了第五代——王科路，他得知四明山大山之中的奉化大堰两位老人的事迹后——双胞胎邢氏兄弟，一辈子尽做好事，村子里有口皆碑。只是山乡穷困闭塞，一辈子从未见识过外面的世界。96岁的孪生兄弟，有生之年的梦想是到伟大祖国的首都北京，去看看天安门——深受感动，诉诸父亲，实现了两位善良老人的梦想。接下去的故事如传奇一般，在天安门广场的奇遇；中央电视台"夕阳红"栏目的专题采访，专题节目；中国最长寿孪生兄弟的诞生……

"薪火代相传，陆宝展鸿图。"王升大在传统文化与现代文明的交融中，不断地奋斗与探索。在申报"中华老字号"和"中国驰名商标"的同时，"王升大文化产业研发中心"宣告成立。公司在黑龙江佳木斯建立了黑土地大米生产基地，在安徽含山建立了麻油加工基地，在山东德州拥有味精加工基地等。公司采用国内先进的全自动食用油灌装机，味精、大米等分装设备，月产量达1800吨。

王六宝长袖善舞，他以港城宁波为中心，着力开发国内市场，进军国际市场。王升大以宁波名品和老字号在南昌、重庆、成都、武汉、上海、郑州等地建立直销中心，构建全国直销网络，创新营销方式。2009年4月，王升大参加"中华老字号台湾精品展";10月,携手甬上老字号"冯恒大"、"赵大有"进入澳门市场,引起海外民众关注,市场反应良好。2011年4月,"王升大"开进京城,入驻"北京浙江名品中心"。

在"王升大"隆重庆祝创立120周年之际,曾有一位本地富商欲出高价重金收买"王升大"的注册商标。视祖辈伟业重于泰山的王六宝毫不动心,婉拒购买。"要做的事情太多,保护品牌,发扬光大,要把产品、品牌打到国际市场去……"王六宝表示,近日,王升大与法国卡斯特红酒公司达成了全方位的合作协议。企业正忙于申报自营进出口权。"从来没有做过外贸生意,现在外商正等着我们发货呢。"

味华酱园的前世今生

● 沈 清

古人常说,"柴米油盐酱醋茶"是出门七件事。对于现代人而言,这七件事依然和广大人民群众的生活起居休戚相关,也依然是国计民生的重要内容。记得有位作家说,女人对于酸甜苦辣的感受特别深刻。在采访和写作《味华酱园的前世今生》一文的过程中,我的脑海中时不时想起这句话,想起给了那座曾经给无数老宁波们带来了味觉记忆的酱园。

悠悠飘香的酱园

味华酱园在1944年开业时名为味华酱业股份有限公

司,是由董事长王尹夫、总经理王绰云创建的,在鼓楼附近的镇明路668号有临街店三间,主要经营酱油、食醋、酱制品,兼营油、酒,店堂后面为堆场和作坊。据老宁波们回忆,它的具体位置大概是在鼓楼升阳泰旁边。店名"味华",顾名思义即味之精华,意在宣示该店号的产品为同行业之佼佼者。

在包玉刚图书馆浩瀚如海的民国报纸中,我搜到几条珍贵的关于味华酱园的信息。信息主要是以广告的形式,散落于当时宁波几张报纸的一些版面。

例如,在1944年9月26日的《时事公报》上,味华酱园(当然一开始它还不是这个名字)发布了一则开业广告:"国历九月二十八日,为敝公司正式开业,同时成立门市部,发售各种制品。届时敬备茶点,恭请各界硕彦,同业先进!贲临指教 曷胜企幸!味华制酱厂股份有限公司。董事长王尹夫、总经理王倬云鞠躬。"广告连续做了三天,估计"味华"开业的消息传遍了宁波的大街小巷。

创业初期,味华酱园确实是在广告营销上做足了文

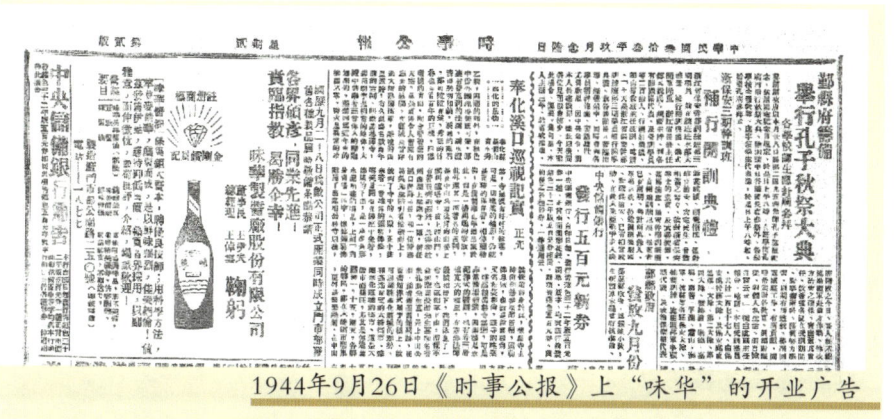

1944年9月26日《时事公报》上"味华"的开业广告

章。有人说"酒香不怕巷子深",其实不然,如果一样新生的事物静静地埋没在深巷子里,没人拿它做点文章,那也许还是一件"孤芳自赏"的事情。味华酱园的老板懂得这个理,也舍得花广告费。他们知道,首先产品要"入味",其次宣传也要"到位"。我从一份泛黄的报纸上又发现了味华酱园最早的一则广告:

"味华酱油"系集聚大资本,聘优良技师,用科学方法。萃豆麦精华,酿制而成,是以鲜味强烈,佳美绝伦!值兹发售伊始,谨特抑低售价,藉贡各界采用,以副雅意。而伸微忱,荷批评,介绍,竭诚欢迎。

营业要目:味华科学酱油(瓶装)、豆豉酱、辣酱油。

制造门市部公园路250号(即鼓楼前)。电话1877。

味华的经营之道

很多老宁波人回忆起"味华",都感慨地说,"味华"老板做生意的脑筋还是蛮活络的。对此他们记忆犹新,开业才一个多

月，味华制酱厂就发售了一批"味华酱油预购券"，这在当时也是一件新事物。除此之外，"味华"还在周年店庆时抓住机会举行大赠品活动，买酱油送蓝边饭碗、白瓷羹匙、水磨乌竹筷、酱油等。除了零售以外，还做强、做大批发与预购业务。这些经营策略可以说都是超前的，与我们今天很多大商场、大超市的经营之道是不谋而合的。

我在档案馆里查到《宁波时事公报》于1944年10月20日发布了味华酱园的"敬告各界用户启事"。启事上说，"味华酱油问世以来，承蒙各界热诚爱护纷纷购用"……"敝公司至为感奋，兹为使用户获得更便宜便利之机会，特发行味华酱油预购券"。

无独有偶，在同一版面的下方还刊登了一条酱油厂的广告。宁波新开大安酱油公司（位于江北岸后马路小菜场对面）采用"最新科学方法，提取豆汁麦精，制成卫生酱油，畅销全甬名镇"，还宣称"注意鲜味最高尚，独霸于甬江，保藏不起花，酱油中大王"。由此可见，当时酱园产业的勃兴之势。在如此众多的强手中脱颖而出，成为甬城人民的心爱之物，这实在是一件不易事。

但是话说回来，味华酱园究竟是以何取胜的呢？我认为根本原因还是在于以质量取胜。其优质酱油系采用传统的日晒发酵法制作。以大豆为主要原料，经过制曲、制醅，利用日光露天暴晒发酵3至5个月，酱醅成熟后淋出原油，再经1至2个月的日晒等工艺，制成优质上乘的陈酿酱油。淋出原油后的酱醅可再加入盐水，淋取普通酱油。传统制作工艺由于采用自然发酵法,酱醅水解进行得深透、均匀,酱油含氮量高,故其味鲜美醇厚,酱体乌黑光亮,久存不易变质。但生产周期较长,一般一年只能生产一批,且场地占用较大。味华酱园的作坊工场占地1000余平方米,有酱缸320只、木榨4台,另外还有6间平房的货栈一处。

当时,宁波市内有大小酱园26家,同行林立,竞争非常激烈。味华酱园地处宁波城区西侧,又在几家大酱园的包围之中,经营比较困难。它的顾客主要来自西乡农村、市内的一些商贩和附近居民。为在竞争中求生存,味华从转变经营方式着手,等客上门变为上门拉客,派出"跑家"(即外勤推销员)到四乡推销产品,以此来提高商号的知名度,扩大商品营销的辐射面;还采用赊账、降低批发起点、招待食宿、赠送小礼品等办法,拉住老客户,招徕新顾客;组织店员车拉、肩挑,走街串巷叫卖,扩大市场占有份额;采取早出晚归,买一斤添一两的措施,做活生意;讲究童叟无欺、买卖公平。同时,还在宁波各大报纸做广告,打响自己的品牌。这样坚持数年,"味华"便发展成为宁波地区城乡皆知的著名酱园。

老店谱新篇

其实,味华酱园也曾经遭遇过挫折与重创。最大的一次打击便是发生于1947年5月23日深夜的一场大火。这场大

火被记录在第二天的《宁波时事公报》上,如下:

　　本埠公园路250号味华酱园,于昨晚九时许,发生火警,焚毁平屋三间,披屋三间,酱缸十余口,损失二千余万元。起火原因,缘该平屋内阁楼上储有砻糠万余斤,与披屋毗连,披屋内有地灶二口,常煮豆做酱,因当时伙友均已入睡,灶内余火未熄,火花从板壁缝中射入砻糠堆内,即告焚如,一时火光烛天,各义龙闻声先后赶到灌救,始告扑灭,在救火时,有普安会救火员叶某,用力过猛,致受微伤云。

　　其实,损失的财产远远不止两千万。因为,大火之后第三天的《宁波时事公报》马上发布了一则"味华酱园"的"官方声明",如下:

　　敝园于前晚九时许内栈突然起火,承当地官警暨各会义龙集合灌救,幸未蔓延,复荷诸亲友躬临慰问,滋深感铭……各报新闻栏内所载损失二千余万元,似属估计失实。因被焚屋内系敝园大部制成品原料(为双缸豆麦粉酱豆腐等)贮藏之处,总计损失值币七千余万元。恐外界误会,并此声明。

凤凰涅槃是佛经里的故事。熊熊的大火没有剿灭"味华"腾飞的气势，反而磨砺了"味华"腾跃的翅膀。经过七十余年的品牌积淀，"味华"终于成为"中华老字号"家园中的奇葩。

1956年，"味华"开始实行公私合营。1962年起，味华酱品商店成为味华酿造厂的直销商店。几经易名，与市内其他酱作坊、工场联合成立宁波市酱品酿造厂，后又改名为东升酱品商店、人民酿造厂以及宁波市天天调味品酿造公司，直到1980年才恢复老字号，定名为宁波市味华酿造厂，位于镇明路与迎凤街口处。原门店作为工厂的门市部，以经营酱、醋、油、酒和酱制品、调味品为主，兼营南北货及副食品，并在西郊路和开明街设有两个分店。由于商品质量好、品种多、待客热情、服务周到、买卖公平，生意十分兴隆。

在改革开放的大潮中，"味华"也展现出自己的青春活力。宁波味华酿造厂努力保持酱油的传统特色，道道工序设立质量检查关卡，对进厂的原料和出厂的各档酱油，都经过理化指标检验，合格后方开绿灯。在20世纪80年代，该厂生产的"灵塔牌宁波抽油"获省经委优质产品证书，一级酱油屡次被评为省商业系统最佳产品。

50多年来，该厂的生产规模、设备有较大的发展和更新，逐步改变了落后的生产方式。酱油制作采用密闭通风制曲、空气隧道保温发酵新工艺，实行程序化生产，大大缩短了生产周期。该厂先后成功革新了万向落曲机、蒸煮转锅和机械出渣等生产设备,大大减轻了工人的劳动强度,提高了劳动生产率。1987年,在咏归路西侧新建了一座6层楼的厂房,实现了主体化生产程序,生产能力大大提高,年产酱油6000吨、食醋800吨,成为宁波市区的大酿造厂之一。1989年该厂被评为市级先进单位。

目前,该厂产品已从过去单纯生产酱醋发展成为生产酱醋等调味品和汽水、豆奶等各种饮料两大系列产品。"灵塔牌"宁波抽油为该厂传统名优产品,采用现代技术结合传统工艺精制而成,产品鲜美醇厚、酱香脂香浓郁、酱体色泽乌亮,1983年评为浙江省优质产品,1987年获省商办工业名、特、优、新产品"玉兔奖"。"灵塔牌"浙江红醋是该厂的又一名牌产品,醋色橙红清澈、口感鲜爽柔和、回味绵长甘醇,是理想的调味佳品,1988年被评为商业部优质产品。宁波抽油、浙江红醋深受消费者欢迎,还远销港澳……

"味华"属于宁波人的记忆

我们通常说"味华"这个品牌,指的是如今的宁波市味华酿造厂。而当"中华老字号"这一金字招牌被"味华酱园"摘来的时候,它的归属却出现了不小的争议。据报道,"当时,有两家宁波企业代表都想拿这个匾额","争议的双方是金钟调味与味华食品"。

在宁波金钟调味食品有限公司总经理胡旭成的办公室

里，有一块"宁波味华酿造"中华老字号的铜牌匾，这是1994年由国内贸易部颁发的。胡总的办公室里还有两块牌匾，分别是1993年由国内贸易部颁发的"中华老字号"和2005年由中国商业联合会和中国老字号工作委员会颁发的"中华老字号"。"这个老字号，历史上就是属于我们的"，讲起历史，胡旭成头头是道，"宁波味华酱园创始于1940年，原地址在鼓楼附近，主要经营酱油、米醋、酱菜及大酱，味华酱园的知名度很高。1956年，宁波味华酱园经公私合营，改造为宁波市味华酿造厂。1994年，该企业与宁波酿造厂、宁波酱菜厂合并为宁波市天天调味品酿造公司，2002年更名为现在的宁波金钟调味食品有限公司。虽然之后发生了不少事情，但无论如何，这个老字号原本就是从我们公司一脉相承下来的。"

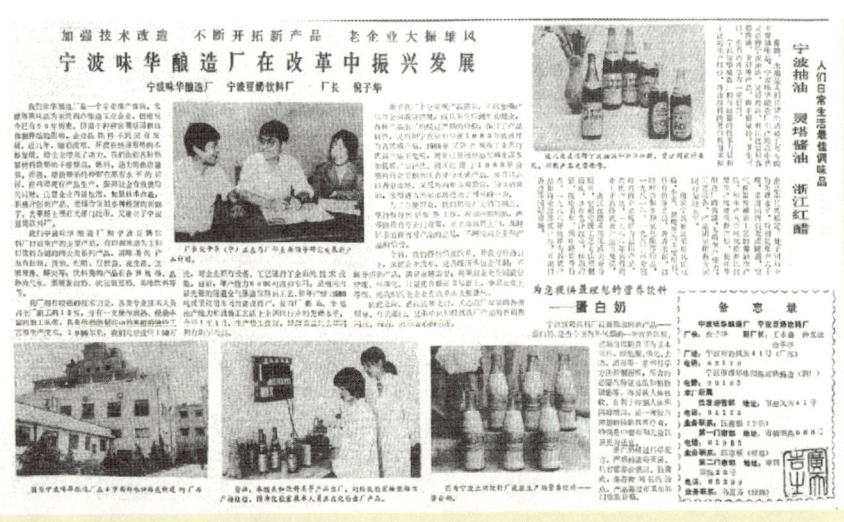

《宁波日报》关于味华酿造厂改革的报道　（吴波 提供）

2001年,宁波新增一家宁波味华食品有限公司,其负责人耗资从厦门一家企业中受让"味华"商标后,又投资建厂房生产起"味华"酱油。后来,该企业把"味华"酱油卖到了许多知名超市的货架上。在谈及"味华酱园"中华老字号的归属问题时,有关人士表示,关于"味华酱园"老字号的归属问题,得由市有关部门报送的材料,以及商务部最后确定的企业为准。

行文至此,我想,不管是谁的"味华",都是我们宁波人的"味华"。我们的味觉细胞中永远会有"灵塔牌"酱油的记忆。其独特的风味,是佐餐和烹饪的最佳伴侣。

色泽鲜艳光亮,醇厚鲜美,咸甜适口,有明显的酱香和脂香,澄清而浓润——这些记忆,就是"味华"的品牌价值所在,也是甬城百年老字号的魅力所在。

小巷有名行
——甬上著名药行恒茂

● 周达章

药行街中段有一条小巷,叫沙井巷。沙井巷的南端有一水井,井水清澈见底,常年不枯,大家都叫它为沙井。为何把这口水井称作"沙井"?过了那么多年一直弄不清其中的缘故。但住在这一带的人都这么叫着,这条小巷也就随之被称为沙井巷。这条小巷由南往北,长不过百米,宽充其量也不过一二米罢了。但它却是贯通药行街与君子街的必经小路。整条小巷由石板铺就,大约是年代久了,人车过后,难免碰出响声。到了晚上,这声音尤其响亮、清脆。

沙井巷房屋建筑均为江南典型的石库门风格,一共有5个号的门牌,而5个门牌中却有3个与药行有关。其中1号是属宁波药行大户"懋昌"的老板蒋莪卿先生的寓所。2号是一家木器店的库房。4号是宁波很有名气的木器家具店祥泰家眷的住宅，还有几间偏屋兼做了工场。而3号和5号就是宁波四大药行之一的恒茂。

要说恒茂药行，还得从其祖辈周詠宸先生说起，周氏系河南人氏，据其家谱记载，周詠宸先祖为汉凉州节度使。自此一脉延续至宋。后周氏一族大多从河南迁居至浙东，其中周芝荪一脉迁至鄞州石碶雅渡桥（至今尚有新旧祠堂各一所，然已作为外姓所办的工厂），周詠宸先生年少就跟随甬上最大的药行——宝和药行学中药业务。周詠宸与懋昌药行老板蒋莪卿都是宝和药行老板张氏的弟子，因周詠宸年长蒋先生8岁，因此，平时就以兄弟相称，相交甚厚。光绪七年（1881），周詠宸创办恒茂药行，专营中药材批发业务。然而好景不长，正当药行经营渐趋兴旺之时，不幸遇上一场大火，药行以及货栈付之一炬，丧失殆尽。初次创业的周詠宸急火攻心，一病不起，不久，便抛下了妻子冯氏及三个儿子辞世。周氏长子也曾从事中药业，后因经营不善而歇业。周的二子去了沪上发展。

周詠宸画像

到了民国初,周氏第三个儿子继承父业,创办了专营参茸、燕窝等高档滋补品的零售兼批发业务的恒利参行。该参行会同甬上天生(陈氏)、大生(张氏)两家,同称宁波三大参行,相比之下尤以恒利经营业务为大,影响也大。然而树大招风,周氏所经营的参行因受当时税吏的多次敲诈勒索,损失颇大,情急之下,听从了懋昌药行老板蒋先生之劝,又经朋友帮忙,让恒利参行宣布倒闭。过了月余,重新开张的就是继承祖业的恒茂药行。

恒茂药行自从周氏三子继承后,在继续经营参茸业务之外,逐步扩大了中药材的批发生意,而且由小做大,渐渐成为宁波药行业的老四。恒茂药业得以迅速发展主要是善于瞄准当时宁波国药市场的所需，敢于用大资本采购南北道地药材，其中不乏东北的三宝，宁夏、山西的枸杞、党参，甘肃的当归，还进了大量川广药材。一时药行栈房里积有货真价实、质地上乘的大批各档药材，有了能满足市场大宗批发业务所需的货源。由于经营循规蹈矩，服务周到，业务量很快就得到扩大，不久就跻身于宁波中药批发业中的大户行列。

然而，过去做药业生意的，如果没有自己的经营特色，光是亦步亦趋做些进出生意的，在同行中要一下子提升名气会很不容易。恒茂药行能看准市场所需，自立品牌，在扩大经营范围方面下足功夫。首先是树起了有恒茂特色的"膏滋药"这个品牌。宁波地方有个习惯，每当下半年入冬，人们一般都要进补。恒茂药行看准一般市民，尤其是乡下农民进补的需求，根据大多数人经济收入情况，配制了具有自家特色的成药——"膏滋药"。恒茂药行自制的膏滋药尤以"十全大补膏"更具特色。由于用药地道，选材优良，所煎药膏浓度高、口味好，还有良好的保存性，服用又方便，很得消费者赞誉，因此该产品十分畅销，经常供不应求。在宁波地区很快就有了名气。在每年的冬至前后，恒茂药行把自制的膏滋药推向市场，边卖边制，零售批发兼做，营业量大，收入可观。

"十全大补膏"其实为"十全大补汤"的改良剂型。该方出自宋代《太平惠民和剂局方》，由人参、茯苓、白术、炙甘草、熟地、当归、川芎、白芍、黄芪、肉桂等组

成。方中有补气的四君子汤（人参、茯苓、白术、甘草）、补血的四物汤（熟地、当归、川芎、白芍）合称"八珍汤"，再加上益气升阳、温中散寒的黄芪、肉桂，更具有鼓舞气血生长之功，适合于气血不足、身疲体倦、少气乏力、心慌心悸、头晕止汗、形寒肢冷以及月经不调等患者。服用之后效果十分明显。十全大补膏加工复杂精细，一般加工工艺是：首先选上等药材洗净切片，置于锅中（不能用铁锅，当时常用紫铜锅）加一定比例的水煎煮，一般需煮2至3个小时，且反复熬2到3次。处方中的人参因为贵重，为保持药性需单独煎取。经压榨过滤取汁，与其他药饵一起煎，到了一定程度后再浓缩。浓缩后再收膏，然后加入一定比例的饴糖，以小火熬煮并不断搅拌，到一定程度，即成膏滋，冷却后装于干净大口玻璃瓶中，盖严，置于阴凉干燥处储存。装瓶后的膏滋药在瓶上张贴恒茂监制的商标纸，然后投放市场。

恒茂煎制的膏滋药特别注重控制好火候的大小、煎煮的时间和膏汁的浓度，因为一旦火候掌握不好，将药汁煮糊煮焦，则这一料药就会全部报废，浓度掌握不好，也会影响膏滋药的质量。所以，恒茂在煎制过程中十分注意聘用有多年煎制经验的老药工，并由内当家严氏亲自监督。据说恒茂煎制的膏滋药在配方上还做了特殊的处理，有别于别家的膏滋，其滋补效果特好。由于质量上乘，价格合理，一时成为市场上的畅销货，就这一单经营，恒茂就获利不少。

恒茂药行的另一个经营特色就在于他们有一项令药业界十分惊慕的高档药材的切片加工技术，在诸多同行中独树一帜。在传统珍贵药材经营中，加工成为易于入药的药饵是一项十分讲究的工艺，尤其是对鹿茸、羚羊角、犀牛角的加工，一般要求都很高。如鹿茸、犀牛角的切片等，要用铰刀来切。一般事先要把所切的鹿茸、犀牛角等进行特殊的处理，使其变得有点软中带韧。由掌握熟练切片技术的药工加工。加工时，要做到目光、手握刀柄时用的力，以及下刀时的厚度，三者统一协调得恰到好处。这样

周冯氏六十寿诞时周家的合影

切下来的片子，才能薄如蝉翼，达到似透明非透明的境界。像犀角的切片透明而薄，略带淡淡的乳白色；而好的鹿茸的切片带有淡血红色。至于羚羊角的切片除了达到薄的要求之外，还要带有羚羊角本身独具的奶黄色。恒茂药行常雇有高超技术的药材切片能手。所加工的珍贵药材切片，经过精心包装，除供应市内各药店所需之外，一般直接供给上海、杭州、绍兴等地的药业大户，如上海的童涵春、雷允上，杭州的胡庆馀堂，绍兴的震元堂等。

恒茂药行不但对珍贵的药材加工细致，就是对一般常用药品的加工也能做到一丝不苟。如茯苓是一种比较普通的药材，充其量它只不过是在茂密松林里附着在松树根部的一种菌类。当把它挖出来后，外皮粗糙呈现黑褐色，但一剥开外皮，里边却白如冰雪，如果在雪白的内囊中还包裹有呈中黄色的松树的根，那就叫茯神了，即茯苓中的上品。看似在同一颗其貌不扬的巨大的菌

中,但经加工后分成的茯苓皮、茯苓和茯神其价格却相差很大。在加工时,那些药工能很准确地把包有松根的茯神切成很整齐的片子,厚七八毫米,每个片子中有一颗呈现椭圆形的松根的切片,每一切片犹如茫茫雪原上挂有一轮明月,煞是好看。一般加工成上品的茯神切片,都经过精心包扎,半斤为一包(16两秤),整整齐齐叠在一起,装在箱子里,然后送货给各药店。而茯苓包装就简单多了,茯苓皮则是在加工前被削去的外皮。整个加工过程,正如人们所说的去粗存精,无论茯神、茯苓皮都被充分利用,一点也不浪费。

恒茂药行在经营管理上也很有一套办法。如在药材进货以后,先要区别质量档次,然后按质论价。这样做不仅能满足不同要求客户的需要,而且还能获得较高的利润。如分拣从宁夏进货的枸杞(宁波人一般叫杞子),别的人家在分拣时只分上、中、下三档。但恒茂药行在分拣枸杞时,他们要求分拣为5档。当时的枸杞都是野生的,果形大的足有小手指那么粗壮,而小的只比米粒大没有多少。同现在装在塑料袋中人工培植的下等的枸杞大小差不多。分成5档的枸杞子,自然有5档价钱,平时一些小药店用不上上等的枸杞,常常用中档以下的货配药。而最高档的枸杞自然价格不菲。通过5个档次的分拣,在收入上要比分三个档次能多赚不少钱,按现在人的说法叫按质论价。那些高档的枸杞自然被财大气粗的大药店要去了。上海、杭州的大户就成为恒茂药行供货的长客。恒茂还有一套高档药材加工的自成标准，从外观包装到内在质量做足了功夫，因此，在当时宁波中药界无人能与其匹敌，独占甬绍杭沪中药市场多年。

恒茂药行经营业务的发展，少不了内当家严氏卓越的经营管理能力。她虽然是一个妇道人家，但却擅长于经营。在药行营业忙碌伙计多的时候，她都能做出合理安排，有条不紊。药材分拣时特别忙碌，临时雇用的小工多达数十人，再加上原来的伙计、打杂职工等，严氏都能一一妥当处之，从不忙乱。在药材的堆放、贵重药饵的贮藏方面也都有一个清清楚楚的安排。所备货物多达上千种，但从来不会出现找不到的问题。店堂后有宽大的明堂作为晒场。在晒场两端另建有两间两层楼的货栈，这两间栈房主要存放加工后的中低档药材和原材料，而高档药材一般放在5号也叫后境的库房内（3号与5号内部是相通的，3号就叫前境，5号就叫后境），所有业务都经营得井井有条。

严氏育有多个子女，但从不为养育之事所累，除长年雇用两位保姆和两位奶妈外，还请了厨工、帮工，为此，她能摆脱所有烦琐的家务事，一心用在药行的经营管理上。

过去中药界在经营中也十分注意同行之间的合作和协调。在进货时能互通有无，在缺货时能互相垫充，尤其是做大宗批发业务时，十分注意这些细节，决不搞独门独户，互相刁难。这似乎成了宁波中药界的一种很好的经商风气。更有甚者，大户之间还讲究联络成姻，攀上亲戚，这样药行之间亲上加亲，进一步加深了相互之间的沟通和合作。如当时元利药行老板余楚生的三小姐嫁给恒茂药行老板的长子，还是懋昌药行老板蒋莪卿先生和冯存仁堂的经理做的大媒。于是在药行街、沙井巷和石板巷三家大药行之间形成了一个十分强劲的经营圈。余楚生先生当时为宁波药

业公会的会长，恒茂、懋昌两家都担任理事，懋昌的蒋先生又是甬上著名采购办货的高手，在宁波最大的宝和药行衰败后，这三家药行自然而然成为甬上中药批发经营的大户。

中药行业是一项很讲究中华传统文化传承的行业。在甬上的几家药业大户不仅生意做得好，而且还广交朋友，频频交流，在经营中十分讲究和气生财的原则。要做到这一点，与他们各家的传统文化的修炼大有关系。药业文化中最核心的是修身养性文化，这在各家药行，药店的客厅里已表现得淋漓尽致。如每家药行的客厅布置必不可少的就是5尺幅面的中堂，画面无非是无量寿佛、不老松柏，更丰富一些的还做了适当延伸，在苍虬的松树下配上各具姿态的仙鹤，或梅花鹿，在中堂画两边挂着对联，其意也与画面所表示的含意相吻合，做到珠联璧合，凡客人一进入这里就感到心旷神怡、十分舒畅。久而久之，大多中药业的大户、名行，都有收藏书画、文物的喜好。恒茂药行在这一方面做得更好。他们不仅与在宁波的书画名家多有交往，而且与上海各位大家的交流也很频繁。这还得说到一个人，这个人就是药行街上经营传统家具的益康木器店老板史老先生。在他的引荐下，周氏的收藏做得更入迷。由于收藏品较多，每年夏天入二伏头的三天中都要在院子里把所藏字画，照照太阳，时间不长，不过一两个钟头，然后再小心地收进放到堂前间，待凉了后就按图索骥放回原藏的箱、橱、屉里。这是恒茂药行每年必做的一件大事。

初听起来，书画艺术与买卖中药完全是两个不搭界的行业，但是从艺术的鉴赏和修身养性来看，两者关系就近多了。周氏的书画收藏在甬上还颇有名气。在1965年初夏，著名国画大师潘天寿先生来甬期间，还为周氏所收藏的山阴三任的杰作五幅中堂做了鉴定。其中两幅还曾挂在宁波工艺美术研究所长达一年有余。只叹惜周氏收藏的珍贵名家作品大多在"文化大革命"中化为灰尘。目前虽有所留存下来，但只是百之一二而已，可谓损失惨重。

对京剧文化的爱好也是恒茂管理者的追求之一。周老先生本人就是旧时宁波著名的票友之一，凡有京沪著名京剧大家来甬上演出，都是场场到位，从不落下一场。不仅如此，还与在甬京剧名伶，金融界、药业界著名票友都有十分密切的交往，少不了平时聚在一起唱上几段。如逢亲人祝寿、迎亲大喜事，还请上几位名伶唱几曲（当时叫堂会），大家欢聚一起，共乐一番。

无独有偶，在药行街一条街中有许多家药店、药行，

每当下午夕阳西下，歇业打烊之时，随着西皮流水、二黄的京胡声响起，不时就会有人唱上几段高腔，一时整条药行街上飘荡着悠然婉转的京韵，久久不息。

但天有不测风云。正当恒茂药行发展十分兴旺之时，日寇入侵，宁波城不久就沦陷了。为避战火，严氏带领一家老少几十口人逃难至鄞西建岙。然而，要维持生机，还得冒风险，入城做生意。要做生意还得进货。1941年，恒茂药行从四川、云贵那边办了不少药材，经由上海委托当时来往于沪甬的宁绍轮托运。殊不知至货轮驶出海时，就遇上了日本飞机轰炸，船长为躲避飞机，把船往海岸边航行，结果因触礁而沉没，恒茂药行所托运的大宗货物全部遭受损失。幸亏其长子因有其他事务没有同船而归，实属侥幸。

恒茂药行连遭这两次灾难后，已伤及元气。1948年，又遇上了谁也没有想到的灭顶之灾，这就是老一辈宁波人都知道的江亚轮沉没的大海难事故。因为在江亚轮这班航次的货仓里有恒茂药行托运的从各地采办来的大宗高档药材，所耗资金特别巨大，几乎要占有整个家产的一大半，除此之外，还有从上海童涵春贷资几十两黄金的货物。江亚轮的沉没使恒茂药行遭受了惨重损失，元气大伤，从此恒茂药行一蹶不振。

遭受大难之后的恒茂药行虽然在新中国成立后，通过出售旧时所积存的高档药品，还苦苦支撑一年有余，但要恢复往日的兴旺又谈何容易！第二年，恒茂药行渐渐地退出了甬上中药批发界。过了不久，恒茂药行就正式宣布歇业。从此，一时享誉甬上的著名药行"恒茂"便在宁波中药界消失了。而其后人逐步再兴家业，便是后话了。

（注：根据周氏后代多人口述，整理时遵照他们的要求都隐去姓名。）

作者采访周氏后人

新宝华绸布店

● 戴 骅

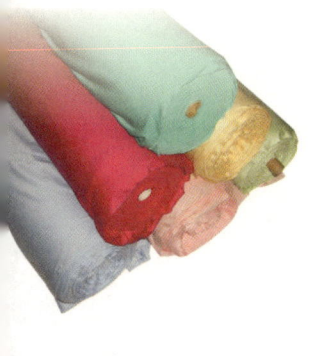

1933年,在上海繁华的南京路上,一家叫作"老九章"的绸庄因为经营不善正面临着倒闭。这在竞争激烈的商场上是常有的现象,而身居上海的曹氏兄弟知悉之后却如获至宝。曹氏兄弟是亲兄弟,一个叫曹吟才,是上海实业银行副经理,也是实业银行宁波分行经理;一个叫曹良芳,是上海天福绸庄的一名员工。他俩准备出资1万元钱买下"老九章"绸庄的存货,然后拍卖存货以谋得更多利益。于是,曹家兄弟便很快与"老九章"谈妥条件、订好合同,并如数付清了货款。就在眼看好事即将如愿以偿之时,谁知"老九章"却突然改变了出卖商店的主意。一了解,原来"老九章"的一个股东认为关店拍卖,会有损原股东的社会信誉，决定继续投资将"老九章"开办下去。

由于合同已签订，货款也付清，曹家兄弟对这块到嘴的肥肉自然不肯放弃。他俩表示坚决不解约，"老九章"因违约没办法，只好多次主动上门协商，最后"老九章"的这个股东表示除归还曹家兄弟全部货款外，另外再支付违约金1万元。曹家兄弟听后大喜，对这笔未花分文、又意外得到1万元钱的买卖自然答应。随后，他俩一合计，就将这笔横财由曹良芳负责到宁波来投资开设绸布店。

曹良芳在上海的绸庄干过，别看只是一个店员，却积累了不少经营经验。他在来宁波之前，先对宁波的社会购买力情况和绸布业的经营特点作了一番调查研究。他知道棉布的销售对象主要是城乡民众，宁波的社会购买力主要是四乡农村和邻近各县。当时，绸布业里棉布的销售量约占百分之八九十，花色绸缎的销售量仅占百分之一二十，而且这部分的绸缎又大部分是外销到上海的。有些绸布店，如宁波东大路的源康、成大昌、凤苞、灵桥门的大丰、新顺，江东的裕成等等，因面向

新宝华绸布店

农村，以经营棉布为主，薄利多销，讲求实惠，所以能够立足下来。相反，如东大路上的大盛、大纶，江东的恒孚，江北岸的振丰等商店，由于一味追求高额利润，以经营绸缎为主，结果因生意清淡而先后倒闭。这说明掌握销售对象和经营特点，对经营者十分重要。所以，曹良芳就根据他人的经验教训，确定将绸布店立足农村，以经营棉布为基础，兼做绸缎和呢绒毛料生意，逐步把流向上海的绸毛生意争取过来。

1934年，曹良芳的绸布店在灵桥门附近开张了，取店名"宝华绸布店"。曹良芳将店址选在灵桥门是经过精心考虑的。这个地方是宁波城墙拆除之后连接城乡的交通要道，四乡农民集中之所，与东门口一样同属于宁波黄金地段，对开展业务十分有利。但当时宁波城内，东大路上已有源康、云章、大纶、裕丰祥、凤苞、成大昌等绸布店，灵桥门附近也有大丰、新顺、华华、恒大、天宝，江东还有裕成、恒孚等绸布店，同业林立，而且资金都很雄厚。宝华作为新店要在宁波立足，在竞争激烈的同业中打开局面，确实有一定困难。而同业中对新开设的宝华，起初确也轻视，认为曹良芳不过是从上海来的一个商人，资金微薄，不堪一击，开店只是昙花一现罢了。谁知曹良芳以其兄曹吟才所任职的实业银行作资金支持，克服了资金少、借贷利息高等困难，精心经营，逐步取得顾客信誉，在不到两年时间里，宝华绸布店就在宁波站稳了脚跟。

1936年，曹家兄弟又集资在灵桥附近建造了一幢非常

壮观的五层大楼,新开设了一家绸布店,取名为"新宝华绸布店",以区别原宝华绸布店。"新宝华"在"宝华"基础上,开始向做大做强的方向发展。在商店一楼专营棉布,二楼专营花色绸缎,三楼陈列呢绒、服装和礼品。当时,宁波城内还没有楼上商场,新宝华开辟楼上商场后,立即轰动全城,居民们纷至商场,踊跃购物。这一来,给从前对新宝华瞧不上眼的东大路上的老字辈绸布店冲击很大。俗话说:"同行是冤家。"于是,源康、云章、大纶、大昌、成大昌、凤苞、裕丰祥七家绸布店联合起来,集中力量,与新宝华争夺绸布销售市场。对此,曹良芳不仅凭借着丰富的竞争经验和雄厚的货源优势,而且还采用了许多别出心裁的经营策略来积极应对。

新宝华在营业上实行"薄利多销"方针,通过薄利来赢得声誉,在多销上求利润。对商品采取三种定价法,即"著名商品贴价卖,大众商品平价卖,高档商品赚钱卖"。这样既符合市场规律,也符合消费者心理。为了迎合多数消费者特别是女顾客喜欢拉尺寸、贪小便宜的心理,新宝

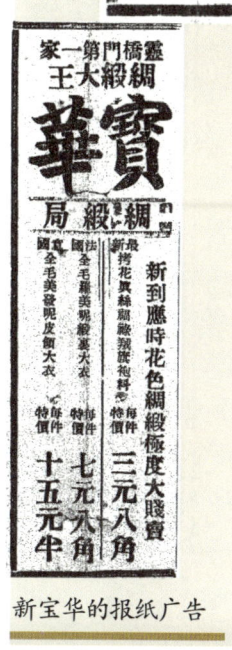

新宝华的报纸广告

新宝华绸布店

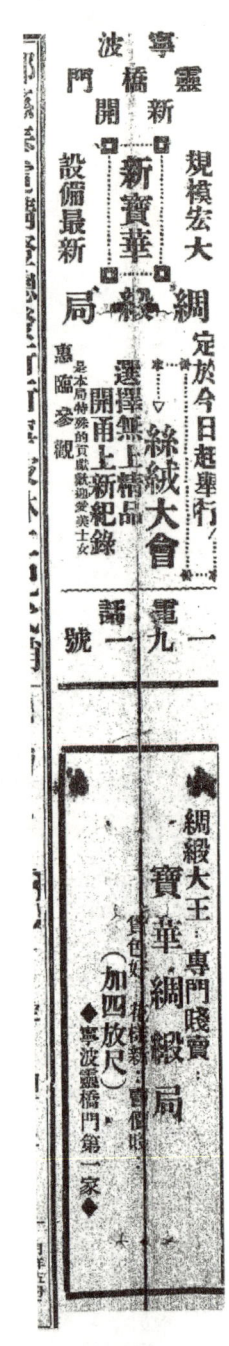

新宝华的报纸广告

华打破旧框框,采用买一尺放三寸的诱人办法,很讨人欢心,迷惑了不少顾客。这种"足尺放三"的绝招,看起来是商家在让利,其实还是羊毛出在羊身上,商品的价格早已事先提上去了,顾客却还蒙在鼓里。

新宝华为了扩大影响、招徕顾客,在报纸、电台上大做广告,除了在城乡各处张贴广告外,还在铺面上装置"牛郎织女""白蛇传"等活动的戏剧广告,吸引顾客。当时,许多宁波人都知道新宝华的楼顶上有一座小型的"屋顶花园",这个花园的闻名是因为有两个能够吸引人们眼球的东西,一个是园内有大量造型奇特的花木盆景,可供人观赏。一个是设置了小动物栏,里面有活泼可爱的猴子、开屏美丽的孔雀等动物。那时宁波虽有比较大的中山公园,却连个小动物园也没有。因此,城里城外的民众,都喜欢到新宝华屋顶花园来赏花观动物,把新宝华当作了一处景点游览。新宝华借此凝聚了商业人气,让不少游客走时买走了新宝华的商品。1936年6月27日,宁波人长久盼望的灵桥建成后举行开桥典礼,远近民众云集

灵桥门一睹灵桥风采。新宝华抓住这一千载难逢的商机大做广告，吸引了许多民众入店购物。

新宝华接待顾客很注意细节，往往给人一种宾至如归的感觉。针对到绸布店的顾客大多数是妇女的特点，雇用了多名有一定文化水平的女营业员。因为女营业员易于与女顾客交谈，拉近了商家与顾客的距离。商店还专门安排了迎客员，在店门口恭敬地笑脸迎客，使顾客一跨入店门，就有好的印象。不管是新老顾客，都礼貌相待，敬烟送茶，端凳请坐。营业员还根据每个顾客的身份特点，当好顾客的参谋。有的顾客，一进商场，满眼花花绿绿，不知买什么才好，营业员就主动为其当参谋。如有人购买了被面，营业员就征询顾客要不要买被夹里，并为之一一介绍，有人买了长衫，就要给他介绍做马褂的料子。大姑娘上门，购买出嫁的衣料，营业员不仅代为介绍春夏秋冬的衣料，还给她们介绍婴儿的衣料和将来公婆丧亡时用的丧服。货款不足，就派人跟取，携带不便，就送货上门。对一些远道来的顾客，中午店里还用面点招待他们。

为了方便顾客挑选商品，新宝华大胆地破除橱窗制，窗门外开，将低档棉布堆叠在铺面和摊放在营业柜上，任凭顾客随意参观、挑拣。这种模式有点像今天的超市，顾客可以自行对照价格、质量轻松地挑选，消除了顾客对商品可望而不能接触的隔阂，满足了顾客的购物意愿。

为了打开绸缎呢绒销路，新宝华除扩大花色品种外，还与中西服装铺挂钩配合。凡在店内买衣料，可以替顾客量体做衣，不论长衫、马褂或妇女旗袍和男女大衣，都能准时取件，式样新颖美观，受到消费者喜爱和赞扬。当时风行全市的马裤呢男式夹大衣和妇女皮领呢大衣，大部分是新宝华的产品。

随着业务的发展，新宝华专门设立了复尺台。营业员做好生意，须填写三联账单，注明单价、数量、金额，一联交出纳，凭单收款；一联交复尺台，凭单对核单价和数量，存根则作为统计奖金的依据。营业员不论大小商品，都不直接包装，必须经过复尺台这一关，这种做法既取信于顾客，以示老幼无欺，又可以防止内部贪污盗窃行为发生。

就这样，新宝华终于由一家中小型商店在数年之间一跃而居宁波绸布业的首位，成为当时宁波规模最大、花色最多、生意最好的一家绸布店。

1937年7月，抗日战争全面爆发，新宝华进入了衰退期。日寇飞机把宁波的交通命脉灵桥视为主要目标进行多次轰炸，位于灵桥门的新宝华被迫停业。不久，曹氏兄弟分家，宝华归曹吟才，新宝华归曹良芳。虽然后来两个店又相继复业，但精明的曹良芳却陆续抽走资金，定居到上海去了。1949年后，重新组织起来的新宝华，曹氏兄弟只占十分之一的股权，远非昔比。1956年，新宝华成为公私合营企业。

新宝华的成功不是偶然的，它是经营者熟悉宁波市场、创新经营理念、善于应对环境的必然结果。虽然事情已过去了七十多年了，新宝华也早已载入了史册，但是，新宝华的许多经营之道仍可供现代商业借鉴和发扬。

新宝华绸布店

药行街上的元利药行

● 周达章

药行街东起灵桥,西至解放南路,虽不足千米,但宁波人都知道。一条街能以行业定名,可见当年街上药行之多之盛。至于何时成名,无从考究,但街史深厚,行业情结浓重,虽经几度时代变迁,多次改造,然而街名依旧,而且至今仍是宁波繁华市区中的通衢之一。

清末民初,药行街聚集了多家著名的药行、药号、药堂和参茸店等,其中在药行街150号有一家称得上是甬上第一大药行的元利药行。元利药行坐北朝南,临街门面不大,只有八九米之宽,但一进入店堂,透过明亮宽阔的玻璃天棚,阳光一泻而下,整个店堂显得格外明亮宽敞。店堂的西边放置着一排单背椅与茶几,这是供顾客憩息的;

靠东一边的是高过一米的柜台，柜台里边则是一排设有八九个隔层的药柜，药柜的小屉斗上贴有各种药名。这一排药柜，盛放着上千种药材。药柜之上是放得整整齐齐的一排青花瓷瓶和盛药的大锡瓶。二楼是一排办公房，专门接待外地来的客商，元利药行因临街，除了做大宗批发生意之外，也接待小宗买卖，用现在的话来说是批发与零售兼而有之，生意着实兴旺。

元利药行营业面积与当时甬上几家药行相比算得上是老大哥了，包括店堂，商业洽谈的二楼办公房，以及店后靠泥桥街的晒场和晒场边上的货栈，少说也在五千平方米以上。在偌大的晒场边上，还设有养鹿场，每年春秋之际，还能割下当时价值昂贵的鹿茸。晒场朝北，隔泥桥街正门还有家眷们住的许多房舍，正宗的旧式五间二弄大房，可惜在抗日战争时期不幸被炸毁。之后，家眷都住在离店不远的药行街中段的石板巷1号，算起面积来，住人的厢房、厅堂、厨房和佣人住的小房，也有近两千平方米之大。

民国中期，元利药行的掌门人是甬上药业同行中名声显赫的余楚生先生，他也是当时宁波药行、药业同业公会（也有称"药业公会"的，会址在君子街14号）的会长。在余先生的致力经营下，无论进出药材，还是堂卖批发，都生意兴

药行街上的元利药行

1940年鄞县药行号商业同业公会会员合影

隆，事业发达，在甬上国药界独占鳌头，而且还名享长三角一带。当时余先生拥有绍兴震元堂百分之五十以上的股份，上海康余堂、镇海大生堂等企业也有其股份。元利药行在四川、重庆、江西、山西、广东等地还设有办事处。余楚生先生赏识人才，善于用人，他的第一个弟子毛培卿就是一位业务精通、管理有方的才子，被余楚生先生任命为绍兴震元堂总经理，直至新中国成立前。从元利药行出来到上海从业的伙计们大多成为上海中药一、二厂中的业务骨干。新中国成立初，元利药行的经理洪先生也是一位国药界能人，而且能说会道，笔者还有幸聆听过他作的报告。

余先生为人豁达，人缘很好。新中国成立前余先生病故，出殡那天，据我孩时的记忆，送丧队伍整整挤满了一条药行街，许许多多亲朋好友、同业人氏都来送行。

余先生亡故之后，余家众多后人分了家产。有好几位儿子得了所分家产去沪上发展了。只有长子继承父业，新中国成立后仍留驻店内维系营业。1956年，私有工商业社会主义改造后，元利药行同诸多药行、药店一并合为宁波中药材公司，其长子成为该公司一名专业成员，直到年迈退休。余先生后人大多散落在宁波、沪上和安徽等地，已无一人从事中药业了。现在尚有宁波老人一说起元利药行，仍记忆犹新，往事历历在目，可见其昔日之辉煌。

（注：本文根据部分余氏后人及原元利药行经理洪先生所述撰写）

一百多年前的宁波一言堂书庄

● 周少南

上了年纪的老宁波人大概都记得,宁波有一家著名老字号叫"一言堂"。然而,之前一直未有书籍或文章内说提到,一百多年前的一言堂原来是一家书店,并非后来的百货商店。

20世纪90年代末,我们有著作刊载《〈狐狸缘〉和〈金台传〉》一文,文前偶尔考查晚清所发行的《甬报》,无意中看到宁波一言堂书庄在报上登出"大减价"广告,始知一言堂的最早店号全称"宁波一言堂书庄",是一家书业老字号。

当时我们遍查残存的1899年版《甬报》,更发现在该年4月27日至30日,5月1日、2日、3日、4日、5日、7日、

8日、12月4日、8日、12日、14日、16日、17日、18日、20日、21日、22日、23日、24日、27日，报上都登出一言堂文字相同的"大减价"广告。"大减价"广告为："宁波一言堂书庄大减价：白厚纸大字《琼林》每部二角，竹纸大字《琼林》一角，中字《琼林》一角；大字《十美图》一角；《精忠说岳》八本三角二分；《天文地理歌》二分；《成亲王帖》一角；《瞿鸿机帖》一角；米十七先生《草字帖》一角；《九成宫帖》一角；天圣明道本《国语》八本一元；《仕商应酬便览》十二本洋五角；《陶朱公致富书》二角；《雨雪亭》二角；《醒世宝笈》一角；《果报录》六角。赐顾者格外公道。"足够证明宁波一言堂书庄至迟于清光绪二十二年（1896）以前已经开张，店铺就设在当初的宁波府鄞县东门口天后宫后街即今东渡路上，不愧是本市内历史最悠久的书业老字号之一。

从该广告所推介的书种、版本、价码文字来看，这家一言堂书庄又保持着许多自身的经营特色，不同于那时宁波的一般传统老字号书业。

书庄也向儿童和妇女招徕生意。所荐《琼林》三种即《幼学故事琼林》，系清初

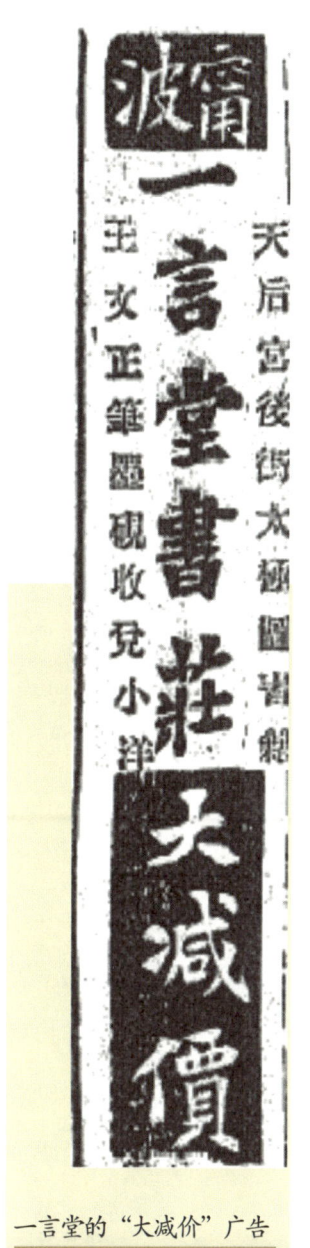

一言堂的"大减价"广告

邹圣脉据明末程登吉《幼学须知》改编，用对偶的骈体写成，广泛涉及天文地理、历史故事、典章制度、释道人物、日常器用、花草鸟兽，并且配上插图，乃旧时内容最包罗万象，形式最精致完美的一本蒙学读物。所举《成亲王帖》《瞿鸿机帖》《草字帖》《九成宫帖》均系书法精品，特别是《成亲王帖》即清乾隆帝十一子永瑆《诒晋斋帖》，《清史稿》卷二百二十一《永瑆列传》称"永瑆幼工书，高宗爱之，……令自择书绩刻为《诒晋斋帖》"，《瞿鸿机帖》即清末儒臣、大学士瞿鸿机手书佳帖，《清史稿》卷二百二十四《瞿鸿机列传》谓"鸿机持躬清刻，以儒臣骤登政地，锐于任事"闻于世，《草字帖》即宋代最大书法家米芾《草书九帖》，俱为当时最风行亦最时尚的优秀字帖。所介绍《十美图》和《果报录》描写在全国传播甚广的唐伯虎点秋香和王文私通刁刘氏的故事，《雨雪亭》则在宁波地区颇有名，都算得上长期热销闺阁的代表性说唱文学作品。它推出一批最流行的蒙学读物、字帖和弹词曲本，就是期盼借此扩大读者面，博得广大包括儿童和妇女读者的喜爱和青睐。

　　书庄亦擅长把生意经做在晚清公务员和企业家身上。列上一本《陶朱公致富书》，实在吊足了世俗发家致富梦者的胃口，开具一本《仕商应酬便览》，恰到好处地刺激着官场和商界社交涉足者的眼球。当然更不忘抢风头，赶时髦，极力迎合那时学界各层读书精英和大众的不同阅读需求。在所销经史子集中特选出天圣明道本《国语》，定价稍高，可能因为《国语》明道本即宋仁宗明道二年重刊天圣七年初刻本，乃该书宋刻本亦即现存最早版本，存世较少，完全可以此本为标榜，向那时的一般古籍尤其宋版古籍爱慕者投其所好。在所售章回说部内单挑出《精忠说岳》，定价偏低，或许由于《精忠说岳》即钱彩、金丰《精忠演义说本岳王全传》，通部描述玉帝"命赤须龙下凡扰乱宋室江山，西天佛祖恐其难制，亦命大鹏下降"为岳飞精忠报国的英雄史诗。岳飞子岳雷得鲍方老祖、施岑仙师帮助扫平金国妖孽的传说故事，原是文学史上艺术成就最高的英雄传奇小说之一，亦是在民间流传最广、影响最大的一部英雄传奇小说，从乾隆间大文堂刻本到光绪十七年（1891）上海珍艺书局石印本，存世极多，其所写施岑收服乌灵圣母"破了乌龙阵"一段便成世传"摆乌龙"一语的源头，又完全可借此书做号召，为那时的所谓通俗小说读者中的一部分爱国主义人士尤其强烈倾向民族革命者鼓气壮胆。

　　这家一言堂书庄既销《国语》类历代经史子集，亦售

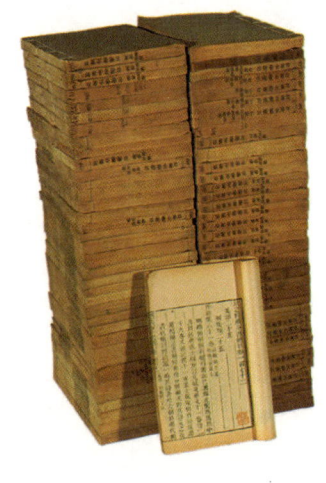

《说岳全传》类明清章回说部,既卖《天文地理歌》类传统书,亦贩《仕商应酬便览》类时务书,面对清末的士农工商、男女老幼各类读者敞开大门,备货多样,经营灵活,不但是一家传统型书店,更是一家时尚型书店。

然而,这家一言堂书庄更不仅仅是书店。上述该广告内兼营"王文正笔、墨、砚,收兑小洋"一行文字,《甬报》1899年10月28日另刊"一言堂太极图"广告:"本号开设在天后宫后街,运售各报、画报、古今名人画谱,端歙、古砚、湖笔、徽墨,带收银行钞票,兑换奇洋、对开小洋、戒烟参片、一粒金丹,发兑木板、铜铅石印各种书籍,如蒙赐顾,认明本号招牌,庶不致误,四明王文正启。"全则文字都说明一言堂书庄当时还搞多种经营,开展文具、兑币、换药等多项业务。只是一言堂既名"书庄",自然以经营图书业务为主,唯不知它在当初除了发行书籍,是否亦曾出版过书籍。不管怎样,这家宁波一言堂书庄发行了各式高雅、通俗文化图书,传播过古代传统文化和近代新文化,尽力推进国民文化教育,是一家有特色的书业老字号。

可惜有关一言堂书庄的文献资料实在太少。我们至今未能考查到书庄创办在何年,创办者是何人，转业或歇业于何时，它与宁波王文正书局有何关系。而据《宁波大报》1934年12月25日登载的"一言堂银盾大减价"广告，《宁波民国日报》1939年11月29日刊出的"一言堂百货商店复业通告"，我们似乎可知，那时宁波或许已经只有"地址西大路"亦即"西大路天宁寺桥"的一言堂百货商店，而不再有"开设在天后宫后街"的宁波一言堂书庄了。

一百多年前的宁波一言堂书庄，应当留在宁波出版新闻业、商业老字号的历史记忆中，是不该被我们忘却的。

一言堂的"五更鸡"

● 张大健

旧时的一言堂曾是宁波城区规模最大的百货店,位置就在唐塔的南面,隔了中山西路,和我家老宅永寿巷27号,遥遥相对。在甬城中山路南侧,从升阳泰至孝闻街南端(如今宁波口腔医院),自东往西,昔时最有名的店铺,分别是升阳泰、清真寺面食店、德泰肉店和一言堂。

少时,父母带我们到民光看电影后,踩着满地月辉回家,经清真寺面食店时,就入内坐定,一家六口,每人享受一大碗九分钱、二两半粮票的"光面"。那"光面"用牛或羊肉汁为汤,比北大面食的"阳春面"鲜美而有营养,所以父母舍得花这些钱和粮票。德泰肉店是我少年时代常去之处,排队用肉票为家里改善伙食,是快乐无比的事，何况看老师傅手起刀落也有趣：一块条肉、一根排骨、几只脚蹄（蹄髈）、半只猪头……老师傅一刀一准，嘴巴还唱出多少分量几钿钞票。而一言堂，是这些店铺中最洋气的。升阳泰、清真寺面食店和德泰肉店，是杉木板或条搭成的二层楼街面房，破旧得很。只有一言堂，砖混结构，高大堂皇，朝北开的大门高拱，如教堂，店堂深深，光线悠悠，不是很亮，但入内，就能看清水磨厅地面，图案繁复，色彩斑斓，那是从朝南的窗口透射进来的光线映照。两扇窗，与教堂之窗相仿，拱形，高而不宽，装有色彩斑斓的玻璃。后来才知道这种玻璃是进口的。我在法国巴黎及澳大利亚墨尔本等城市见到教堂的窗户，脑海总会掠过一言堂的那两扇窗。

一言堂规模不大，店堂却很高。朝北摆成马蹄形的三长溜柜台，商品琳琅满目。

一言堂，过去是商家表示不二价的匾，意思是老少无欺，商品统统是

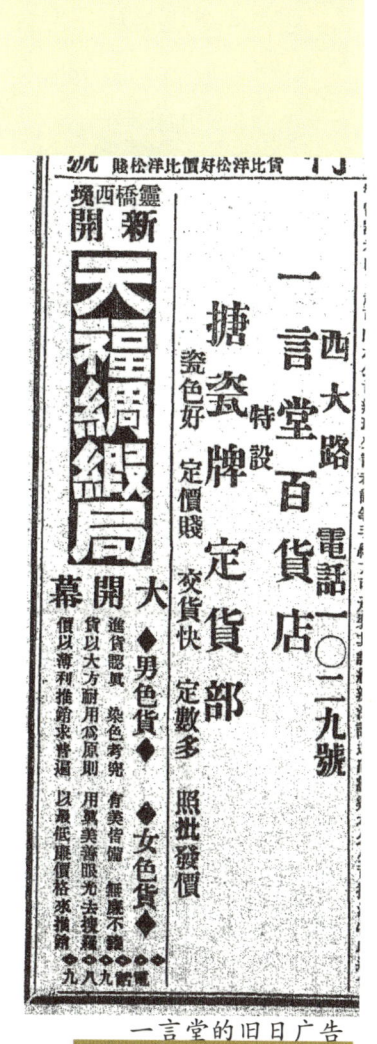

一言堂的旧日广告

实价，请买主放心。绝对不是如今的贬义意——独断专行，没有民主作风，一个人说了算。那时候，甬城老字号商家大多视自家的牌子为生命，一言堂也不例外。以明码标价，不设虚价，顾客无须讨价还价，以一言定买卖著称。

我读小学时，夏天纳凉，见邻舍拎出一只热水瓶，自夸说是从一言堂买来。大人们，尤其是妇女们赞美般地讲顺口溜："一言堂百货多，良心堂药材多，三法卿钞票

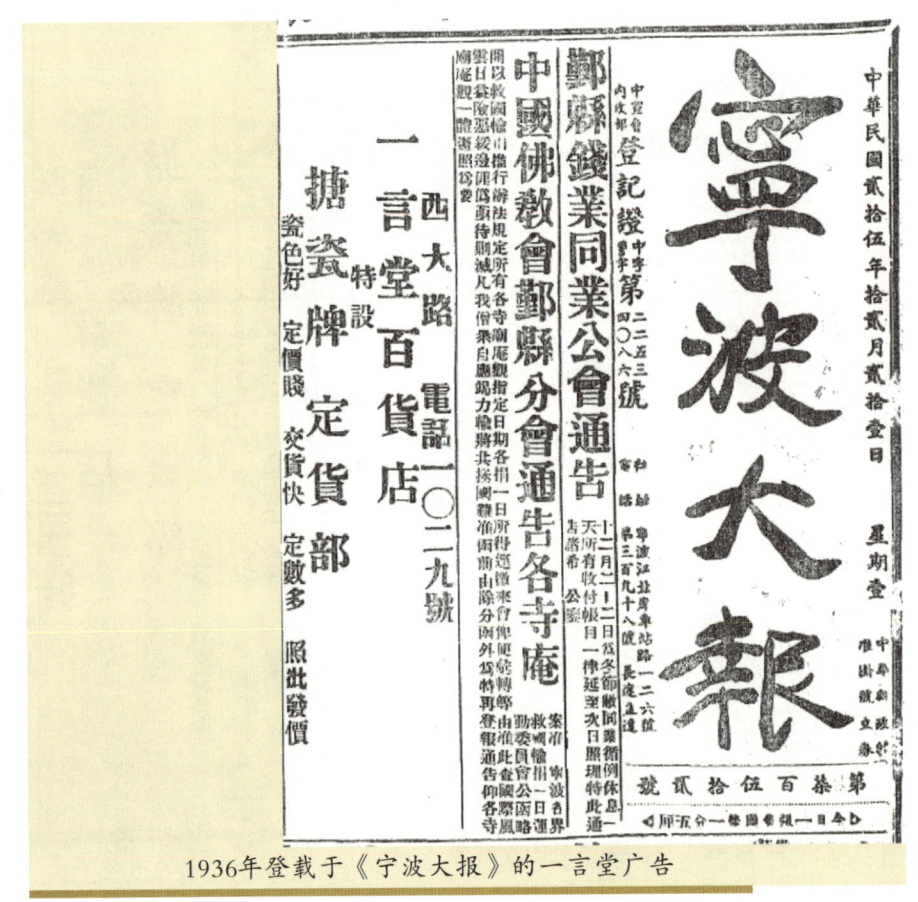

1936年登载于《宁波大报》的一言堂广告

1959年9月12日《宁波报》关于一言堂的报道

多……八角楼下小鬼多，九曲巷弄撮佬多，日新街花轿多。"我等小孩子，似懂非懂，也跟着念，像玩儿似的。

听父亲说起一言堂老板姓刘，他的小老婆住的楼房叫延寿堂之类的故事，是在我成年之后。那时我在宁波八中教书，曾到一言堂南边实地考察过刘老板小老婆住的楼房是不是叫延寿堂，走到那里附近，向一老太太打听，她说你找刘延寿堂吧？我有点蒙。后来才知道，延寿堂也叫刘延寿堂，位置是中山西路191弄16号。那是一幢民国建筑，坐北朝南，和周围其他房子不同的是，它是个不规则的四合院。在院子的西边，有道大门，通往一言堂。所以一言堂营业员说他们好多商品就存放在延寿堂里。前几年，我到月湖西岸拍摄老房子，又走到延寿堂，却见那大门被封

堵了，围了一道因为拆迁而建的围墙。但大门磨石子水泥门框的上端，刻着的花卉图案还清晰可见。

我曾在一言堂买到过上海产的金钢发蜡，质量之好，令人叹服。有一瓶开封使用过的，收藏至今近四十年了，仍香气芬芳，还能偶尔用一下，定型功能还是很强。记忆中这东西价格也不贵。从十多元一瓶到二十来元一瓶的都有，有铅皮盒装的。而我喜欢用玻璃瓶装的，那瓶子造型精美，大佛般的瓶身，圆而胖，红色铅皮盖，如红云当头，男人用的话，一瓶可用一年呢。一言堂所售的金钢发蜡有黄色和绿色两种。我喜欢用黄色的，其沉香浮动，两天不败，颇有男人风韵。要知道，那时候，因上海产的金钢发蜡利润极低，宁波多家商店都不经营了，只有一言堂还在经营。更开心的是，我新婚不久在一言堂买到过当时上海一百也难见到的商品，花一个月薪水选购的上海产"五更鸡"（甬方言：用火油作燃料的厚铅皮为质的小炉子），造型别致，不是圆形，不是正方形，也不是长方形，而是长方形基础上的流线型，组件都模压成型，组装的紧固件相当精密，搪瓷烤漆，底色为绿，白色点缀如雪花飘舞，质量之好，绝不逊于如今手提电脑的钢琴烤漆。当晚，我将"五更鸡"放在写字台上当艺术品欣赏时，发现灶面有点斜。妻子骂我是"木匠加裁缝眼货，太苛刻"。此话糙，理不糙。那是20世纪70年代与80年代交替时光，正是我骨子里理想主义和完美主义的顶峰期。次日中餐后，我利用午休时间，拎着包装完整的"五更鸡"，到一言堂，心想能换则换，不能换就拉倒。没想到营业员边听我说，边看"五更鸡"，二话没说，就给我换了只完美无缺的"五更鸡"。

这个"五更鸡"之美、之灵，令我母亲赞叹，她说："大健，给我也去买一只和你一模一样的。"只是因为当年我教学工作太忙，隔几天去时，与我购买的一模一样的"五更鸡"都卖光了，我只能为母亲选购一只灶面是圆形的。当时，在永寿巷我家老宅，我们两只"五更鸡"让隔壁邻舍眼红极了。这两只"五更鸡"后来幸福地陪伴了我们好多年。

饮誉浙东的"四明大药房"

● 应芳舟

漫步甬城,你定然会被那块活力十足、被民众热捧的金字招牌——四明大药房所吸引。四明大药房是宁波地区开办最早的西药店之一,距今已有将近90年的历史,是宁波屈指可数的"中华老字号"和"浙江老字号"称号获得者。

一、"四明"的创办与发展

1870年,由粤籍教徒所开设的屈臣氏药房是最早传入宁波的西药房。随着西医诊所次第开设,甬城市民认识并喜爱上了起效迅速、服用方便的舶来品西药。开设西药铺

范文蔚先生像

的无限商机和潜在的巨大利润,引起甬上相关人士浓厚的开办兴趣。据民国《鄞县通志·食货志》介绍,至1934年,宁波共有西药房16家,且家家生意不错。

四明大药房的前身是四明药局,又称"四明志记药局",创办时间大约在1923年底至1924年初。创办人孙义瑞(？—1929年),即孙志吕,奉化人,1921年6月毕业于浙江公立医药专门学校药科专业,是四明大药房前身四明药局的缔造者。因孙义瑞和稍后提到的范文蔚系同学,那么孙出生时间应该在1900年左右。尽管当时的四明药局所处地段不甚理想,但在孙义瑞的苦心经营之下,营业发展有条不紊。不过令人扼腕的是,孙义瑞不幸英年逝世。正当四明药局面临歇业的时候，出现了一个四明大药房甚至是甬上西医史上的关键人物，此人就是范文蔚。而促成范文蔚接盘四明的人是范的同学、浙江陆军医院院长孙赛甫。

范文蔚（1900—？），奉化西圃人，医校毕业后任鄞南方桥公益医院调剂员，任期半年。1922年任浙江医药专门学校助教两年，后在该校附设诊所做了三年调剂员。1927年3月起，在南京陆军病院任药局主任。1928年3月，任徐州野战卫生处材料仓库分库主任。三个月后，改任杭州传染病院药主任，任期半年。1929年3月起，任宁波市卫生实验所技师；6月，接办四明药房；同年10月，辞去宁波市卫生实验所技师一职。20世纪30年代，曾任鄞奉公益医院董事，并在家乡创办龙溪小学，供族内子弟入读。生有三个女儿。

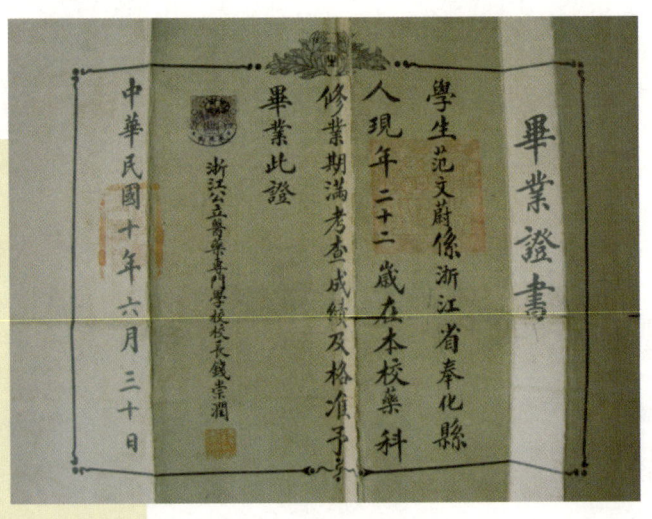

范文蔚先生毕业证书

四明大药房在发展历程中，还使用过四明药房、红卫医药店、四明医药店等名称。店名变化大致如下：四明（志记）药局（1923年年底至1924年年初）→四明药房（1930年冬）→四明大药房（最迟在1931年4月）→红卫医药店（"文化大革命"期间）→四明医药店（1976年）→四明大药房（1988年1月1日）。笔者发现，20世纪40年代中后期时候，四明大药房曾与四明药房相混称，同一版广告中既有称四明药房，也有称四明大药房的（《宁波日报》1947年7月23日第4版）。为便于行文，下文统称"四明大药房"或简称"四明"。

四明大药房中的"四明"既源于宁波这个地理概念，更取狮子吼鸣（四明是"狮鸣"的谐音）、振兴中华民族的意思，这在四明早期药品商标和20世纪90年代的店牌中看得出来。如今使用的蓝黄相间的四明大药房招牌是2001年设计的，那只正在嘶鸣的狮子头像已经成为"四明"的品牌符号。

因城市拆迁、马路改造和业务拓展

四明药房旧日产品广告

需要等因素，四明曾多次迁址，先后为崔衙街（1923年年底至1924年年初）→东门口（1930年冬）→东大路（今中山东路，曾称东门街、东方红大街，约20世纪30年代）→县学街22号城隍庙大殿内（2001年6月）→镇明路633号（2006年12月）。崔衙街今不存，位置在今车轿街和东渡路之间，并与东渡路平行，又名崔衙前。

范文蔚接盘四明，此举被看作是四明大药房事业大展宏图的关键一步。因为范系专业药师出身，接受过良好教育，既懂医药业务，又有丰富的管理经验，由他出任经理实乃不二人选。他主动出击，将欧亚、华明等经营不善的药房盘进，并改名"四明药房"。还将药房改革为股份制公司，利用自己广泛的社会交往网络，多方筹集资金，争取到孙赛甫、周师洛（杭州民生药厂创始人）、张银棠（上海西药巨商）、史致富以及同乡、同学、同行张辅坛（奉化人，奉化公立医院药局主任）、孙章庆（奉化人）、任守余（奉化人）、周静康（镇海人）、周用康、胡坤祥（柴桥芦江医院院长）等人出资入股四明，将公司日益发展壮大。此外，他还聘请拥有权势的王文翰（恕房）兼任四明董事长一职，由王开设的诊所自然来四明处配药。后来抗战爆发后，第三战区司令部的医药生意也由他介绍给四明。王后来任浙江省公路局局长，凡四明运输的药品都可方便通行。范文蔚的大批同学开设有诊所，或在医院谋职，经他们介绍过来的生意也较多。范文蔚依靠自己过硬的专业学识和人际关系亦获人赏识，时任宁波市

市长的罗惠侨邀请他兼任卫生试验所所长，王文翰也请他兼仁济医院药局主任一职。

范文蔚将四明店址迁至行人川流不息的东门口，成为奠定日后成功的重要举措。原来的崔衙街虽然距离三江口不太远，但毕竟稍显冷僻，人流量远不及东门口等繁华地段。而当时的东门口西药铺开设极少，留下的市场空间很大，至1932年时西药房也只不过两家（东大路则有七家），而其中一家还是四明。所以说，范文蔚具有强烈的市场开拓意识和长远的战略发展眼光，既抢占了西药市场份额，同时又避开了同行竞争激烈的地段，可谓令人佩服。

在范文蔚的筹划下，四明生意发展快速，击败中日、华英、华通、五洲等西药房，营业额长期位居全市西药业之首。1941年6月，四明资本额10万元，职工数14人。当时全市西药业公会会员共有25户，总资金31.62万元，店员139人，四

四明藥房廣告

古語云大兵之後必有大疫際茲潛暑困人之候適值抗戰正酣之秋前方死亡枕藉血肉一片疫癘之流傳殊意料中事敝號未雨綢繆提早購辦防疫藥品以應各界急需尤以十滴水之推銷超過往年加之申甬航運阻滯單瓶不能預計到甬致小瓶十滴水脫檔多日有勞各界在偶及函電垂詢實深抱歉茲懇多方設法該項藥瓶業已到甬即日出貨雖費用浩大成本固昂但敝號爲聯答各界賜顧之盛情仍照原價發售恐未週知諸此廣告本藥房地址中山東路電話二三二二

1938年载于《宁波商报》上的四明大药房广告

饮誉浙东的『四明大药房』

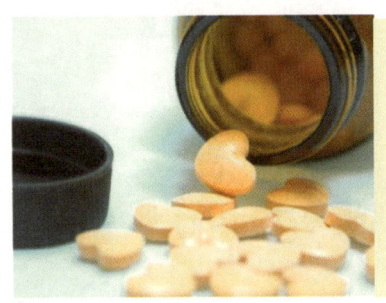

明的资本额占了全市将近三分之一。四明的资本和营业额遥遥领先,优势十分明显。

四明诞生于半殖民地半封建社会的近代中国,因此它的发展步履格外沉重。1937年抗战爆发,宁波市区受到日本敌机威胁。为了安全起见,范文蔚将店内大部分物资移藏至南门外及方桥两处。1939年春,将药房大部分资金转移至金华四牌楼,筹集资本六万元开设分号。1941年宁波沦陷前夕,将四明贵重物资转运至奉化某山中,店内剩余物品则惨遭抢劫一空。同年夏天,时局稍见好转后,再将物资经宁海转移至金华,并改名"浙东药房"。通过宁波中转站,将药品源源不断输往金华,使金华店获利丰厚。是年冬,将宁波四明药房的房屋买下,以保存实力,作今后恢复打算。1942年春,金华亦遭沦陷,遂辗转福建,在浦城设临时营业处,在南平设立分店名"浙闽药房"。1943年冬,南平分店关闭,改设江山分店。1944年冬,宁波四明总店召开董、监事临时会议,宣告暂时结束四明,仅在东边一小间设一小药房,名四明文记药房,大部分房子则租与丹凤银楼。抗战胜利后,先后将浦城、江山两店关停，重心转至宁波总店。1946年6月10日正式复业。

需要指出的是，清朝末年时候，甬上开设过一家名为四明大药房的商号的药店，店址设在江北岸洋船街口一洋房内，聘请有中西名医诊治，选用上等药材制作急救霍乱夺命平安汁、万应痢疾丸、卫生八宝丸等各种药丹、药水。该药房以狮像为店牌记号，楼上附设有照相馆。（《四明日报》1910年5月25日）此四明大药房系何人创办，何时关停转让，不得而知，但可以肯定的是，这家"四明大药房"非后来的四明大药房，二者没有前后继承关系，只是店名巧合而已。

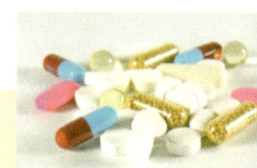

二、"四明"的成功之道

1. 自制及代售（理）药品种类齐全，以经营西药业见长。作为宁波西药史上资格最老的药号之一，四明主要经营各种药品、药材、医疗器械、玻璃仪器、化学试剂的批发和零售等。它自主研制的药品不少，据四明老职员介绍说有53种（一说55种）。笔者曾对民国时期宁波报刊以及新编方志、文史资料进行过不完全统计，辑录出四明有老少牌麦精鱼肝油、胃圣、四明头痛粉、四明敌敌涕等29种自制药品。此外，尚有代理、经理、经销上海信谊药厂、杭州民生药厂、宁波家庭制药社及瑞士、日本、法国等多家洋行出品的双刀牌臭药水、三花牌爽身粉、扑身粉、乐的能、康福多液剂、糖衣装片剂等药品27种（不含

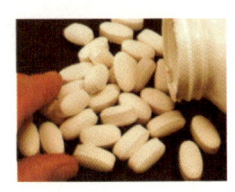

经理的德国先灵洋行、瑞士哈夫门、罗氏洋行、瑞士汽巴药厂、日本新药社等药品）。从以上数据可见，四明特制药品与代理（售）药数量基本相当，足见它的药品研制能力不同一般。

20世纪30年代，各传统行业大都趋向衰退，唯独西药业反而逆势增长。据统计，1933年宁波共进口西药约60余万元，其中要数鱼肝油销路最好。而当时四明大药房的一个拳头产品就是作为滋补药的老少牌麦精鱼肝油，受到市场的广泛认可，使四明能在西药业稳稳站牢脚跟。四明的经营优势是西药品种齐全，这远非其他药房所能匹敌，例如当时各档麻醉药品只能去四明方可配到。难怪宁波人在20世纪初流传有这么一句顺口溜："一言堂百货多，严康懋钞票多，三法卿木器多，四明药房药片多，五芳斋点心多……"（"严"与"二"是谐音，宁波人都发"ni"音。）四明的利润一直居我市西药业前茅，1935年时四明当年盈利达五千余元，而当时的华通才两千元，其余则更少。四明的西药业龙头地位无人能够撼动。

2. 采用科学、人性化的管理方式，招徕大批顾客。四明是一家由专家负责经营的药房，对药房和员工采取相对科学、人性化的管理方法。作为一家股份公司，四明每年年底分红时都是发放三分之二的现金和三分之一的股票。这样上至店经理，下至学徒，都油然而生一种与四明同呼吸、共命运的责任感和使命感。四明注重对店员的培养，每一个进入四明的学徒，先要轮流做包装、站柜、进货、跑街送货、调剂配药、出纳会计等工作。药房根据每个人的实际工作情况，安排固定工作。当时四明职工、学徒的薪资和待遇在西药业中是最高的，这有利于留住人才。四明不但能留住人才，还注重人才的培养。店里学习氛围浓厚，每周有两个晚上进行专业培训和外语补习，由范文蔚等人亲自授课。药房还替考查合格的职工向卫生部申请药剂生执照。学徒工在业余时间还可以免费观看电影、学骑自行车等。以上管理措施使职工切身感受到四明重视人才，在四明从事工作能够发挥自己的才能，所做的工作也富有前途。四明培养的一批学徒，日后大都成为合格的医药管理人员。

以客人为主，也就是以病人、客户为本。四明派出的跑街上门联系洽谈业务，都是有针对性的。他们大多被安

四明大药房的产品广告
（分别载于《宁波日报》1947年7月13日、15日、17日）

排联系自己户籍所在地的营业放账收款,这样人地两熟,便于开展工作。四明因为药房规模大,一次性进货数量多,所以可以争取到比其他药房更低的进价,这便于低价销售,给予老百姓更多实惠。四明还急病人之所急,主动上门接方配药和通过邮局办理购药事宜,这种专业化、人性化的服务,使群众看病服药大为便利,深得百姓称道。

3. 广告投放力度大,名牌产品深入人心。甬城老百姓流传有中医找寿全斋,西医找四明之类的说法。口碑的流传自然有四明所售药品疗效上佳的原因,使病友之间彼此相告,更有长年来在甬上各大报刊登载广告所起的作用。每逢疫苗推出、防疫季节到来、西药新品、自制秘方出来后,四明必要大做广告。四明的敌敌涕(DDT)药从1947年7月11日至1948年8月12日间,每隔数日在《宁波日报》上密集刊登广告。有些名牌产品推出的广告,时间跨度更是长达十余年。如四明头痛粉早期在《时事公报》(1937年7月3日)刊登广告,后转至《宁波日报》(1947年12月4日)继续刊出。这期间虽然中途有停顿,但时间跨度长达十多年。四明的鱼肝油至今仍被市内老妪知晓,可以称得上是一个市场认可度高的响当当的老牌子,这和当年的市场推广和广告投放是分不开的。逢年过节的时候,四明也会与药品制造商联合开展促销活动,如购"特制乐的能"药一盒,即可获赠精美日历一组等。

四明的药品广告设计制作精美,使人过目难忘。这和药房聘请的专业广告设计师汤雪帆有关。由汤设计制作

20世纪80年代的四明医药店外景

的四明药品的橱窗活动广告,引来路人驻足观看,发挥了广而告之的作用。我们现在所能看到的四明广告中,有多则配有图片,如头痛粉广告中有一小丑站在人头上重重地挥锤,借此描写头痛难忍的状态,使人印象深刻。四明还编写有一部《四明良药集》,向医院、诊所、机关、学校等单位分发赠送,交代日常用药方面的知识。这些多样化的宣传手段,虚实结合,带动了四明药品销售量的节节攀升。

四明大药房对自己所售名牌药品的声誉十分爱惜。抗战初期，上海至宁波的航运受阻，加上气候和战争的关系，甬地防疫药品十滴水供应紧张。四明在成本增加的压力下，争取到一批十滴水货源后，没有趁机哄抬价格，仍以平价售卖。这反映出四明具有医药济世的优良传统，同时也由此使十滴水这一产品深入人心，成为当年宁波百姓夏季必备的防暑药品。

4. 利用国人抵制洋货、争夺权利的舆论契机，发展壮大民族产业。西药房在抵制洋货浪潮中往往容易受到打击，这主要是因为西药大多是从国外进口，属于当时被抵制的对象。据民国《鄞县通志》记载，宁波西药业起先仅数家，1932年时"逐渐添设十余家。自抗日抵货后颇受影响"。这里的"抗日"是指国人反对日本侵略军发动的"九一八"事变。这种来自舆论的巨大压力，迫使一些从事西药买卖的商家摆明态度。四明在这一点上颇为积极主动。早些年前就已愤然喊出挽救民族权利的口号，"昨接吾友来信，始知我友发明救人苗浆，喜甚喜甚。观其来货完全与德货无二，其效必超过外货，盖其期近，且试之其免疫性甚盛。凡我爱国志士、同胞、善士尽来购试，以免利权外溢也。"（《宁波民国日报》1927年6月27日）买四明药就是爱国，四明充分利用了全市人民抵制洋货这一舆论契机。当然，这不仅是商家追逐利润的考虑，更是爱国心和社会责任感使然，使市民对其颇增好感。此外，四明喊出"免利权外溢"口号是有雄厚基础的，它创制的五十余种药品和代理（售）的大多数国产药品成为市场上的畅

1996年的四明大药房外景

销品，为争取民族利益、抵制外国药品的市场垄断作出了不小的贡献。

三、"四明"的新发展

1951年，四明大药房完成私营企业改造。当时四明药房共有股份4800股，资本金6亿元，其中范文蔚有215股，出资额2687.5万元，王文翰的股数为387股。1956年，转为公私合营。1976年，位于中山东路上的宁波市医药公司大厦落成，一楼12开间作为四明的门市部对外营业。1987年，四明资本额为11.65万元，营业额195.26万元，职工数

如今的四明大药房

32人。当时老城区专业西药房有四明、新华、国光、新亚四家，总资金18.83万元，职工57人，年销售额326.77万元。从中可见，四明实力雄厚，资本额占了一半多（61.9%）。

在改革开放春风吹拂和社会主义市场经济带动下，四明大药房善于解放思想，屡屡重拳出击。1999年12月8日，四明大药房有限责任公司成立，成为甬城首家医药零售连锁企业，实行董事会领导下的经理负责制，此举标志着四明走上了事业发展的新道路。2000年8月21日，成为我国第一批41家药品零售跨省连锁试点企业之一。四明善于借力发力，开创事业新局面。2001年10月，引入宁波联合集团股份有限公司资本并完成增资扩股，注册资金由1000余万元增至2380万元，第二年即以101家的门店数位居中国药品零售连锁企业第35位（1999年12月四明连锁店才13家），实现利润116万余元。2004年10月，改由上海市医药股份有限公司控股。翌年，以浙江省最高的9000万元销售额居"2005中国连锁药店百强榜"第58位，从此驶上事业发展的新征程。

在激烈的市场竞争下，四明秉承"诚信无价、四明无暇"的经营理念，坚持"四明相伴、健康永远"的服务精髓，继续发扬该店的优良传统，诸如代客煎药等，还与时俱进地竖起平价药房大旗、健康咨询进社区、向特殊群体献爱心、义工志愿者活动等，便民服务工作开展得有声有色。2006年底，四明将总店从城隍庙迁至鼓楼城门前的镇明路，与升阳泰、天胜照相馆、东福园饭店、正章等老字号相距仅数十米远，构成甬城最为密集的老字号区块，知名字号的集聚效应十分明显。四明现有连锁门店70余家，遍布宁波城乡，还深入超市、社区、学校，甚至走出甬城，进驻舟山海岛，成为饮誉浙东的药界老字号。

甬城银楼名店"方聚元"

● 林永国

当金、银、珠玉以各类饰品器物的形态,逐渐步入寻常百姓人家后,一些专门打制各式金、银、珠玉的能工巧匠纷纷开设工坊、店铺,经营各类金银饰品和提供镶嵌珠宝玉石的服务,这便是银楼业态的前身雏形。

清末,受时风影响,银楼业大盛,国内稍具规模的城市皆有银楼之设。而且,除华南要埠广州、香港之外,其他各地银楼业几乎为浙江人所垄断。其中尤以"宁波帮"居主导地位。

纵观近代史,宁波的银楼业一直呈现方兴未艾之势。清末民初曾先后涌现出方聚元、凤宝、方九霞,行远(后改为方行远)、紫金(后改为方紫金)、新凤祥、老凤

1906—1909年间德国旅行家、摄影家柏石曼拍摄的江厦街、东渡门附近的方聚元银楼（水银 提供）。

祥、新宝成、天宝成等十余家规模大、影响力强的银楼。其中方聚元、凤宝、方九霞、行远、紫金皆系镇海西乡柏墅方的方氏家族的产业。而方聚元、凤宝两家银楼店则是业内翘楚。时至1932年，宁波市区有大小银楼共计二十四家。

方聚元银楼店位于老城区地段繁华、交通便利的东渡门内第一道公墙

方聚元金条

边东大街上（今和义路东段），其户型坐北朝南，分上中下三层，底层门楣上采用红木作底，上楷体书写金漆烤制而成的"方聚元楼"金字店牌招四字笔力浑厚遒劲。二楼悬挂"百余年老铺"字牌，门楣两侧的挂满"加炼赤叶""满汉首饰""兑换赤金"等各式招牌，足见其规模之大，经营之全。其建筑仿徽派之风，三开间梅园石门面，前中后三大进楼房，雕栏画栋十分气派。

当时的方聚元和凤宝两家银楼店皆为方盛氏（镇海巨贾盛氏之女）掌店。光绪末年（1908），方氏遭家道之变，方盛氏不得已将经营近百年的老字号凤宝盘出，而竭力经营方聚元。尽管如此，方聚元银楼仍举步艰难。对此状况，方盛氏果断改革，推出两项重要措施：

一、改家族式专营为入股联营式。邀上海银楼业大同行公所总董、南京路方九霞成记银楼经理桂增元与上海某银楼资深职员裘清甫联合入股,共定签订合伙议单,共集资三万两千余银圆,解决了银楼运营资金短缺的状况。

方聚元每年所获得的净利润,按照当初合伙议单所订定的,除了酌提部分作为公积金(即把存货的盘价逐年压低)外,按二十二股分配,各股东共得"花红"一十六股,经理、襄理和全体职员共得花红六股,每股一般是五六百元。店方在供给全体职工食宿外,外场职员每年人均工资约一百元,公记(珠、翠、宝玉、钻石等镶嵌货的销售利润归职员,故称"公记")约七八十元,花红也约七八十元,合计为两百五六十元。里场工人人均工资稍低于外场职员,无公记与花红,但有金贴和银贴资助,合计约两百二三十元。

二、革新管理、变更人事。聘裘清甫为经理,裘清甫长期在上海银楼工作,精通银楼业务,且秉性耿直坚毅,吃苦耐劳,勇于任事,方盛氏授以全权负责店务之职。在其掌管方聚元后,立即着手银楼店务整顿,主要方针有三:其一,精工制作,专技艺,精产品,以求顾客赞誉口碑;不投机金市,足金立品,踏实营生,使方聚元银楼店步入少风险,稳增长的经营之道。其二,广开财源、吸纳存款、充实资金、扩大金货存量。以丰富产品种类和饰物花样,迎合各类客户需求。其三,诚信拓市、和气生财、顾客至上。裘氏不但要求银楼伙计做到微笑待人,童叟无欺,而且还亲自坐镇方聚元,及时为客户解答各类疑惑,从开市到打烊日日如此,风雨不改。

在方盛氏的阔斧革新与裘清甫的精心管理下，方聚元银楼店的业务蒸蒸日上，外则信誉增强，内则人心安定，一举重振方聚元昔日之鼎盛气象，成为宁波银楼业界执牛耳者。

方聚元和众多传统商号相似，银楼经营格局亦为前店后院两部式，每部均有司职人员二十余名。全店设有经理、副手、账房、料房、作场等司职岗位，职责分明，工序井然，运转自如，确保方聚元银楼店出品的金、银、珠玉等制品，件件皆是艺精形美成色佳的上品饰物。如料房分管"黄料"和"白料"，负责将金银原料发付给作场"把作"和验收"把作"上交的金银饰物成品的重要任务，回收时需称量每件饰品的分量，贴以标签，包以号纸（银器一般不封包），而后交于管货。还需处理门市日常收购的旧金银器件，安排熔铸和化炼等事务。其间察看和保证足赤成色环节尤为精细，一丝不苟。作场设有"把作"一人，司职管理作场全局，如领取原料、添置工具、指导手艺、分配人工、安排作业、回收成品等各道作场工

1946年10月1日载于《慈溪报》的方聚元广告

序。

俗语虽云:"金无足赤,人无完人",而方聚元银楼店却一直以"足金立品、诚信立市"为经营宗旨。所谓"足赤",乃以当时上海银楼业大同行的规定(也为业界所公认),当含金量达到99.3%即为"足赤"。而要达到此标准,在传统的熔炼方法中即便是技术高超、深谙火候的老师傅来操刀亦无法百分百的不出偏离。方聚元为诚信于市,改良技艺,曾率先引入西方硫酸提炼法。而此类西法也对作坊设备要求颇高且技艺极不易掌握。"宁失利勿失心",方聚元当机决断放弃自行炼金,而把浑金带往上海,交与正规冶金厂加工代为炼制。所以在方聚元售出的足赤金货完全达标,无一件出现过折扣现象。当时顾客只要看到打有"方聚元""福""足赤"三类钢戳字样(为方聚元专用钢戳)的黄金饰物,便深信知此饰物绝不会有一丝一毫的成色折扣。

20世纪20年代后期,受社会奢靡风气和西方文化的影响,导致在金银行业出现了金贵银贱的市场趋势,在工艺造型方面改传统走"摩登"的路线。方聚元为适应

1943年10月25日载于《时事公报》的方聚元广告

甬城银楼名店『方聚元』

时局率先调整了经营方向，改"银楼"为"金楼"，店内销售九成为金制制品，只留一成银制品。同时大力发展时式镶嵌业务，派人上沪学习先进"摩登"制品技艺。通过一系列的革新措施，使得方聚元的生意再次盛兴，成为享誉沪杭甬三地的银楼名店。

大股东方盛氏去世后，家族中各小老板们又开始步上挥霍无度，亏空巨款之路。对此，裘清甫尽管洞彻一切，但基于当初的入股权协议机制，只能看着他们向银楼不断伸手索取资金。亏损的缺口越滚越大，最终积欠资金都超过了其原始股本。在各股东的一再催讨下，1923年前后，方聚元再次将股份出让给蚌埠老凤祥银楼经理桂安卿和本店经理裘清甫。

虽然经过内部整顿，经营稍改前观，但方聚元的好景犹如昙花一现。一战结束后时局略显平稳，百业稍有复苏之态，然西方列强经济势力又一次卷土重来，侵占我国国内市场。上海金价被逼步步抬高，由于成本迅速提高，银楼业生意日趋惨淡，如宁波方九霞、新凤祥、新宝成等银楼大店相继歇业。

30年代开始，日军侵占我国东北，加之国内战争的持续，动荡的时局影响到了各

方聚元"福"字饰品

方聚元锁片

行各业。当时上海金价再一次窜高,顿时民生萧条,百业萎靡,宁波银楼业更是举步维艰。方行远、方紫金等甬城银楼大店再度面临破产歇业之困境,方聚元幸赖裘氏经营有方,尚能维持经营。

1935年,国民政府为挽救财政危机,推行币制改革,实行"废两改元",颁行法币,收兑全国银圆,促使金价再度上飚,银楼业更如残雪逢霜,损失惨重。方聚元为应对如此困境,维持营生,其金货买卖也不得不由原先的出多进少改为进多出少。斯时,银楼业内有人建议方聚元、凤宝、天宝成、老凤祥、方行远、方紫金六家店铺组织起来,结成一个联营机构,以节开支共渡难关。不久这六家银楼便共同设立一个联合收金处,投靠宁波中央银行,专替该行收购宁波地区的民间黄金,以赚取该行的佣金,用以维持整个行业全体职工的生计。

次年，联合收金处正式成立于凤宝旧址。在当时国民政府的操控下任何金饰、金器、金条，实行只收不售的政策，还发动各银楼向该行投售库存金货。当时方聚元的股东，有的少不更事，有的老而无能，都不明此中真相。经理裘清甫也年迈力衰，心力不逮，终于他将店内全部存金一千余两拱手兑给该行，将所得法币全用于清偿客户存款，未曾留下分厘的金屑给自己和股东。在国民政府有预谋的操控下，联合收金处又改变原定计划，不附带经营银货，方聚元银楼店最终只能发资解散里场工人，只留下外场收金员与经理裘清甫等各领一份干俸以维持银楼店之最基本运作。然厄运并未于此终止，最后宁波银楼业只能以集体关门收场，方聚元也未能幸免。但以方聚元为首成立的宁波联合收金处的组织形式一直持续到抗战初期，堪称中国银楼业史上的特殊一页，并对以后中国金融市场的发展留下了极具意义的深远影响。

虽然作为商业实体的方聚元银楼早在半个多世纪前就

不复存在，但在老一辈宁波人心目中方聚元仍是宁波银楼业的代名词，是无法消抹的一道记忆。

　　方聚元银楼的消失，不能单纯以经营得当与否的习惯思维来考量它的成败。因为任何社会活动都离不开其所处的历史环境。与时俱进是一切事业的生存发展规律，特别是社会转型期的商业活动，机遇与变数同时存在，倘墨守成规，不善于审时度势，那么实力再雄厚的产业都会走向衰败甚至消亡。方聚元银楼的消失恰恰印证了这条规律。但无论如何，曾执宁波银楼业牛耳的方聚元在宁波商业史上留下了浓墨重彩的一笔。

甬上名药号
——赵翰香居

● 周达章

赵翰香居中药店是甬上一家著名的百年老店,坐落在宁波东渡路。

赵翰香居是由赵文通先生继承其祖父在光绪七年(1881)所创办的事业逐步发展起来的。至民国初年药材经营已具相当规模,传到他儿子赵世箴先生时,药店经营更上了一层楼。与当时香山堂、寿全斋、冯存仁堂的经营相比,有过之而无不及,成为宁波四大中药名店之一。赵文通先生祖上在清光绪年间兴办药店,创业初期经营规模不大。但有一个与众不同的特点,就是药店老板对贫困人家的病人一律赊药治病,以行善积德来传好名声。传到了赵世箴先生这一代,其逐步扩大经营的同时,还不断改善

新中国成立初在江厦街15号的赵翰香居

经营办法,创立有自家品牌的丸丹膏散,一时声名鹊起,享誉江浙一带。

赵翰香居自家配制的许多丸药,都由高薪聘用的当时著名药师胡谓川老先生来亲自监督调制。丸药中有人参再造丸、六味地黄丸、六神丸等;丹药中有专门治疗中暑的人丹、治疗高热腹泻的辟瘟丹;在膏药中有虎骨膏、鹿角膏;专治感冒咳嗽的琵琶膏、雪梨膏等;另有治疗喉痛的锡雷散、护肝的乌肝散等。赵翰香居自制的膏散丸丹用药上等,配制精工。赵世箎先生的长子,现在回忆儿时生活时,还清楚记得赵翰香居的自制雪梨膏。只取上等的雪梨肉入药,把梨子的芯子都弃而不用,他还说起孩时诸多小孩吃梨头芯子富有童趣的情景。仅此一例,足见赵氏制药的讲究以及对自制成药的品位和声誉的追求。由于赵氏所煎制的丸药质量上乘,药效显著,许多外地顾客慕名而来,生意十分兴旺。

赵翰香自制的丸丹膏散一律自己销售,品种多达百余种。生意兴旺时,药店所雇用的采购、药工多达30余人。赵翰香居在江东王隘(新中国成立前属鄞县)的库房晒场和工场规模较大,所用场地约有五亩地之多,自家配制的丸药都是在王隘工场里加工煎制的。赵世□先生长子回忆当时自制成药时,采用的都是祖上袭用的秘方。只可惜在公私合营时这么多的秘方究竟落入谁手中,现在一直是个谜。由于王隘地处鄞县,公私合营后,赵家所有在王隘的工场、房屋、晒场都被当地居民会无偿改造为敬老院。以至,众多家眷都搬迁至江东演武街新宅,直至旧城改造。

在赵翰香居自制的诸多成药中,赵氏祖母俞氏亲自配制的淡竹盐在同类成药中堪称上品,在甬上药市享有盛誉。俞氏亲自操持的淡竹盐煨制工场占地足有一亩有余,四周筑有矮墙,墙内周边地面上都半埋灰缸,灰缸口径一律四尺光景,用来煅煨淡竹。其工序是先取带节淡竹一段,另一段开口,在竹筒中放入食盐,然后把另一端封上口,放在灰缸里煅煨,直至竹筒煨成竹炭后取其中煨好的盐,此盐就是淡竹盐。每天煅煨好的淡竹盐待冷透后装箱

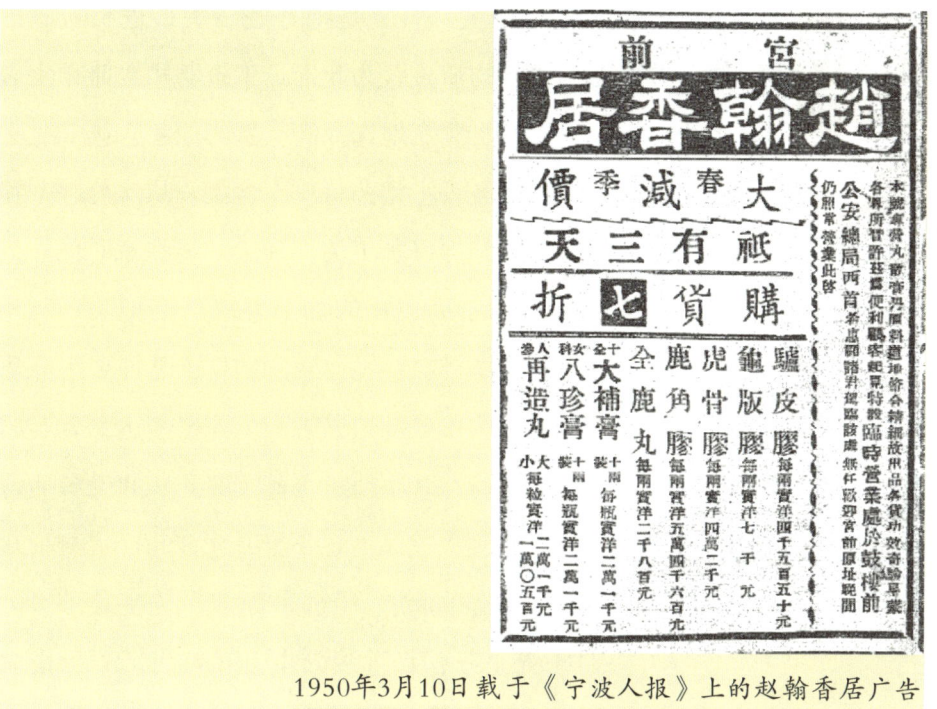

1950年3月10日载于《宁波人报》上的赵翰香居广告

备用。煅煨过程要把握火功，不宜采用明火，尤其是严格控制不露火苗，待淡竹中的有效浆汁完全渗透到塞在竹筒中的盐中为宜。由于加工细致，使赵俞氏配制加工后的淡竹盐质高效好。

在王陞每天加工炮制的膏药中，驴皮膏的质量也属上乘。他们特地从山东阿县请高手来指导，赵氏亲自督理下人采办上等的驴皮，经水泡、去毛、烊皮、煎膏、制形及至上印等步骤，丝丝入扣，精心操持，所煎的驴皮膏能与山东阿县所制的阿膏媲美。赵翰香居在自家精工配制丸散

膏丹时，严把住四关：首先是把好进货关。进货质量好坏，直接影响成药的质量，为此出足工资聘用当时甬上著名的进货先生，亲自到产地选择高质量的原料。第二是把好选材料关。选择各种上档药材决不含混，质次材料一律不准入药。第三是把握好加工关。加工一要注意时间，二要把好火候。根据不同成药的加工要求严格把关一丝不苟。第四是把好成药包装关。俗话说人好还得要用衣来妆。赵翰香居自制的中成药包装考究，十分引人眼球，只惜原来精致的包装材料，至今已荡然无存。由于赵翰香居自立品牌，且能达到质优品高，不但在宁波市场上树立起一个好名声，而且在苏浙沪一带都享有盛誉。

为扩大经营业务，赵世箴先生之兄赵世芳在上海盆荡路上另辟一家同名的药店，没过多久，营业情况也十分不错。

赵氏经营中药业，业务精，管理到位，至今其下代还保留有一些为营业人员业务培训所编印的材料。所编内容条分缕析，十分严谨。由于药业人员的业务水平高，又经营管理得当，所以赵翰香居在新中国成立后，仍十分兴旺。可惜在新中国成立初国民党反动派轰炸灵桥，店铺被全部炸毁，江厦街一带全都夷为瓦砾堆。在轰炸期间，从灵桥西堍直至大道头一带沿奉化江废墟上，常设有夜市，连在一起的汽油灯或乙炔灯，把漆黑的江边照得如白昼一样。沿江滩都摆有市民日用消费品和简单的生产资料，交易也十分忙碌。那时，赵翰香居的职工也常挑担挟箩带上中药材，设地摊营业，度过艰难岁月。一年后，赵先生又出资重建二层店房，恢复旧业，经营规模不下当年。

1956年，赵翰香居同所有的私营企业一样，经历了个体工商业的社会主义改造，赵翰香居从此不复存在，赵先生便成为宁波中药界的一名资深从业人员，直至在药材公司退休。

（本文有关材料根据赵氏后人及其小女儿口述整理而成）

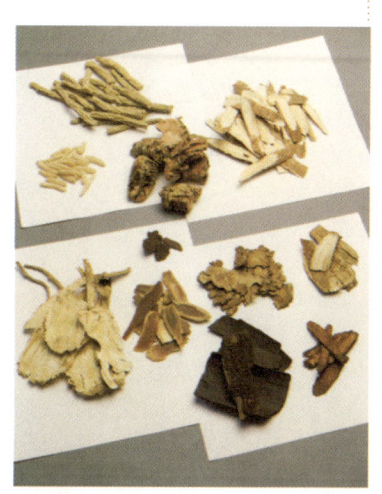

源康布店
——妇孺皆知的金字招牌

● 张落雁　陈也喆

在海曙区狮子街和君子街交错的路口，一个容易被人忽视的街角，静静地矗立着一座两层的店面。深褐色的镶金招牌上赫然写着笔法雄浑的"源康"两字，现在的年轻人已经很难想象，"源康布店"这家百年老店曾经有过怎样的辉煌和闹猛。

辉煌——妇孺皆知的金字招牌

宁波源康纺织品商场原称源康布店，建于清代末年（1904）农历三月三日，由浙江宁波鄞县西乡人屠景山投资3万余元，在宁波最热闹的黄金地段——东门口开张经

2000年的源康纺织品商场和老三进鞋帽商店（陆锋 摄）

营。当时的宁波城乡人传诵着一句顺口溜"老板屠景山，资本三万三，开店三月三"，源康布店的知名度由此可见一斑。

绸布是宁波商界的一大行业，而源康布店则是绸布业中的首户，名气很大，甬城内外老幼妇孺皆知。源康布店品类繁多，花色齐全，质地可提供绫罗绸缎等各种匹布，久负盛名，很受顾客喜爱。加上老少无欺，足尺足码的合理价格，城里乡下的人们买布首选"源康"。当时宁波一带渔民、农民都喜爱购买耐穿实用的毛蓝、玄色的16磅粗布做笼裤、衣裙和围腰。该店经营的毛蓝、玄色粗布都是自行采购"万年青""魁星"等名牌坯布，经特殊加工染色而成。如染玄色,用双蓝转玄的工序,使之永不褪色,并把所有蓝、黑粗布在染色后存放至过霉期和过伏期后再上柜出售,质地格外挺括坚实,售价也合理。城乡人民慕名到"源康"购布,名声越来越大,生意也越来越好。1936年盖起钢筋混凝土楼层店面,经营规模扩大。

源康的进货渠道主要是苏州、杭州、上海三地的正规厂家。由于进货数量多,总是能拿到最低的价钱,因此源康的成本低,价格也低,价廉物美,是老百姓买布的首选之地。20世纪50年代,源康一年盈利可以达40万元。

源康不仅在布料的供应上坚持"多、全、优、新"的经营特色,而且还有一套在当时来讲十分新颖的经营方式,其中最具有特色的便是"串柜"。"串柜"是一种供应的办法,比如一个顾客进门,既要棉布、绸缎,还要买呢绒、印花夏布记忆裤腰斜料。连同选料、收款、发料,源康统一由一个营业员服务到底,不必使顾客到每个柜台分别购买,这样既节约了交易时间,又方便了顾客。长此以往,顾客自然赞不绝口,回头客也很多,源康的好口碑就这样一点一滴地积累起来。源康还专设服务人员,给顾客介绍各种布料、被面、被单、服装等的品质、产地、款式,供顾客选择购买,这种方式就是现在常见的"商场导购"。而源康在很多年前就这样经营了。源康还有一个很超前的服务便是现在所说的"送货上门"。那个时候电话机还是稀罕物品,老顾客如果打电话到源康,需要什么布料,源康便会以最快的速度送货上门。足不出户,便可以

源康布店门厅

收到满意的布料，顾客自然高兴。在那个服务意识淡薄的年代，只有心里时刻为顾客着想，才能在经营模式上有超前的思维。

"八一三"抗战爆发不久，宁波沦陷，屠申恺避居上海，店名改作丰大，营业额大不如前。抗战胜利，恢复"源康"招牌。新中国成立后不久，屠申恺在上海去世。1953年，源康在国营经济的扶植下，恢复了活力。1955年，源康成为公私合营商店，营业进一步发展。1966年以后，源康曾更名为人民布店。

记忆——不到源康，枉来宁波

乐秀衡师傅是源康布店的老员工，他的声音很洪亮，精神气也很好。只是他一步一步地佝偻着背为我开门的时候，我才意识到眼前这位白发稀疏、笑容慈祥的老人已经91岁高龄了。乐先生原来在宁波从事棉布批发的工作，后来去了上海。1954年，源康布店需要管理方面的人员，乐先生就回到家乡加入了源康。那时的源康布店在东门口，有两间多三间不到的店面，十几个员工负责营业、仓库管理、销售、管理、出纳等工作。那个时候，宁波周边地区

源康布店内景

的老百姓置办婚嫁用品都首选源康，街坊小巷还流传着这样一句话："不到源康，枉来宁波"。"有些农民好不容易进一趟城却没有去源康布店买东西，回去以后就没脸再见父老乡亲了。"乐师傅边说边笑起来，仿佛重回到那个时代。

有一次，店里来了一对快要结婚的小夫妻。他们身边都陪着各自的亲戚，女方的亲戚看到店里琳琅满目的布匹，看看这块也好，挑挑那块也好，男方开始面露难色。乐师傅一看这情形就明白过来：男方囊中羞涩，又不好意思说出口。于是，乐师傅便说："现在我们店里的东西不多，价钱也不是很便宜，等以后东西多了，价格就会便宜了，你们现在需要什么就买什么吧，以后会有更好的花色，可以再来嘛。"听到这句话，女方的亲戚觉得也有道理，就挑选了些必需品，男方心里的石头落了地，一家人高高兴兴地回去了。乐师傅的话既帮男方解了围，缓解了双方的矛盾，又招揽了回头客，一片和和气气。这不是乐师傅的偶然行为，也不是个人行为，而是源康布店一直秉持的"信誉至上，童叟无欺"的经营理念已深入到每一位员工的心里。他们做生意，不光是为了赚钱，而是要让每一位顾客称心如意。顾客满意了，就会再来，也会介绍其他朋友来，所以当年源康的生意就是这样越做越大，越做越好。

沉寂——经历了从兴盛到衰微

1955年，"源康"成为公私合营商店，营业进一步发展。1973年进行装修扩建，营业面积增加一倍。1980年恢复"源康布店"老字号，新辟二楼营业部，专营服装，业务进一步扩展。1987年改名为"源康纺织商场"，分为8个营业部组，专营棉布、绸缎、呢绒、化纤、织品和服装，经营的商品多、全、名、优、新，为宁波市同行业之冠。1989年被授予"省级先进企业"。曾连续六年被宁波市有关部门评为"物价、计量信得过单位"。这个时候的源康布店已经有2240平方米宽敞明亮的店面了，却还时常出现买布排队的情况。孩子长高了，爸爸妈妈带着孩子来做新衣服，源康的布料价钱实惠，店面背后就是裁缝店。一家人挑选了满意的布料，去后面的裁缝店里量体裁衣，一家人高高兴兴回家去。

1993年，源康布店被国内贸易部评为"中华老字号"。1994年源康布店的营业额创历史最高纪录。源康布店达到了历史上前所未有的销售高峰。

也许是历史兴衰的基本规律所致，所有的事物都会在到达一个高峰后急转而下。1995年2月，因中山东路改造，源康布店不得不缩小了一半的面积，从原来的2240平方米缩减为1000多平方米，而且一楼的门面被迫拆除了。同年9月，才在原址上重新装修，恢复营业。这次店面的装修和歇业对源康的打击是致命的，再加上当时月湖布料市场分流了一部分顾客，源康的营业额开始慢慢下滑。随着成衣业的发展，人们更倾向于选择一步到位的成衣。原来从选布料到做成一套衣服，少则两天时间，多则一星期乃至一个月，而现在去商场挑选合适的衣服，马上就可以在身上试穿，免去了很多烦琐的中间环节和时间。人们开始渐渐淡忘"买布做衣"的经历，源康的生意也就一点一点冷清下来了。

2000年，源康布店从中山东路迁至崔衙街，过了几年后迁至狮子街，如今又迁到君子街，从繁华的路段到冷清的角落，从2000多平方米到300平方米的店面，源康布店仍旧坚强地屹立着。像一个老人，他曾经历过稚拙、茁壮、强盛，可是终究避免不了衰微、冷清和孤独。

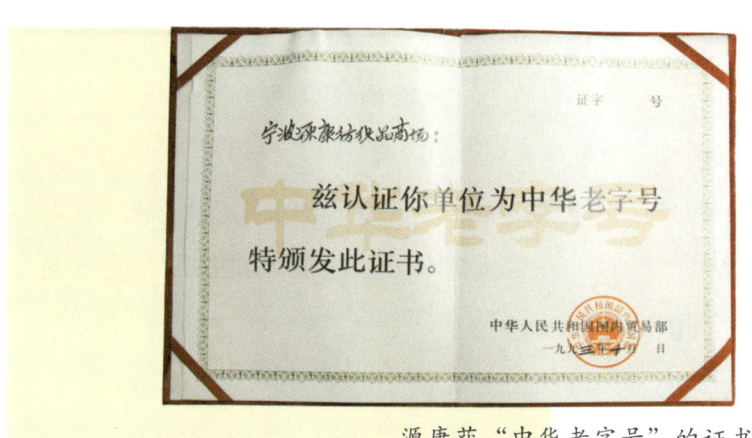

源康获"中华老字号"的证书

突破——市场转型中的特色生存

如今,源康仍然坚强地生存着,凭借着老字号的口碑和适时调整的经营特色。

在现今的各大商场、专卖店,服装、床上用品数不胜数,源康如何能保持自己的品牌优势,拓展生存空间?商场经理孙金萍解答了记者的疑问:"别看现在的服装生意竞争很激烈,但专门针对中老年顾客的、经营中高档面料的店非常少。虽然服装消费的主流是年轻人,但其实不少中老年人都有定制服装的消费需求。他们对服装面料有比较高的要求,但又不想花大价钱去商场买,而这就是我们的经营优势。"

记者发现,源康柜台上摆的均是精纺、羊绒、丝绸等各种中高档面料,都是杭州、上海、苏州等地的知名品牌,品种之齐全确实非一般的服装店、面料店可比。据了解,为了发扬优势,源康还聘请了两位服装设计师傅,推出了为服装定制者上门量体裁衣的服务。源康现在正在不断拓展自身的业务,承接了学校和单位的校服和工作服,一些会议和活动的棉被礼品也会在源康定制。源康商品货真价实,对于一些正规场合需要的服装和礼品,顾客更愿意到源康来购买。

每届宁波国际声乐节的比赛阶段,也是源康的一个小旺季。很多国外的选手每年都到源康定做演出服,今年的声乐节已经落下帷幕,选手们说,"明年还要来源康"。现在的源康布店名声在外,甚至有一些外国游客也慕名而来,挑面料定做衣服。虽然源康的规模不如从前,东西却还是一如既往地追求精致和完美。这也是源康能吸引很多老顾客的原因所在。让孙经理感动的是,有很多八九十岁的老顾客找到店后说:"唉,你们源康怎么老是搬,一下搬到这里,一下搬到那里,我们找了好久,总算找到了,以后还会不会搬啊?"语气中不无埋怨,却流露出对源康的一往情深。

　　令人欣慰的是,市政府为了扶持老字号,已在南塘河周围聚集了多家老字号,源康布店会在不久的将来开一家更大规模的店。

后 记

　　由宁波市海曙区政协策划、出版的《甬城老字号》一书，历时两年，是继《甬城街巷》之后的第六辑文史资料。

　　两年来，编委会的编辑和作者们经过广泛的史料搜集和征集，经过反复的走访和调研，克服了图片资料稀缺、文字记载不多、知情者越来越少等诸多困难，最终修撰成这本史料，可谓艰苦自知。

　　作为《甬城街巷》的姐妹篇，《甬城老字号》基本上沿袭了前者的范式体例，在封面设计、内页装帧、篇章结构等诸方面与之保持连贯。文章的前后顺序，大体按标题第一个字的音序进行排列，但略有调整。本书封面照片选用了外国人士所拍摄的一幅关于20世纪上半叶宁波江厦街附近街况的照片。

　　本书作者由海曙区政协委员、作家、专家学者和部分热心文史资料研究人士组成，其中部分图片除署名和作者本人提供外，均为贾亚炜拍摄。

　　但由于历史的原因，加上时间跨度大，部分老字号已经失传或濒临失传，以及编者水平有限，本书难免存在一些问题，敬请读者们批评指正。

　　本书在编纂过程中，得到宁波市政协文史委领导、部分老字号传人及有关人士的大力支持，在此一并表示感谢！

编　者

2012年7月

图书在版编目（CIP）数据

甬城老字号/宁波市海曙区政协文史委编.—宁波：宁波出版社，2012.9
（2021.10重印）
ISBN 978-7-5526-0126-8

Ⅰ.①宁… Ⅱ.①宁… Ⅲ.①老字号—介绍—宁波市 Ⅳ.①F279.275.53

中国版本图书馆CIP数据核字（2012）第073337号

甬城老字号
宁波市海曙区政协文史委编

出版发行	宁波出版社
	宁波市甬江大道1号宁波书城8号楼6楼　315000
	http://www.nbcbs.com
责任编辑	吴　波
责任校对	张爱妮
装帧设计	翁志刚
印　　刷	宁波报业印刷发展有限公司
开　　本	787mm×1092mm　1/16
印　　张	25.25
字　　数	300千
版次印次	2012年9月第1版　2021年10月第2次印刷
标准书号	ISBN 978-7-5526-0126-8
定　　价	68.00元

版权所有，侵权必究